汽车底盘维修技术

邱翠榕　李　蓉　编著

东北大学出版社
·沈　阳·

图书在版编目（CIP）数据

汽车底盘维修技术 / 邱翠榕，李蓉编著. — 沈阳：东北大学出版社，2015. 12
ISBN 978-7-5517-1197-5

Ⅰ. ①汽… Ⅱ. ①邱… ②李… Ⅲ. ①汽车—底盘—车辆修理 Ⅳ. ①U472. 41

中国版本图书馆 CIP 数据核字（2015）第 318386 号

内容简介

《汽车底盘维修技术》共分八章，主要介绍汽车底盘结构与维修技术，包括汽车维修技术基础、传动系故障与维修、制动系统故障与维修、自动变速器故障与维修、转向系统故障与维修、行驶系统故障与维修、ABS 系统故障与维修、汽车车身故障与维修等内容。

《汽车底盘维修技术》以工作任务为单元编写。工作任务都按照“接车—与客户交流—故障诊断—故障排除—考核与评价”等企业维修工作环节进行编排，将理论知识与实际操作有效结合，适合于广大汽车专业维修人员使用，也可作为汽车维修短训班教材和参考书。

出 版 者：东北大学出版社
地址：沈阳市和平区文化路 3 号巷 11 号
邮编：110819
电话：024－83687331（市场部） 83680267（总编室）
传真：024－83680180（市场部） 83680265（社务部）
E-mail：neuph@ neupress. com
http：//www. neupress. com
印 刷 者：沈阳航空发动机研究所印刷厂
发 行 者：东北大学出版社
幅面尺寸：185mm×260mm
印 张：10. 75
字 数：239 千字
出版时间：2016 年 1 月第 1 版
印刷时间：2016 年 1 月第 1 次印刷
组稿编辑：周文婷
责任编辑：汪彤彤 孙德海
封面设计：刘江旸
责任校对：曹 明
责任出版：唐敏志

ISBN 978-7-5517-1197-5
定 价：29. 00 元

前　言

随着我国科学技术和汽车工业的发展，汽车技术日新月异，特别是大量新技术的应用，使汽车的结构和性能发生了根本性的变化。在大幅度提高汽车综合性能的同时，也使汽车的故障诊断与维修问题日益突出。本书以“高等职业教育汽车运用与维修专业领域技能型紧缺人才培养指导方案”为依据，结合高职专业的要求和特点及当前汽车故障诊断与维修行业的要求而编写。

本书以汽车维修企业工作过程为编写思路，以汽车实际故障为载体，以故障的排除为工作任务。工作任务都按照“接车—与客户交流—故障诊断—故障排除—考核与评价”等企业维修工作环节进行编排，将理论知识与实际操作有效结合。

本书共分八章，主要介绍汽车底盘结构与维修技术，包括汽车维修技术基础、传动系故障与维修、制动系统故障与维修、自动变速器故障与维修、转向系统故障与检修、行驶系统故障与维修、ABS 系统故障与维修、汽车车身故障与维修等内容。

本书适合于高职汽车专业学生及广大汽车专业维修人员使用，也可作为汽车维修短训班教材和参考书。

本书由武汉软件工程职业学院邱翠榕、李蓉共同编著。

本书在编写过程中得到了汽车行业许多技术专业人员的无私帮助，同时还参阅了国内外许多公开出版的图书和文献，在此向支持者及资料作者一并表示感谢。

由于时间仓促，编者水平有限，书中不当之处在所难免，恳请广大读者提出宝贵意见。

邱翠榕　李蓉

2015 年 12 月

目　录

第 1 章　汽车维修技术基础

汽车故障维修是指依照相关技术标准，使用专用的工具、仪器、设备和软件，对汽车故障进行检测排查、分析判断，从而查明故障成因，确认故障部位并排除故障的操作过程。

本章包括工作安全与环保知识、汽车故障维修诊断基础两部分。

1.1　汽车维修安全知识

安全是做好一切汽车维修工作的保证。必须树立安全观念，在安全的前提下开展工作。

1.1.1　汽车维修作业中的有害因素

1.1.1.1　汽车尾气

发动机排出的尾气中含有 CO 等有毒气体，如果长时间处于这样的环境，会引起头痛、呼吸困难、恶心等症状。在维修车间内启动发动机时，应保证空间的畅通、打开排风装置，以保证发动机的尾气能及时排出。如果露天作业，也不能长时间在发动机排气口附近工作。

1.1.1.2　机械伤害

虽然在汽车维修过程中，一些磕碰难以避免，但在进行维修操作时，在汽车维修各关联处应设置明显的标志，以防他人的误操作而受到伤害。

1.1.1.3　汽油

汽油在维修当中常用来清洗零件，在拆装中也难免碰到汽油，而汽油不仅易燃、易爆，而且有毒。特别是当汽油中含有四乙铅时，四乙铅会通过皮肤吸收，易损害人的神经系统、消化道和肾脏，因此，在使用中更加危险。现代汽车发动机使用的是无铅汽油，虽然没有四乙铅的毒性大，但经发动机燃烧后，含苯量较大，对人体伤害同样较大，也应注意防护。

1.1.1.4　废机油

长时间接触用过的废旧机油，易导致皮肤癌。这种情况只与用过的废旧机油有关，而与新机油没有关系。因此，在接触废旧机油后，应及时用肥皂清洗干净，这样可有效防止伤害，预防疾病。

1.1.1.5　防冻液

防冻液是以乙二醇为主体制成的。乙二醇是一种有毒、带甜味、糖浆状的液体。如果误食防冻液，应立即呕吐处理并马上去医院治疗。平时在工作中应注意对防冻液的保存，防止儿童或动物误食。

1.1.1.6　电解液

电解液是由硫酸和水构成的，硫酸具有强烈的腐蚀性，若溅入眼睛、皮肤上，应立即用清水冲洗干净并及时到医院请医生处置。

1.1.1.7　火灾

在汽车维修时，经常要使用燃料、清洗剂等易燃易爆物品。要注意采取消防措施，备好灭火器材，以防发生火灾。灭火器使用方法如图 1-1 所示。

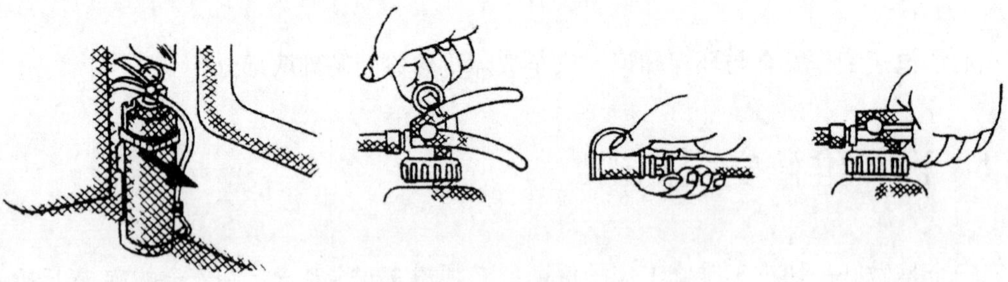

(a)　(b)　(c)　(d)

图 1-1　灭火器的使用方法

1.1.2　汽车维修作业安全的基本要求

1.1.2.1　个人安全

在进行汽车检测维修作业时，一定要遵守安全操作指南，这样才能保护自己，免受伤害。

（1）眼睛保护

维修车间有很多危险会使工作人员的眼睛发生感染或永久损伤。

有些作业（如磨削）会散发出高速运动的细小金属颗粒和尘埃，这些金属颗粒和尘埃很容易进入作业者的眼睛中，将眼球擦伤或割伤。从有裂纹的管子或管接头中泄漏出的压力气体和液体可以喷射得很远，这些化学品进入眼睛会导致失明。在汽车下进行作业时，从腐蚀金属上脱落下来碎屑很容易落入眼睛中。

当工作环境存在损伤眼睛的风险时，就要戴上安全眼镜，对眼睛进行保护。

当蓄电池电解液、燃油、溶剂等化学品进入眼睛时，要用清水长时间冲洗眼睛，还要及时去医院进行药物处理。

（2）呼吸保护

汽车维修人员经常会在有毒化学气体环境中工作，不论是暴露在有毒气体中还是过量尘埃中，都要戴上呼吸器或呼吸面罩。用清洗剂清洗零部件和喷漆是最常见的作业，需要戴上呼吸面罩进行工作。

（3）举升和搬运

掌握举升和搬运重物的正确方法非常重要，举升和搬运重物时，要采取保护措施。只能举升和搬运那些在个人能力范围内的重物，对搬运物品的尺寸和质量没有把握时，应该要找人帮忙。体积很小、很紧凑的零部件有时也会很重，或者不好平衡。在举升和搬运物品前先要考虑如何进行举升和搬运。搬运任何物体时都应遵循以下方法。

① 双脚要靠近搬运的物体，这样有利于在搬起物体时保持身体平衡。

② 尽量使背部和肘部保持伸直，弯曲双膝，将双手放到能够牢牢抓住物品的最佳位置。

③ 如果物品装在纸箱内，一定要确认箱子是结实的。旧的、潮湿的和封闭不良的纸箱很容易被撕烂，其中的物品就会掉落。

④ 双手要抓牢物品或容器，在抬起物品或移动时，不要再改变手的位置。

⑤ 将物品靠近身体，通过伸直双腿举起物品，要利用双腿的肌肉，而不要用背部的肌肉。

⑥ 不要通过扭转身体来改变移动方向，一定要转动包括双脚在内的整个身体。

⑦ 将物品放到货架或柜台上时，不要向前弯曲身体，应将物品的边缘先放在货架上，然后向前推重物，注意不要将手指夹住。

⑧ 在放下重物时，弯曲膝盖，但要挺直背部，不要向前弯曲身体，否则会拉伤背部肌肉。

⑨ 将重物放到地面上时，应将物品放在木头垫块上，以保护手指免受损伤。

1.1.2.2　职业行为

在汽车修理车间工作时，应该遵守以下注意事项。

① 在车间内不要吸烟。

② 为了防止皮肤被严重烧伤，应使皮肤远离高温金属零部件，如散热器、排气歧管、排气尾管、催化转化器和消声器。

③ 在散热器周围进行作业时，先将发动机冷却风扇电路断开，防止风扇突然转动，以免折断手指或手臂。

④ 维修液压系统时，先将压力以安全方式释放掉。

⑤ 保管好所有的配件和工具，将它们放在不会绊倒人的地方。这样做不仅可以避免损伤，还能减少为寻找配件和工具浪费的时间。

1.1.2.3　工作场地安全

工作场地要保持干净和安全，地面和工作台面要保持清洁、干燥和有序。地面有了机油、冷却液或润滑脂后会变得很滑，滑倒会造成严重损伤，可以用吸油剂清除油污。要保持地面干燥无水，地面有水也会变得很滑，而且很容易导电。走廊和过道应该保持通畅和干净，并留出足够的宽度，能够方便人员通过。机器周围的作业区域要足够大，保证能够安全地操作机器。

汽油是一种易燃的挥发性液体，易燃品遇火后很容易燃烧，挥发性液体可以很快蒸发，易燃的挥发性液体就是潜在的燃烧弹。一定要将汽油和柴油装在安全油箱中，不要用汽油擦洗手和工具。

要小心地处理各种溶剂（或液体），以防泄漏。除了在倒出溶剂时，所有盛装溶剂的容器都应保持密封，保持使用溶剂和化学品的区域适当通风非常重要。溶剂和其他易燃物品必须存放在符合安全要求的专用存储柜中或房间中，存储间应当通风良好。

从大容器中倒出易燃物品时要格外小心，静电产生的火花能够引起爆炸。用过的溶剂容器要及时清理，容器底部残余的溶剂非常易燃。不要在易燃溶剂和化学品（包括蓄电池电解液）附近点火或吸烟。

沾油抹布也要存放在符合标准的金属容器中。如果将沾有机油、润滑脂或油漆的抹布随意丢弃或存放不当，很容易产生自燃（自燃是由物品自身状态而不是由其他火源点燃引起的着火现象）。要了解车间里所有灭火器的放置地点及其适用的火险类别和使用方法。

维修汽车电气系统或进行焊接作业之前，要断开汽车蓄电池，以防由电气系统引起的着火和伤害。断开汽车蓄电池就是将负极（或搭铁）电缆从蓄电池上拆下，并将其放置在远离蓄电池的地方。

1.1.2.4　废弃物处理

(1) 机油

对废机油要进行回收处理，一般不要将其他废物混入废机油中。修理厂产生的（或收集来的）废机油可以在商用锅炉中烧掉，通过燃烧实现能源回收利用。

(2) 机油滤清器

用过的机油滤清器至少要滴沥 24 h，然后破碎并回收。

(3) 蓄电池

报废蓄电池要由回收站或经销商回收。蓄电池应存储在不漏水、抗酸的容器中，收到蓄电池时应检查是否破裂和泄漏，对于掉落的蓄电池应检查是否破裂。蓄电池中残存的酸性电解液是有害的，它具有腐蚀性、含有铅和其他有毒物质。

(4) 金属屑

要收集加工金属零部件时所产生的金属屑进行分离和回收，不能让金属屑落入下水道中。

(5) 制冷剂

维修汽车空调时，要回收并再利用制冷剂，不允许将制冷剂随意排放到大气中。

(6) 溶剂

用低毒等效代用品替代有害化学品，如用水基清洁剂替代石油基去油剂。为了减少清洗零件时的溶剂用量，清理过程应分为两步进行：先用脏的溶剂清洗，然后再用干净的溶剂清洗。为防止溶剂挥发，要将溶剂存储在密闭容器中。溶剂挥发会损坏臭氧层并形成烟雾，另外，溶剂挥发的残余物也必须作为有害废物进行处理。

1.2　汽车维修技术基础

汽车是由各总成和零部件组成的。随着汽车行驶里程的增加，由于机械磨损、化学腐蚀及变形，零部件原有的尺寸、几何形状改变，配合间隙增大，长期承受交变载荷的作用而产生疲劳。零件受到外载荷、高温、残余应力作用变形，橡胶及塑料等非金属制品和电器元件因长时间工作而老化，严重时，产生裂纹和损伤，其强度、硬度和弹性变差。因此，汽车技术状况变差，动力性、经济性下降，使用可靠性降低，会导致各种故障的发生。

1.2.1 汽车技术状况

汽车技术状况一般用汽车使用性能指标、汽车装备的完善程度以及车辆外部完好状况来进行综合评价。汽车使用性能指标包括以下几方面。

1.2.1.1 动力性

汽车的动力性是指汽车直线行驶在良好路面所能达到的平均行驶速度，包括最高车速、加速时间、最大爬坡度三个方面。如果汽车由于发动机磨损、点火时刻失准、离合器打滑等引起最高车速降低、加速时间变长、爬坡能力下降，需要进行检测与维修。

1.2.1.2 经济性

汽车的使用经济性主要由燃油经济性、润滑材料消耗率、轮胎损耗、维修费用等几个指标反映。燃油经济性一般用每行驶百公里燃油消耗量（升）或单位燃油可行驶里程数来衡量。润滑材料消耗率（如发动机机油消耗率）用润滑材料消耗量与燃油消耗量的比率百分数来衡量。

1.2.1.3 制动性

制动性是指汽车行驶时能在短距离内减速或停车且维持行驶方向的稳定性和在下长坡时能维持一定车速的能力。

1.2.1.4 操纵稳定性

操纵性是指汽车能够确切地响应驾驶员转向指令的能力；稳定性是指汽车受到外界干扰时保持稳定行驶的能力。两者相关联。

1.2.1.5 平顺性

汽车的平顺性是保持汽车在行驶过程中乘员所处的振动环境具有一定的舒适度的性能。

汽车在使用过程中会由于零件自然磨损，材料、结构不合理，加工装配质量不好以及汽车运行条件较差，使用维护不当而引起使用性能全面下降或部分使用性能指标下降。其中汽车的制动性和操纵稳定性对汽车的行驶安全特别重要，在诊断与维修中应高度重视。

1.2.2 汽车故障的原因

造成汽车故障的原因是多方面的，有的是因为设计或制造中的缺陷所致，有的是由于使用不当、维修不良引起的，但大部分是因长期运行后产生正常磨损所造成的。

1.2.2.1 设计制造上的缺陷

汽车在设计和制造上的缺陷，会给机件带来先天性不良，以致使用不久就会出现故障。如有的发动机与底盘匹配不合适，造成换挡耸车；有的发动机散热性能差，出现发动机经常过热；有的气缸体内部有铸造气孔，造成发动机使用不久就出现故障；有的曲轴材料缺陷、制造工艺不好、热处理工艺不良，出现早期的断裂和变形等；有的发动机、传动轴动平衡不好，会造成车身抖振。

1.2.2.2 使用因素及维修不良

（1）汽车外部的使用条件复杂

汽车外部使用条件主要是道路与天气情况。在崎岖坎坷的路面行驶，车辆剧烈跳动，悬架、车架、轮胎及其他一些机件受到冲击，超过疲劳强度时将发生损伤，出现故障；在山区行驶，会造成制动器的早期磨损。

在严寒低温时，发动机启动困难，启动次数增多，致使启动机件、气缸壁、活塞环等使用寿命缩短；同时，燃油难以雾化，液态燃油稀释气缸壁上的润滑油，造成缸壁加速磨损。在盛夏高温时，润滑油黏度下降，运动机件磨损加剧，轮胎易爆胎、发动机易过热。

（2）燃油、润滑油使用不当

正确使用燃油、润滑油，是保证汽车正常行驶、减少故障和延长使用寿命的重要因素。

如要求使用93号（原《车用汽油》国家标准）汽油的汽车，改用90号（原《车用汽油》国家标准）汽油，发动机就会发生爆震，冲坏气缸垫或烧毁活塞顶，并使动力性下降；若柴油机在严寒地区使用高凝点的柴油，就使启动困难；电喷发动机要求使用无铅汽油，若使用含铅汽油，会导致氧传感器铅中毒，造成发动机动力性下降。

润滑油过稀或过稠、性能不好，会使零件因润滑不良而容易磨损；若离合器使用标号不对的机油，会导致拉缸。

（3）驾驶操作不当、使用不当

汽车驾驶员的操作技术，对汽车的日常维护，故障处理方式，对新车型、新装置使用注意事项的掌握，直接影响汽车技术状况。汽车驾驶员的操作水平对汽车大修间隔、里程有较大影响。城市汽车驾驶员若技术不熟练，行车中频繁制动，会使制动系和行驶系加速损坏，若变速换挡不熟练，则将造成打齿，使变速器齿轮早期磨损。

汽车的额定载重量是由发动机的功率和车架、悬架、轮胎的承载能力决定的，在使用中经常超载，各系统、零件长时间超负荷工作，会出现早期损伤，导致故障的发生。

（4）维护保养不当

维护和保养是确保汽车技术状况完好，减少事故发生的重要技术措施。不按时、不按标准对汽车进行保养和修理，易导致故障发生。

（5）维修质量差

维修人员维修水平低，检测维修设备不齐全，配件质量差，会导致行驶故障增多。

1.2.2.3　零件失效

汽车由上万个具有不同功能的零件组成，随着行驶里程的增加，汽车零件失效和由此引起的汽车技术状况变差是不可避免的。

1.2.3　汽车故障的表现

汽车故障症状是在汽车操纵过程中可以感觉和察觉到的汽车异常现象。

汽车故障按照表现特征可以分为功能性故障、警示性故障和隐蔽性故障。

人们能够感觉到的有明显故障症状的是功能性故障；能够察觉到的，暂时没有明显故障症状的是警示性故障；有些故障症状可能不明显，不能察觉到，但是故障却存在，这样的故障是隐蔽性故障。隐蔽性故障只能通过检测的方式才能发现，因而也称为检测性故障。例如：发动机不能启动、启动困难、怠速不稳、动力不足、加速不良、自动熄火等属于功能性故障。发动机进气回火、排气放炮、冒蓝烟或黑烟、水温过高、故障灯亮（闪）、液体渗漏等，不影响正常使用，就属于警示性故障。还有些轻微故障，不检测的话很难发现，如：气缸压力略低、燃油压力略高（略低）、机油压力偏高、尾气排放略高（或低）等属于隐蔽性故障。

1.2.4　汽车故障诊断的方法

在汽车故障诊断中，目前有人工经验诊断法、仪器设备诊断法和故障自诊断法三种。

1.2.4.1　人工经验诊断法

通过原地检查或道路试验，靠直接观察、感觉或采用简单工具来确定发动机的故障部位和产生的原因。这种方法速度慢，正确性取决于诊断人员的技术水平，较适合于诊断比较常见和明显的机械性故障，在搞清故障症状基础上，由简到繁，由表及里进行推理分析，概括起来为六个字，即“问”“看”“听”“摸”“嗅”“试”。

①“问”。就是向驾驶员询问车辆行驶里程、经常运行的条件、维护情况、车辆技术状况、故障产生的时间和具体症状，这对诊断分析故障有很重要的参考价值。

②“看”。就是查看发动机工作状况，如排气颜色、机油颜色及液面、消耗量是否正常、排气管颜色、各部件是否漏油，然后再综合进行判断。

③“听”。仔细听发动机各部件的工作响声，并和正常响声比较，分析判断出哪些部位响声异常，异响是发生故障的前兆，必须认真对待。

④“摸”。用手查摸有关部位的温度和振动情况，轻拉电控系统的接口连接线路检查是否松动、是否有锈蚀等，从而可以判断相应部件工作是否正常。

⑤“嗅”。汽车发动机正常工作时应无异味产生，若嗅到有浓汽油味、橡胶烤焦味、烧摩擦片味等，表示有故障，必须仔细检查产生异味的部位。

⑥“试”。就是通过试车，对发动机的技术状况（如各缸工作是否均匀，高速工作是否间断和振动，急加速、减速过渡是否平滑稳定，是否有爆燃、敲缸现象等）进行检测。

1.2.4.2　仪器设备诊断法

随着社会的进步，科学技术水平的提高，在传统的人工经验诊断的基础上，汽车仪器设备诊断逐渐发展起来。与人工经验诊断故障的方法比较，其不同点在于：一是借助于仪器；二是其检查结果的定量化。

目前可供利用的汽车诊断仪器设备有：万用表、点火正时灯、气缸压力表、真空表、油压表、声级计、流量计、油耗仪、示波器、气缸漏气量检测仪、曲轴箱窜气量检测仪、气体分析仪、烟度计，以及功能比较齐全的测功机、四轮定位仪、制动试验台、侧滑试验台、发动机综合检测仪、底盘测功机、废气分析仪等。这些仪器设备给人们提供了可靠的数据，使汽车故障诊断从定性诊断发展为定量诊断。

现代仪器设备诊断法具有检测速度快、准确性高、能定量分析、可实现快速诊断等优点，而且采用计算机控制的现代电子仪器设备能自动分析、判断、存储并打印出汽车各项性能参数。其缺点是投资大、占用厂房、操作人员需要培训、检测成本高等。这种诊断方法适用于汽车检测站和大中型维修企业。使用仪器设备诊断法是汽车诊断与检测技术发展的必然趋势。

1.2.4.3　故障自诊断法

故障自诊断法是利用汽车本身装备的电子控制装置对系统产生的故障进行自诊断的方法。

随着现代科学技术特别是计算机技术的进步，20 世纪末，汽车故障的自诊断技术发展起来。汽车电子控制系统机理与结构的复杂性，要求其自身必须建立可靠的故障自诊断系统。1979 年，美国通用公司首次在汽车上运用电子控制装置——“ECU”自诊断系统。该系统由存储于 ECU 中的软件及相应的硬件构成。当汽车运行时，ECU 不断监控系统中各部分的工作情况，如果发生故障，ECU 根据故障的性质和程度，首先进入失效安全模式（也称安全回家模式），使汽车有可能行驶到附近的维修点排除故障。同时，将故障信息以代码的形式存储，在汽车维修时，利用专门的仪器和方法提取故障代码，据此排除故障后再将其清除。这种汽车故障自身诊断系统又称为 OBD。

OBD 有 OBD，OBD－Ⅰ，OBD－Ⅱ三种汽车电控系统故障自诊断系统。1996 年开始，世界各汽车制造厂商全面执行 OBD－Ⅱ标准。OBD－Ⅱ系统具有标准相同的 16 脚诊断座，统一了各车型的故障代码及其含义，具有行车记录器功能和数值分析资料的传输功能。其资料传输线有两个标准，即欧洲标准 ISO 和美国统一标准 SAE。1996 年后，许多美国生产的汽车在配备普通的 OBD－Ⅱ系统的同时，又增设了加强的 Enhanced OBD－Ⅱ诊断系统，它在很大程度上提高了通信速度，而且增加了对自动变速器、ABS 和 SRS 系统的诊断。

1.2.5　汽车故障诊断基本流程

汽车故障诊断基本流程是汽车故障诊断中最基础的诊断过程，是对诊断内容最一般的概括和总结。汽车故障诊断的基本内容包括从故障症状出发，通过问诊试车（验证故障症状）、分析研究（分析结构原理）、推理假设（推出可能原因）、流程设计（提出诊断步骤）、测试确认（测试确认故障点）、修复验证（排除故障后验证），最后达到发现故障最终原因的目的。其中问诊的详细与完备程度直接影响到故障分析和诊断的准确性，问诊是维修技术人员了解故障发生情况的第一个环节，是维修人员与车主沟通的起点，也是维修人员间接掌握故障发生特征的最好途径。充分利用问诊时与车主交流的环节，认真做好问诊记录，对故障诊断具有十分重要的意义，问诊表的目的就在于此。问诊表能够帮助汽车维修人员完整地记录应该了解的全部内容，并且不遗漏任何一点重要的信息，为后面的诊断工作提供详实的一手资料。

汽车故障诊断的基本流程如图 1-2 所示。

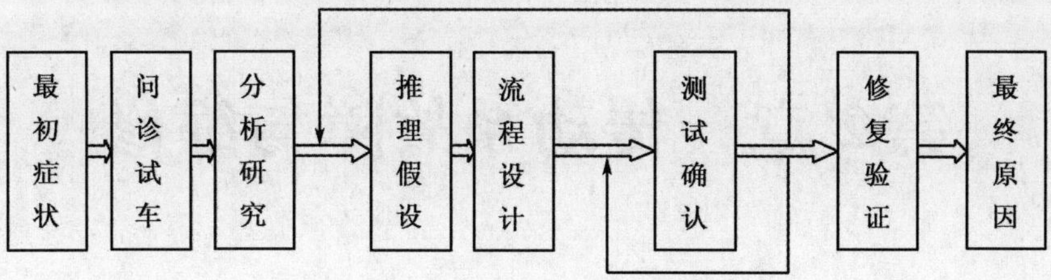

图 1-2　汽车故障诊断基本流程

第2章　传动系故障与维修

服务站接到救援电话，车主述说自己的桑塔纳2000汽车突然无法行驶，需要救援。该车的故障现象为发动机运转正常，挂上挡时，汽车无法正常行驶。

本章要求学员检查并排除轿车出现的不能行驶故障。该故障可能由离合器、变速器或主减速器及差速器不工作所致。

2.1　手动变速器故障与维修

【任务描述】服务站接到救援电话，车主述说自己的桑塔纳2000手动挡汽车突然无法行驶，需要救援。经检查发现发动机工作正常，故障在变速器。

2.1.1　手动变速器概述

2.1.1.1　手动变速器的功用与组成

（1）功用

① 通过改变传动比扩大汽车驱动力和速度的变化范围，以适应经常变化的行驶条件。同时，使发动机在最有利的条件下工作。

② 在发动机旋转方向不变的条件下，使汽车能倒向行驶。

③ 中断发动机向驱动桥的动力传递，使发动机能够起步、怠速，满足汽车暂时停车的需要。

（2）组成

手动变速器由第一轴（又称输入轴，发动机的动力经离合器后由此轴输入变速器）、第二轴（又称输出轴，动力由此轴输出）、中间轴、同步器（保证换挡顺利）、拨叉、传动机构等组成，如图2-1所示。

2.1.1.2　手动变速器主要故障及常见故障部位

变速器工作时，各零部件需适应运转速度的频繁变化，同时承受各种不同载荷，随汽车行驶里程的增加，磨损、变形也随之加大，各零件间的配合关系变坏，引起变速器换挡困难或挂不上挡、变速器跳挡、变速器乱挡、变速器卡挡、变速器漏油和变速器异响等一系列故障。

变速器的常见故障部位和故障原因如表2-1所示。

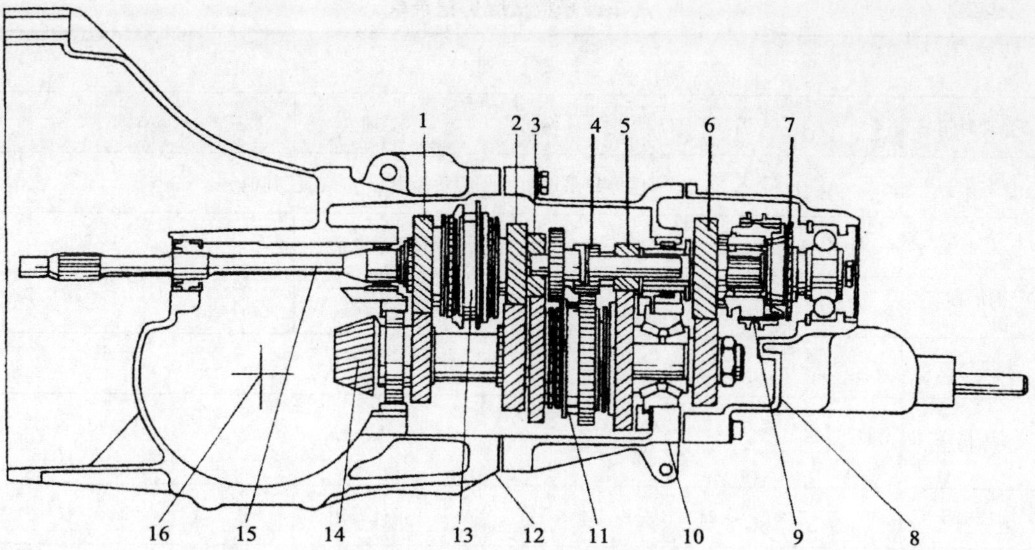

图 2-1　手动变速器的组成

1—四挡齿轮；2—三挡齿轮；3—二挡齿轮；4—倒挡齿轮；5——挡齿轮；6—五挡齿轮；7—五挡运行齿环；8—换挡机构壳体；9—五挡同步器；10—齿轮箱体；11——、二挡同步器；12—变速器壳体；13—三、四挡同步器；14—输出轴；15—输入轴；16—主减动器差速器

表 2-1　　手动变速器常见故障部位和故障原因

序号	故障部位	故障现象及危害	故障原因
1	壳体	漏油，跳挡，松动，冲击振动，异响	破裂，端面不平，衬垫损坏，变形，形位误差超标
2	轴承	撞击，卡滞，异响	磨损松旷，座孔失圆，钢球、支架剥落
3	齿轮	跳挡，撞击，异响	齿面剥落，断裂，磨损松旷，齿轮不配套
4	第一轴	异响	与曲轴同轴度超差，键槽齿磨损
5	第二轴	轴向窜动，跳挡，异响	磨损，弯曲变形，固定螺母松动
6	同步器	跳挡，换挡困难	锁销松旷，锥盘、锥环磨损擦伤
7	锁止机构	跳挡，乱挡	磨损，失效
8	变速叉轴	跳挡，挂挡困难	磨损，弯曲变形
9	拨叉	齿轮不能正常啮合，跳挡	弯曲变形，磨损，固定螺钉松动
10	变速杆	换挡困难，乱挡	球头磨损，定位销松旷，下端面磨损
11	油封	漏油	损坏，密封不良

2.1.2　手动变速器故障诊断分析

2.1.2.1　车辆救援

接到救援电话，按照接待、派工、救援和后续工作流程进行救援，并填写汽车维修救援服务记录单，见表 2-2。

表 2-2　　　　汽车维修救援服务记录单

<table>
<tr><td colspan="8">受　理</td></tr>
<tr><td>受理时间</td><td colspan="3">年　月　日　时　分</td><td>受理人</td><td colspan="3"></td></tr>
<tr><td>任务来源</td><td colspan="7">□客户来电　□救援中心　□其他</td></tr>
<tr><td rowspan="2">客户及车辆信息</td><td>姓名</td><td colspan="2"></td><td>联系电话</td><td colspan="3"></td></tr>
<tr><td>车牌</td><td colspan="2"></td><td>车型</td><td colspan="3"></td></tr>
<tr><td>援助地点</td><td colspan="7"></td></tr>
<tr><td>故障描述</td><td colspan="7"></td></tr>
<tr><td>预计到达</td><td colspan="3">时　分</td><td>预计费用</td><td colspan="3"></td></tr>
<tr><td>客户要求</td><td colspan="7"></td></tr>
<tr><td colspan="8">准　备</td></tr>
<tr><td>救援车号</td><td colspan="3"></td><td>救援人员</td><td colspan="3"></td></tr>
<tr><td>出车时间</td><td colspan="3">时　分</td><td>配件准备</td><td colspan="3"></td></tr>
<tr><td colspan="8">信息确认</td></tr>
<tr><td>到达时间</td><td colspan="2">时　分</td><td></td><td colspan="2">完成救援时间</td><td colspan="2">时　分</td></tr>
<tr><td>油表油量</td><td colspan="3">□1／4　□1／2　□3／4　□4／4</td><td>里程表数</td><td colspan="3"></td></tr>
<tr><td>回厂时间</td><td colspan="2">时　分</td><td>往返里程</td><td>km</td><td colspan="2">是否需要拖车保障</td><td></td></tr>
<tr><td>维修项目</td><td colspan="7"></td></tr>
<tr><td>更换配件</td><td colspan="7"></td></tr>
<tr><td rowspan="3">服务费用</td><td colspan="3">工时费：</td><td colspan="4">配件费：</td></tr>
<tr><td colspan="3">出车费：</td><td colspan="4">其他费用：</td></tr>
<tr><td colspan="7">实际发生费用合计：</td></tr>
<tr><td>客户意见</td><td colspan="7"></td></tr>
<tr><td>客户签名</td><td colspan="2"></td><td colspan="2">救援人员签名</td><td colspan="3"></td></tr>
</table>

注：本记录单一式二份，一份交求助车主，一份维修救援企业留存。

车辆到店后，由维修服务顾问进行前台接待、验车，填写汽车维修服务接车单，如表 2-3 所示，并派工维修。

表2-3　汽车维修服务接车单

来店时间：____年__月__日　　顾客姓名：　　联系电话：　　交车时间：____年__月__日

车牌号		车型		车辆颜色		VIN 号		行驶里程	km
检查：随车工具：齐□缺□　备胎：有□无□　保养手册：有□无□　车辆钥匙：____把　轮罩：____个　内饰脏污：是□否□　破损：是□否□									
km 常规保养□		维修项目							
一般维修□　事故车□		维修项目	配件	工时	合计	维修项目	配件	工时	合计
内部检查		1.				7.			
仪表盘	正常□异常□维修□	2.				8.			
内部照明	正常□异常□维修□	3.				9.			
转向	正常□异常□维修□	4.				10.			
驻车制动	正常□异常□维修□	5.				11.			
脚踏板	正常□异常□维修□	6.				合计			
外部检查		故障描述及诊断结果							
更换雨刮器	是□否□								
添加清洗液	是□否□								
更换制动液	是□否□								
添加机油	是□否□								
添加冷却液	是□否□								
皮带	正常□异常□维修□	其他项目				环车检查　外观检查（有损坏处用○标出） 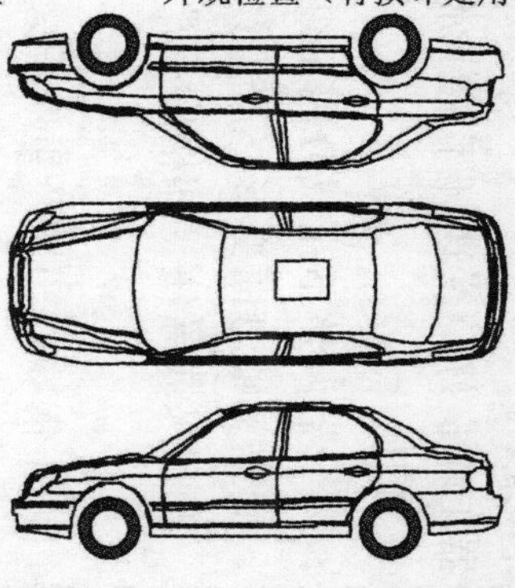			
车辆检查									
轮胎	正常□异常□维修□								
大灯	正常□异常□维修□								
尾灯	正常□异常□维修□								
减振器	正常□异常□维修□								
发动机渗漏	正常□异常□维修□								
制动	正常□异常□维修□								
转向	正常□异常□维修□								
变速器渗漏	正常□异常□维修□								
油管	正常□异常□维修□								
油量显示									
接车人签字：		顾客签字：							

注意：①此单据中预计费用是预估费用，实际费用以结算单中最终费用为准。

②将车辆交给我店检修时，已提示将车内贵重物品自行收起并妥善保管，如有遗失本店恕不负责。

2.1.2.2 制订诊断方案并实施

(1) 手动变速器换挡困难或挂不上挡

① 故障现象。

离合器工作良好，变速杆不能正常挂上挡位，或者勉强挂入挡位后，又很难退回。

② 故障原因。

其一，离合器调整不当或分离不彻底。

其二，变速叉轴弯曲变形，严重锈蚀，端头出现毛刺，移动困难。

其三，变速叉或导块、凹槽磨损严重，换挡时变速杆从槽中滑出，造成挂挡、摘挡困难。

其四，锁止钢球或凹槽严重磨损，导致定位不准，挂不上挡，还可能出现乱挡。

其五，变速杆调整不当。

其六，同步器损坏或严重磨损。

③ 故障诊断。

图 2-2 所示为变速器挂挡困难的故障诊断流程。

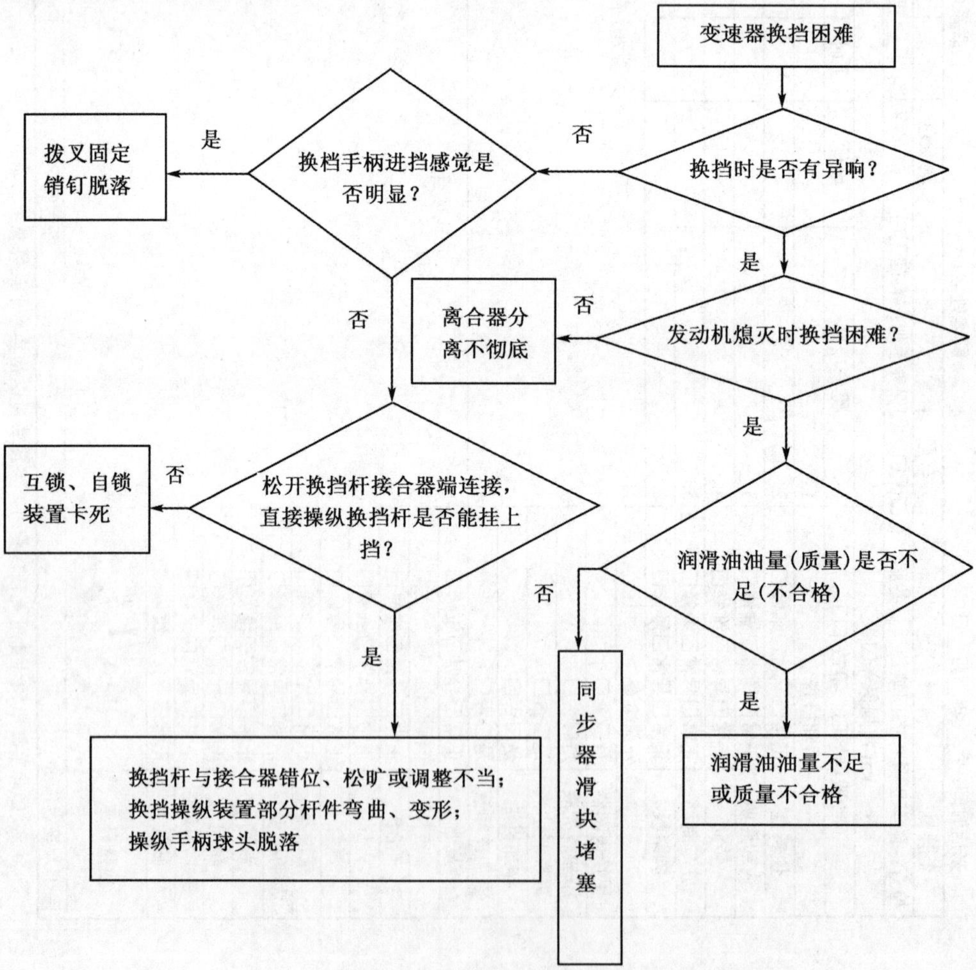

图 2-2 变速器挂挡困难的故障诊断流程

（2）手动变速器跳挡（脱挡）

① 故障现象。

汽车在某一挡位行驶时，变速杆自动跳回空挡。跳挡一般发生在发动机中高速、负荷突然变化或车辆剧烈震动时，尤其在重载加速或爬坡时，且多发生在直接挡或超速挡。这类故障一般有加油跳挡和丢油跳挡两种状态。

② 故障原因。

其一，齿轮、齿圈上的齿在先进入啮合的一端磨损较为严重，沿齿长方向磨损不均形成锥形，在传动过程中产生轴向推力，使之脱离啮合，造成跳挡。

其二，啮合齿啮入深度不足，同步器严重磨损或损坏。

其三，滑移齿轮键槽与花键毂花键齿磨损松旷。

其四，操纵杆调整不当、弯曲变形、磨损严重，使变速叉不能完全到位。

其五，变速叉磨损严重、弯扭变形，使齿轮或齿套不能完全到位。

其六，变速叉轴弯曲或磨损，导致锁紧机构工作不可靠。

其七，锁止装置的定位球、锁销及凹槽磨损，定位弹簧过软，导致锁紧机构工作失效。

其八，变速器轴、轴承严重磨损松旷或轴向间隙过大。

其九，变速器轴的同轴度、平行度误差过大。

其十，变速器第二轴前端的固定螺母松动、变速器固定螺栓松动。

③ 故障诊断与排除方法。

其一，确定跳挡的挡位。在行驶过程中将变速杆挂入某挡，稍收油门，若变速杆自动跳回，则可诊断为该挡跳挡。

其二，若变速器直接挡跳挡，但并未发现变速器其他故障，则应检查第一轴与曲轴同轴度。

其三，变速器挂挡时，变速杆阻力甚小或无阻力，且该挡跳挡，多为变速叉轴自锁不良。

其四，挂挡时变速杆移动距离变短，且该挡跳挡，说明齿轮啮入深度不足，多系变速叉磨损或向一侧弯曲变形所致。

其五，变速器维修后出现跳挡时，应考虑为变速器在装配时是否改变了原来的配合状况，如花键毂方向装反等。

其六，变速器操纵机构的调整。车型不同，操纵机构的调整要求也不同。以捷达轿车为例，介绍操纵机构的调整过程，如图2-3所示。

第一步，将变速器置于空挡位置，松开夹箍。

第二步，拆卸换挡手柄及防尘罩，放入专用定位夹具U－40026（不要夹得太紧）。

第三步，旋紧夹箍螺栓，试挂所有挡位，换挡应轻便，之后取下专用工具。

第四步，操纵机构微调。松开螺栓B，将变速器置于一挡，转动调整偏心环A，使尺寸 $a=1.5$ cm，拧紧螺栓B。

第五步，试挂所有挡位，应轻便、自如，无卡滞现象，且倒挡锁止机构有效。

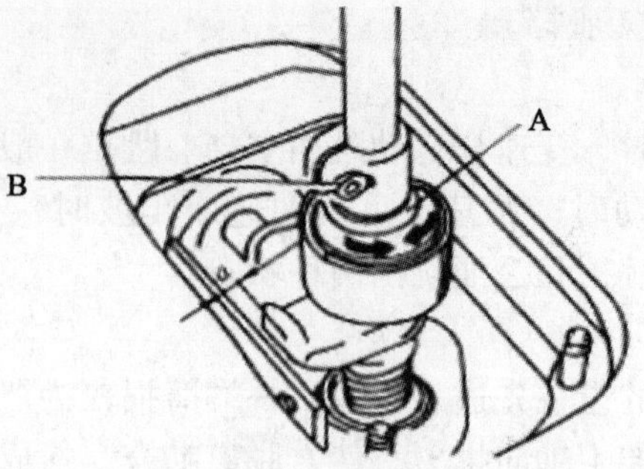

图 2-3　变速器操纵机构调整

A—调整偏心转；B—螺栓

图 2-4 所示为变速器跳挡的故障诊断流程。

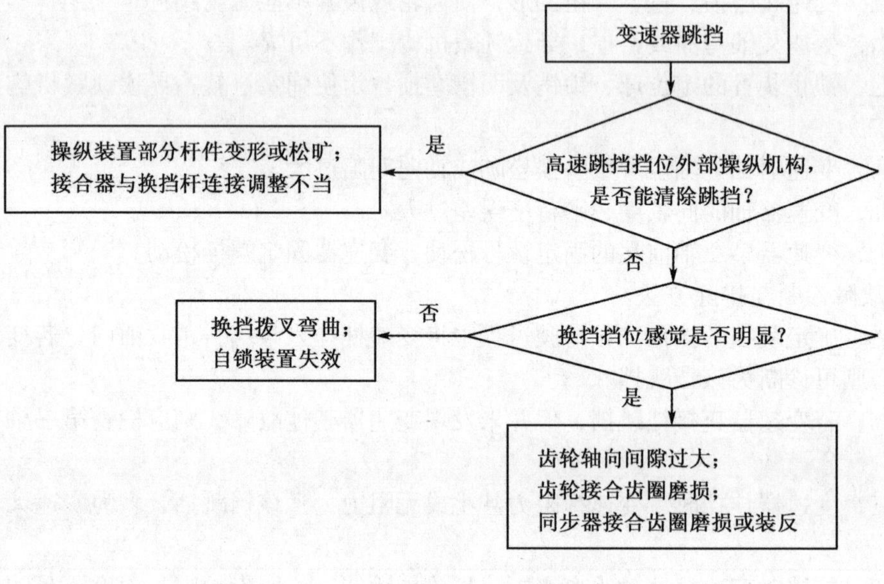

图 2-4　变速器跳挡的故障诊断流程

（3）手动变速器乱挡

① 故障现象。

离合器技术状况正常，汽车起步挂挡或行驶中换挡时，变速杆不能挂入所需挡位；或虽能挂入所需挡位，但不能退回空挡，或一次挂入两个挡位。

② 故障原因。

变速器乱挡的主要原因是其操纵机构失效，故障部位在变速杆、变速叉与叉轴及互锁装置，其具体原因如下。

其一，变速杆定位销磨损松旷、断裂或脱出，使变速杆失去控制作用，任意乱摆。

其二，变速杆下端弧形工作面磨损过大，不能正确拨动变速叉或导块。

其三，变速叉弯曲，下端面或变速叉导块磨损过度。

其四，变速叉轴弯曲，互锁销、钢球或凹槽磨损过度，失去互锁作用。

其五，第二轴前端的滚针轴承烧结，使第一轴和第二轴连成一体。

③ 故障诊断与排除方法。

其一，摆动变速杆，若变速杆能成圈转动，则为定位销折断或脱出；若变速杆摆动幅度较大，则为定位销磨损过度。出现以上两种情况均应更换定位销，并调整变速杆。

其二，若变速器只能挂挡，不能退回空挡，且变速杆可以转动引起错挡，则为变速杆下端球面或导块、变速叉凹槽磨损过度。若变速杆摆动量甚大，不能退回空挡位置，说明变速杆下端球形工作面已脱出导块、凹槽或变速叉拨槽，必须对其进行焊补修复或更换。

其三，若能同时挂入两个挡位，说明互锁销、钢球磨损过度而失去互锁作用，必须更换。

其四，若除空挡和直接挡外，其他挡位均不能正常工作，则应检查第二轴前端滚针轴承是否烧结而使一、二轴连成一体，若烧结应予清除更换。

图 2-5 所示为变速器乱挡的故障诊断流程。

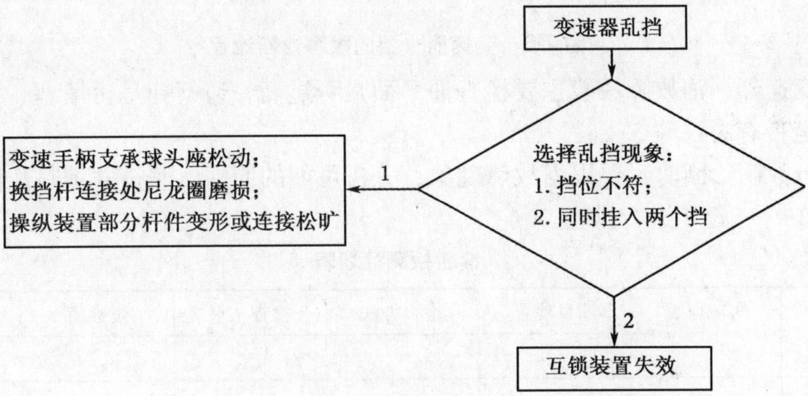

图 2-5　变速器乱挡的故障诊断流程

（4）手动变速器卡挡

① 故障现象。

变速器卡在某个挡位，无法回到空挡。

② 故障原因。

造成变速器卡挡的原因主要是同步器滑块塞堵，拨叉轴弯曲卡死等，应视情况予以修理或更换。

③ 故障诊断与排除方法。

若换挡手柄操作自如，则是由于第一轴后端卡簧脱落或换挡拨叉开口销脱落；否则是由于同步器滑块塞堵，接合器变形等。

图 2-6 所示为变速器卡挡的故障诊断流程。

（5）手动变速器漏油

① 故障现象。

变速器内的润滑油从变速器盖、前后轴承盖等处渗漏出来。

② 故障原因。

其主要原因为各轴油封、油堵、衬垫等密封不良；回油螺纹积污、磨损变浅；润滑油过多、壳体破裂等。

③ 故障诊断与排除方法。

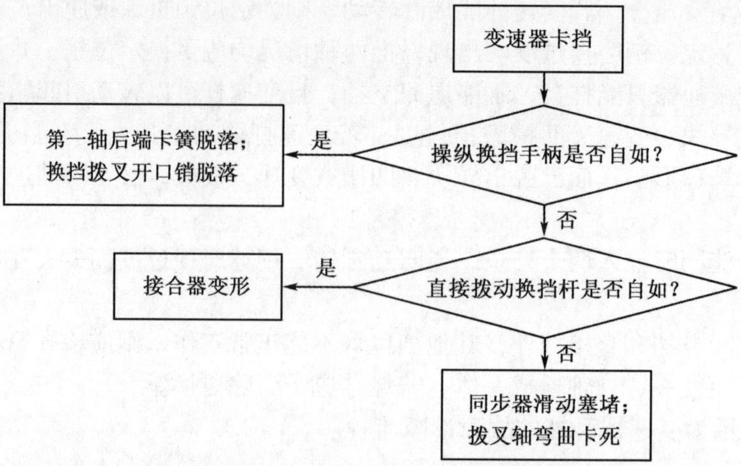

图2-6　变速器卡挡的故障诊断流程

手动变速器漏油故障一般主要检查油平面是否过高，通气孔是否堵塞，油封是否损坏，壳体是否有裂纹等。

在进行故障诊断时，要根据故障现象，分析可能的原因，制订并填写故障诊断计划表（见表2-4），逐步进行排查。

表2-4　　诊断检测计划表

序号	可能原因	项目检查	检查方法	检查结果	正常值	结果判定
1						
2						
3						
4						
5						
6						
7						
班组长意见						

2.1.3　手动变速器故障检修

根据上面的诊断检测结果，确定故障部位，制订、填写维修计划表（见表2-5）并实施维修。

表2-5　　维修计划表

故障部位（零部件）	故障原因	修复方法

续表 2-5

故障部位（零部件）	故障原因	修复方法

2.1.3.1　手动变速传动机构的检修

手动变速传动机构包括输入轴、输出轴及其上的齿轮。变速器齿轮的主要损伤有齿面磨损、齿端面磨损、疲劳剥落、腐蚀斑点，甚至齿轮破碎、断裂和中心孔磨损等。变速器轴常见的损坏有轴颈的磨损、键齿的磨损及轴的弯曲等。输入轴和输出轴的分解图如图 2-7 和图 2-8 所示。

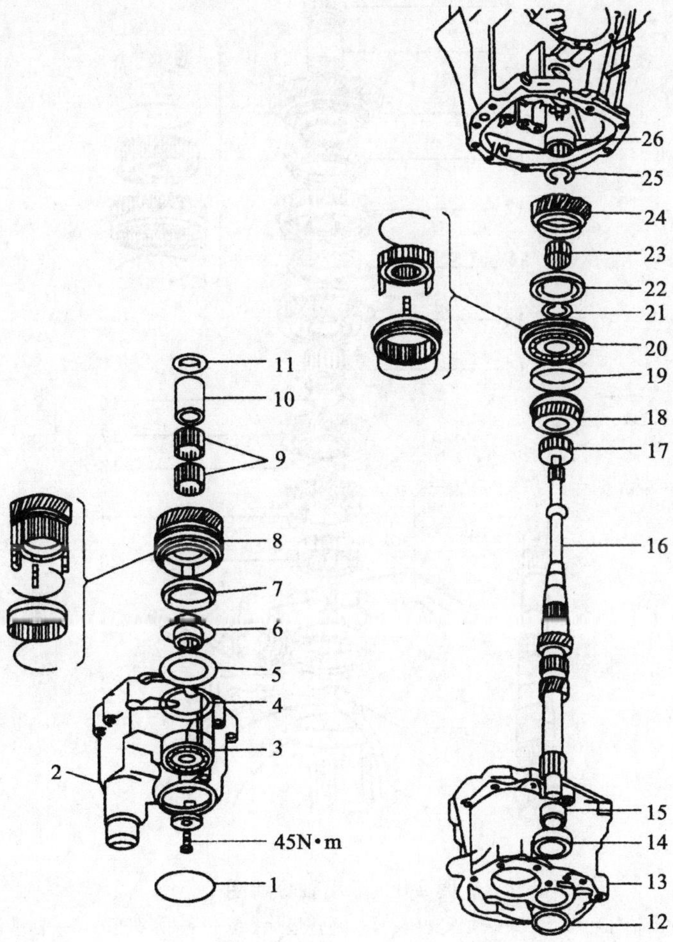

图 2-7　输入轴分解图

1—后轴承的罩盖；2—变速器后盖；3—输入轴后轴承；4，12，21—锁圈；5—挡油圈；6—五挡同步器套管；7—五挡同步环；8—五挡同步器和齿轮；9—五挡齿轮滚针轴承；10—五挡齿轮滚针轴承内圈；11—固定垫圈；13—轴承支座；14—中间轴承；15—中间轴承内圈；16—输入轴；17—三挡齿轮滚针轴承；18—三挡齿轮；19—三挡同步环；20—三挡和四挡同步器；22—四挡同步环；23—四挡齿轮滚针轴承；24—四挡齿轮；25—有齿的齿圈；26—输入轴滚针轴承

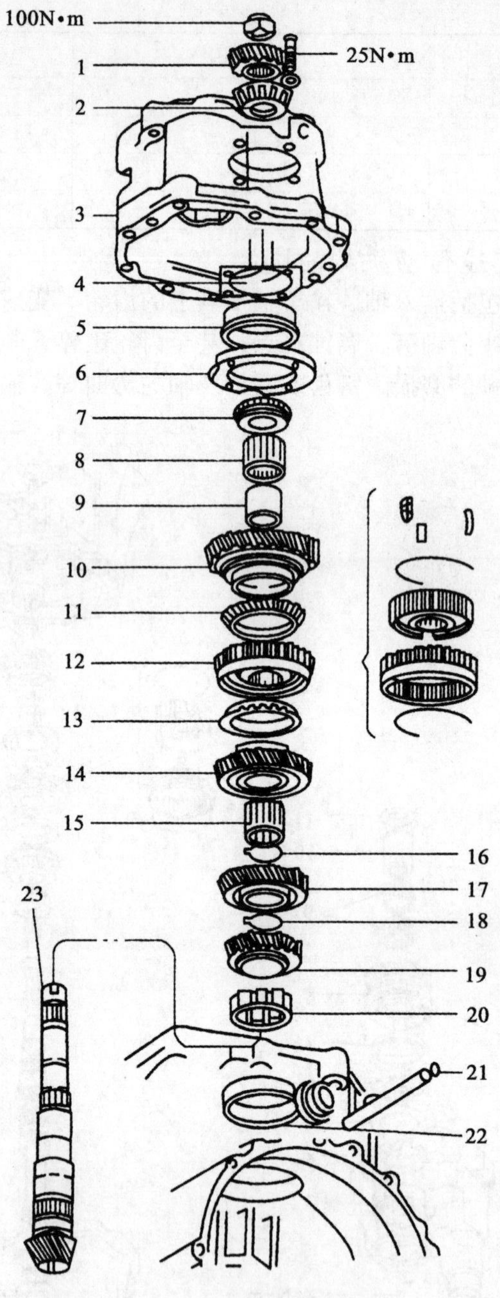

图 2-8　输出轴分解图

1—五挡齿轮；2—输出轴外后轴承；3—轴承支座；4—调整垫片；5—后轴承外圈；6—轴承保持架；7—输出轴内后轴承；8——挡齿轮滚针轴承；9——挡齿轮滚针轴承内圈；10——挡齿轮；11——挡齿轮同步环；12——挡和二挡同步器；13—二挡同步环；14—二挡齿轮；15—二挡齿轮滚针轴承；16—挡圈（厚度应用塞尺测量，可使用的厚度为 1.5mm 和 1.6mm）；17—三挡齿轮（凸缘应朝向四挡齿轮）；18—挡圈；19—四挡齿轮（凸缘应朝向主动锥齿轮）；20—输出轴前轴承；21—圆柱销；22—输出轴前轴承外圈；23—输出轴

（1）齿轮的检修

齿轮的损伤是运行中的摩擦热、机构应力和腐蚀等作用的结果。这些损伤除外部检

视外，还可用样板、测齿卡或与新齿轮对比检查等方法。

① 在轮齿的工作表面上允许有占轮齿面积不到25%的小斑点 A，如图2-9 及图2-10 所示。

② 在齿顶上允许有很小的剥落 B，但应将锐边修平、磨光。

③ 齿面如有长度不大于0. 20mm 的痕纹 C 或阶梯形磨损时，允许修平使用。

④ 齿轮上的运转齿磨损，厚度 *D* 减少0. 25mm 以上，且啮合间隙超过0. 50mm，长度磨损超过全长的30%时，应予更换。

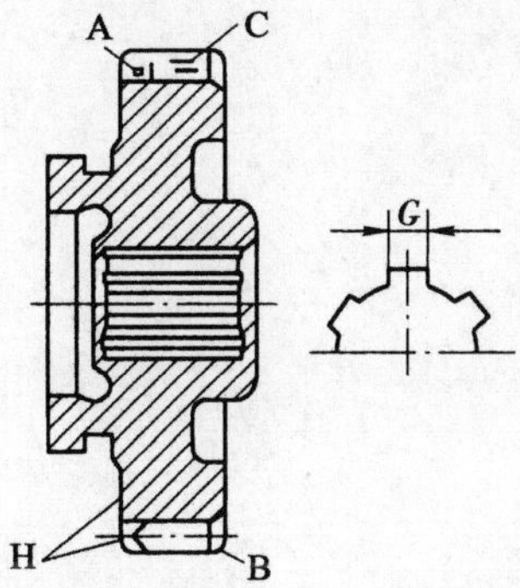

图2-9　变速器输出轴一挡滑动齿轮损伤情况示意图

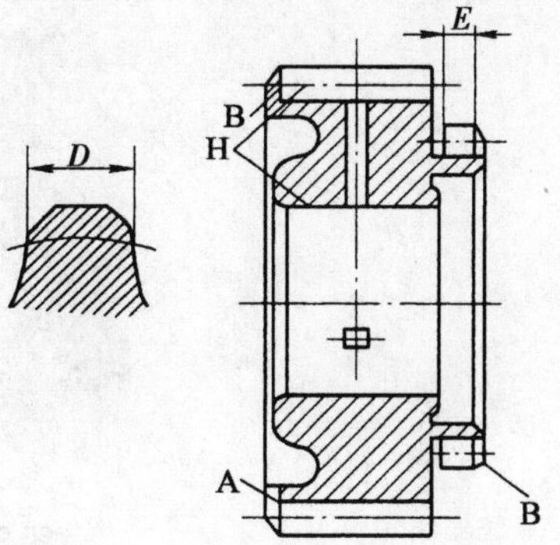

图2-10　变速器输出轴三挡齿轮损伤情况示意图

⑤ 齿轮上的接合齿（小直齿）磨损，厚度减小 0. 40mm 以上，且啮合间隙超过0. 60mm，长度 *E* 磨损超过全长的30%时，应予更换。

⑥ 齿轮上不相邻的个别齿的端头裂损时，允许焊修。

⑦ 齿轮上的键齿磨损，厚度 *G* 减少0. 20mm 以上，且配合间隙超过0. 40mm 时，应予更换。

⑧ 齿轮上不应有任何性质的裂纹。

⑨ 变速器齿轮不相邻的个别齿断裂时，可采用堆焊修复或成对更换。

⑩ 一挡齿轮的内孔装好滚针轴承和内座圈后，用百分表测量齿轮和内座圈之间的间隙，如图2-11 所示。标准值为0. 009 ~0. 060mm，若超过0. 15mm，应更换。

（2）轴的检修

用百分表检测变速器轴的径向圆跳动，如图2-12 所示。最大径向圆跳动量不允许超过0. 05 mm，若超过该值，应进行冷校正。

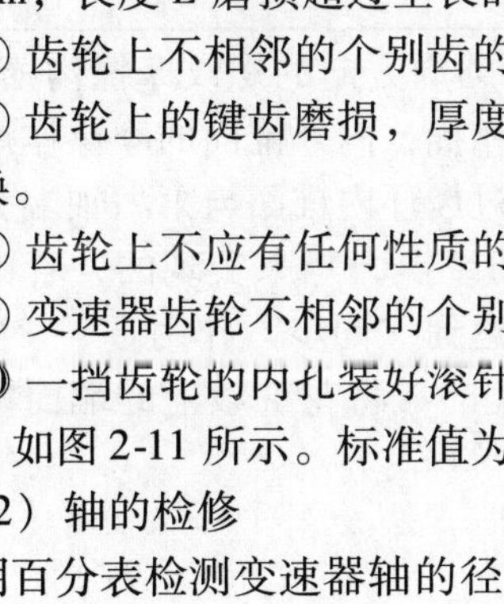

图2-11　测量间隙

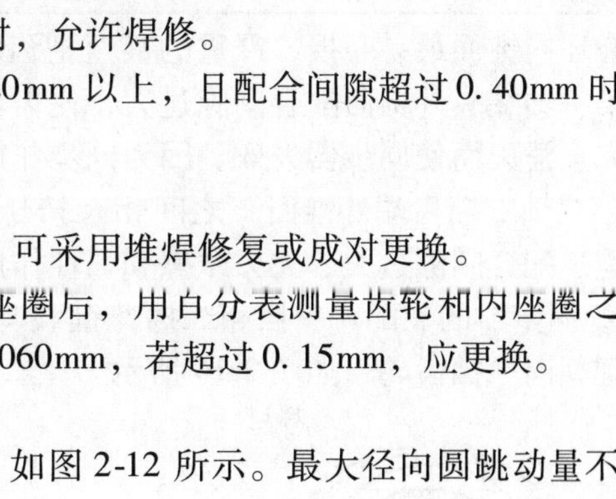

图2-12　变速器轴径向圆跳动的测量

（3）同步器的检修与装配

① 同步器的检修。惯性式同步器比较容易损坏的零件是铜质齿环。其损坏形式是磨损以及个别牙齿的断裂，造成同步器作用失效、齿毂磨损以及定位滑块磨损等。

齿环磨损和检查：检查齿环内锥面摩擦沟槽的磨损程度、齿环齿的磨损以及是否有齿的断裂。若磨损过甚或齿断裂，应予更换。将齿环与同步齿端锥面相配合，并向内推动，检查其摩擦阻力及制动性能；用塞尺检测齿环背侧与同步齿轮端面的间隙，如图 2-13 所示。若间隙超过极限值，应予更换。同步器挡位齿轮间隙值见表 2-6。

图 2-13 齿环磨损的检查

表 2-6 同步器挡位齿轮间隙 mm

挡位齿轮	装配间隙	磨损极限
一挡和二挡	1. 10 ~ 1. 17	0. 5
三挡和四挡	1. 35 ~ 1. 90	0. 5
五挡	1. 10 ~ 1. 70	0. 5

齿环内锥面最易磨损，严重的甚至把齿环内锥面沿圆周方向的螺纹摩擦沟槽磨平，以致第一轴端头外锥面配合间隙过大，使齿环与挡位齿靠拢，内外锥面的摩擦作用减弱甚至完全消失而使同步器失效。因为同步作用主要是通过齿环内锥面与第一轴端头外锥面（第二轴二挡齿端外锥面）之间相互挤压产生足够的摩擦力矩来实现的，若锥面磨损严重、配合间隙过大、失去摩擦和惯性作用，则难以达到“同步”作用。

② 同步器的装配。一挡和二挡花键毂与接合套装配时，将花键毂上的端面箭头上的标记朝向一挡齿轮，如图 2-14 所示。

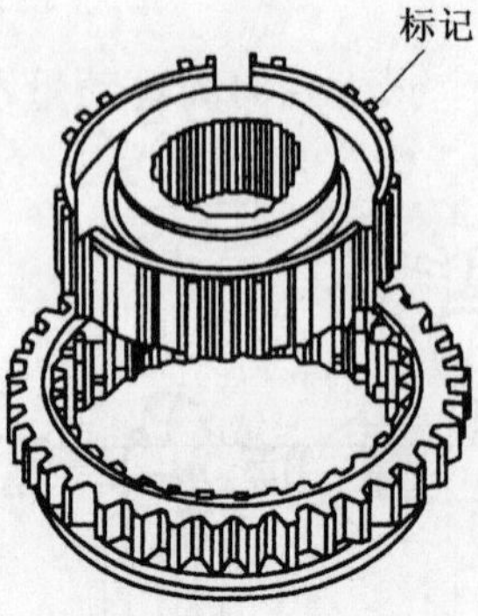

图 2-14 一挡和二挡花键毂与接合套的装配

图 2-15 三挡和四挡花键毂装配标志

装配三挡和四挡花键毂与接合套时，花键毂的凸面如图 2-15 所示，应朝向三挡齿轮，花键毂有油槽的一面向后。接合套上有线槽的一面朝向三挡齿轮，标记如图 2-16 所示。

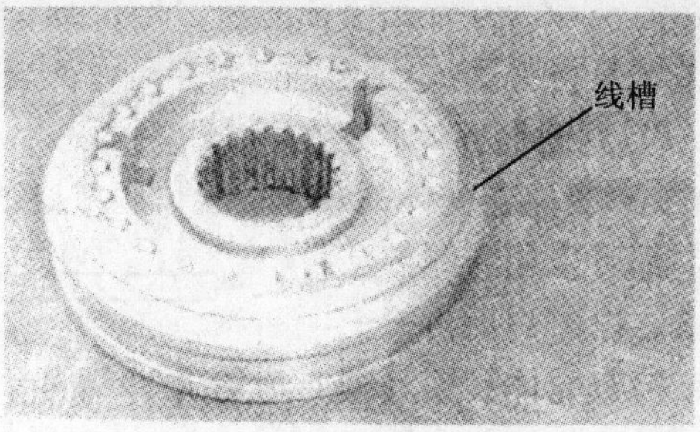

图 2-16　三挡和四挡花键毂与接合套的装配

装配接合套和花键毂时，应使滑块间隙 120°分布，如图 2-17 所示，并使弹簧末端钩住空心键。

2. 1. 3. 2　手动变速器操纵机构的检修

由于手动变速器操纵机构的零件工作频繁，其主要的损坏现象是磨损和弯曲变形。

（1）变速杆的检修

变速杆球节、定位槽、下端球头容易磨损，严重时将使变速器乱挡。检查时可采用与新件对比或互相配合的修理方法。

当球节直径磨损超过 0. 50mm、定位槽磨损变形超过 0. 40mm、变速杆下端球头磨损超过 0. 40mm 时，均应进行焊修，以恢复球节与球座、定位销与定位锁销、球头与变速叉导块之间的正常配合。

（2）变速器拨叉的检修

变速器拨叉的损坏主要是拨叉的弯曲和扭曲，拨叉上端导块磨损以及拨叉下端端面磨损或成沟槽，使齿轮的正确啮合受到破坏。这样不仅加速了齿面不均匀的磨损，而且导致“跳挡”倾向的增加。变速器拨叉弯曲、扭曲的检查方法如图 2-18 所示。如有弯曲和扭曲，可用敲击或冷压方法进行校正。

变速器拨叉上端导块凹槽磨损超过 0. 60mm 或与变速杆下端球头配合间隙超过 20mm 时，应进行焊修，以达到正确的配合。

变速器拨叉下端端面厚度磨损超过 0. 50mm 或与滑动齿轮上环形槽配合间隙超过 1mm 时，应先焊补再通过钳工加工修复。

（3）变速器拨叉轴、定位互锁装置的检修

变速器拨叉轴的弯曲磨损，定位球凹槽、互锁销凹槽的磨损以及定位球、互锁销的磨损，定位弹簧变软和折断等，均会使“跳挡”“乱挡”的可能性增大。

变速器拨叉轴的弯曲可用百分表或平板进行检查。用百分表在其中部测量指针圆跳动，或用平板测量其与平板之间的缝隙，若超过 0. 20mm，可通过冷压予以校正。

变速器拨叉轴的直径磨损超过 0. 15mm 或与变速器盖上叉孔配合间隙超过 0. 25 mm 时，可将轴车磨后镀铬修复或予以更换。

定位球、互锁销磨损严重，定位弹簧折断或变软均应更换。检查定位弹簧的弹性时，经验做法是将弹簧放入盖上的定位孔内，当弹簧与孔的上边缘平齐或接近平齐时，即合适。

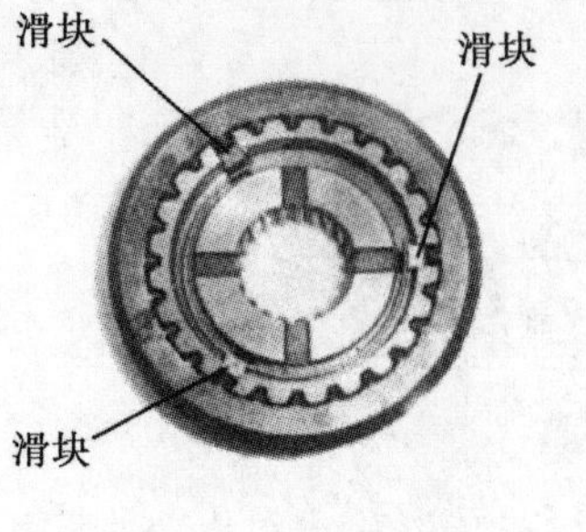

图 2-17　接合套/花键毂的装配

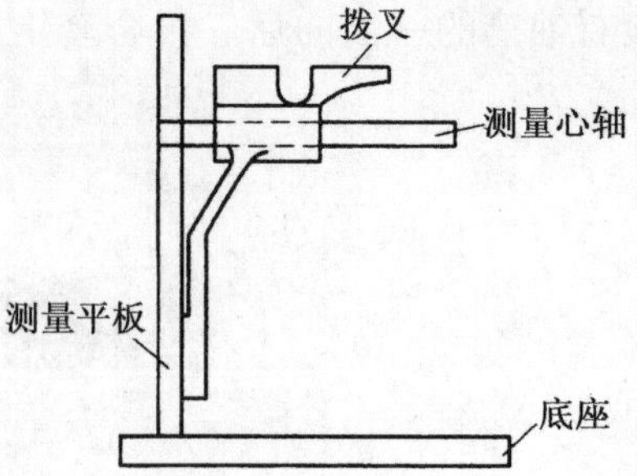

图 2-18　变速器拨叉变形的检查

2.1.3.3　变速器壳体和盖的检修

（1）变速器壳体的检修

壳体的裂纹可用检视法或敲击法检查，凡未延伸到轴的裂纹，都可采用环氧树脂黏结或用螺钉填补法修复。此外，还可用焊接方法修复，但要特别注意质量，以防焊后再裂。

检查壳体和盖（或齿轮壳）结合平面的翘曲不平情况时，可用平板或将两者扣合在一起用塞尺检查。当间隙超过 0.50mm，可用铲刀或锉刀修整。

壳体轴承孔如果磨损，将使齿轮轴线偏移和两轴线不平行。在修理时，应检查第一轴、第二轴、中间轴两轴孔中心线的平行度，在 300mm 长度上平行度误差最大不应超过 0.15mm。变速器壳体平行度的检查如图 2-19 所示。擦干净各主要平面和孔，不平处应修磨平整，将壳体倒放在平板上，检查其密合情况。用内径千分尺、游标卡尺测出几个主要孔的孔径及圆度误差，找出最大的磨损数值和方向等。

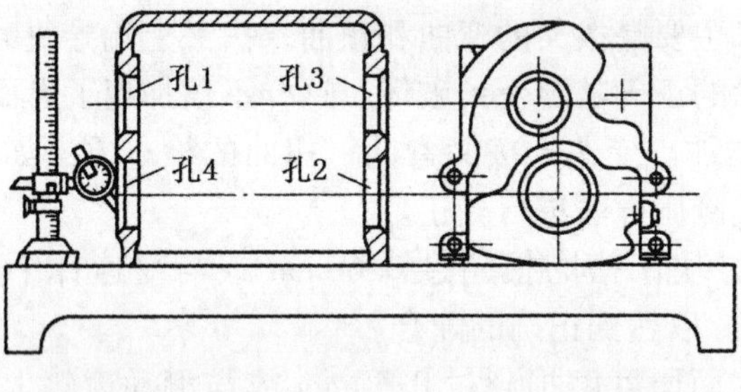

图 2-19　变速器两轴孔中心线平行度的检查

用游标高度尺夹住百分表对 4 个轴孔进行测量，先把游标高度尺对到适当的整数高度，再加上百分表的小数，分别测出 4 个孔下缘（或上缘）的读数，再分别加上（或减去）沿垂直方向测出的孔径的一半，就得出 4 个孔实际孔心到平板的高度。通过加减就可算出两轴线对平板（亦即壳体平面）的平行度误差和两轴线间的平行度误差。

（2）变速器盖的检修

变速器盖边缘上的裂缝长度不超过 50mm，不通过装变速叉轴的孔，且裂纹数目又不多于 3 条时，可以环氧树脂黏结、用螺钉填补或焊接修复。

2.1.3.4　变速器装复后的试验

试验的目的在于使相配的零件表面得以走合，检查修理与装配质量，以便发现故障后及时在车下排除，避免装车后返工，费时费力。

试验时，应将变速器（附驻车制动器）装在专门的试验台架上，如图 2-20 所示，由电动机或发动机带动。试验的顺序是：先在无负荷下进行各挡齿轮的走合（各挡走合时间不少于 15 min），一切都正常时，在电动机负荷能力允许的条件下，拉紧驻车制动器二三次，使变速器受骤加负荷，查看在有负荷的情况下是否正常。

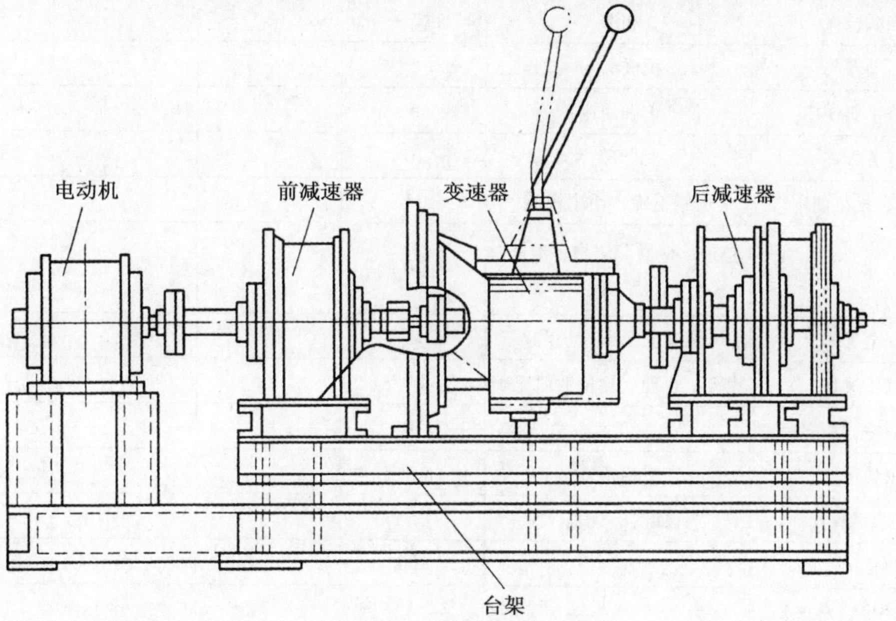

图 2-20　变速器走合试验

试验时，第一轴的转速应在 1000～1400r/min 范围内。试验的时间应视情况而定，换件较多的，时间可适当长些，一般在 1h 左右。

如果齿轮啮合不良，允许涂抹研磨剂进行磨合，但应将变速器内齿轮油放出，而将钙钠基润滑脂均匀涂抹入轴承内。如磨合时间较长，则应在磨合过程中适当补充润滑脂，以免因润滑不良而使轴承磨损。各挡全部磨合时间不得超过 3h。磨合完毕后，应将变速器拆开，清洗所有零件。检查啮合情况，并测量各挡间间隙及端隙。符合规定后，重新加注齿轮油，按上述规定磨合。

手动变速器走合试验后，应符合下列技术要求，否则应查明原因并排除。

① 磨合一段时间后，齿轮油的温度不得高于室温 40℃。

② 换挡应灵活轻便，所用的力应不大，变速器拨叉与齿套上变速器拨叉槽壁无碰击声响。

③ 在任何挡位都不允许有跳挡和自由脱挡现象，变速杆应能在空挡位置自由移动。

④ 各挡齿轮允许有均匀的啮合声，但在稳定转速下不允许有高低变化的敲击声。

⑤ 各部分不得渗漏润滑油。

⑥ 在第二轴凸缘边缘上测量，其圆跳动量应不大于 0. 08mm。

⑦ 变速器盖、轴承盖和凸缘螺栓螺母等应紧固、锁止可靠。

2. 1. 3. 5　检验

确认计划的维修项目全部实施完成之后进行试车，验证前面的推断是否正确，检查故障是否完全排除，并对维修质量进行评价。

2.1.3.6　考核与评估

手动变速器故障检修考核要点与评分标准，如表2-7所示。

表2-7　考核要点与评分标准

考核要点	评分标准	分数	学生自评	小组互评	备注
团队合作	和谐	5			
活动参与	积极参与	5			
维修手册使用	正确使用	5			
任务方案	合理	10			
工具、设备使用	选用正确，使用规范	15			
5s	整理、整顿、清扫、清洁、素养	10			
安全工作	遵守安全操作规范	10			
操作过程	规范、合理、测量数值正确	20			
任务完成情况		10			
工作纪律	严格遵守	5			
工单填写	如实、规范	5			
合计		100			
教师评价（总评）					

注：如果违反操作安全规程，造成人身伤害或设备严重损坏，本任务考核0分。

2.2　驱动桥故障与维修

【任务描述】服务站接到救援电话，车主述说自己的桑塔纳2000汽车突然无法行驶，需要救援。经检查发现发动机工作正常，故障在驱动桥。

2.2.1　驱动桥概述

2.2.1.1　驱动桥的功用与组成

(1) 驱动桥的功用

驱动桥的功用是将万向传动装置传来的动力经过降速增矩和改变动力传递方向后分配到左右驱动轮，使汽车行驶，并允许左右驱动轮以不同的转速旋转。

(2) 驱动桥的组成

驱动桥一般由主减速器、差速器、半轴和桥壳组成。

这里以结构比较简单的微型客车驱动桥为例介绍驱动桥的结构。

2.2.1.2　微型客车驱动桥的结构

微型客车驱动桥一般为后轮驱动整体式驱动桥，采用非独立悬架，其驱动桥壳为一个刚性整体，两端通过悬架与车架连接，由主减速器、差速器、半轴、半轴套管和主减速器壳体等组成。

(1) 主减速器

微型客车主减速器为单级主减速器，由一对双曲面锥齿轮实现降速、增矩和改变运动传动方向后再将动力传给差速器，其组成如图 2-21 所示。主减速器的主动齿轮与输入轴制成一体，通过一对圆锥滚子轴承支承于主减速器壳体的承孔中；将从动齿轮用螺栓固定于差速器壳体上，通过差速器壳体两端的一对圆锥滚子轴承支承于差速器轴承座孔中。

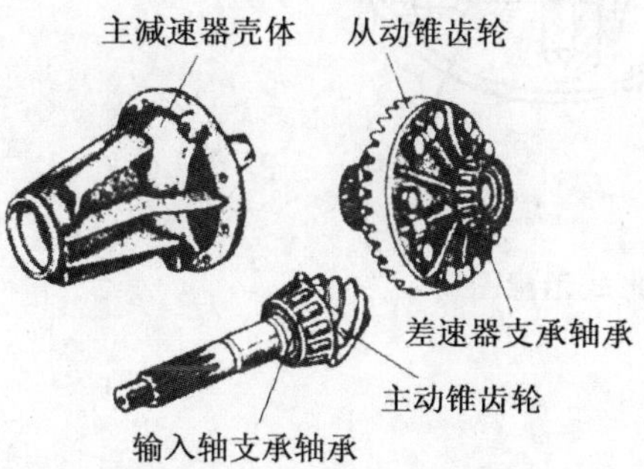

图 2-21　单级主减速器结构示意图

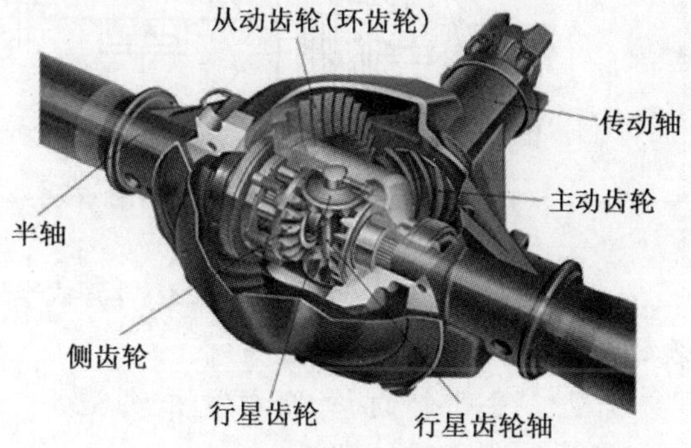

图 2-22　普通行星齿轮式差速器

(2) 差速器

差速器的作用是将主减速器传来的动力传递给左右两半轴，并在必要时允许两半轴以不同转速旋转，以满足两侧驱动轮差速的要求。

微型客车驱动桥采用普通行星齿轮式差速器，如图 2-22 所示，它由两个行星锥齿轮、一个行星锥齿轮轴、两个半轴锥齿轮、差速器壳以及锥齿轮与壳体之间的止推垫片等组成。

(3) 半轴

半轴的作用是将差速器传来的动力传给驱动轮。微型客车半轴为半浮式支承形式，如图 2-23 所示。半轴内端通过花键与半轴齿轮相连；半轴外端，通过轴承支承于桥壳孔中，半轴外伸端轴颈支承车轮。

(4) 桥壳

桥壳的功用是安装并保护主减速器、差速器和半轴，以及安装悬架或轮毂。微型客车驱动桥桥壳一般为整体式，如图 2-23 所示。

2.2.2　驱动桥故障诊断分析

2.2.2.1　车辆救援

接到救援电话，按照接待、派工、救援和后续工作流程进行救援，并填写汽车维修救援服务记录单，如表 2-2 所示。

车辆到店后，由维修服务顾问进行前台接待、验车，填写汽车维修服务接车单，如

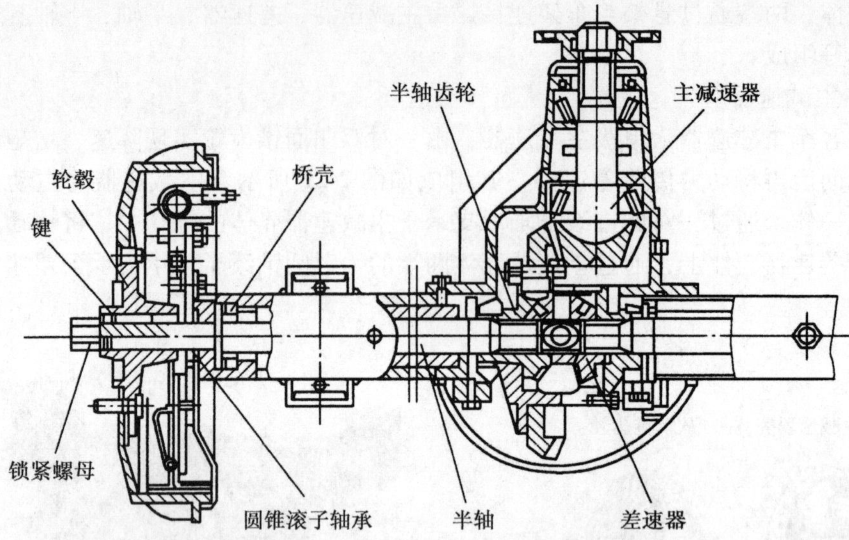

图 2-23　半浮式半轴支承形式示意图

表 2-3 所示，并派工维修。

2.2.2.2　制订诊断方案并实施

（1）后驱动桥过热

① 故障现象。

汽车行驶一段路程后，用手触摸后桥时，有难以忍受的烫手感觉。

② 故障原因。

其一，轴承装配过紧，转动时摩擦加剧，发热增加，温度升高。

其二，齿轮啮合间隙过小。

其三，油封过紧。

其四，驱动桥内缺少齿轮油，齿轮油变质，或使用的齿轮油不符合规定要求。

③ 故障诊断。

后驱动桥过热故障诊断流程见图 2-24。

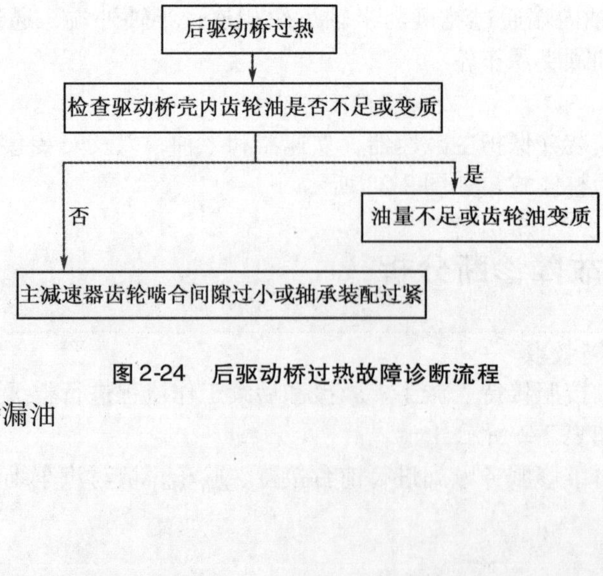

图 2-24　后驱动桥过热故障诊断流程

（2）后驱动桥漏油

① 故障现象。

停车时，地面发现油渍，后桥主减速器油封或衬垫处出现油渍。

② 故障原因。

其一，主减速器的油封损坏，衬垫损坏，半轴油封损坏，密封不良。

其二，与油封接触的轴颈磨损，表面有沟槽。

其三，紧固螺栓松动。

其四，齿轮油黏度过低或加注过多。

其五，壳体有裂缝。

③ 故障诊断。

后驱动桥漏油故障诊断流程见图2-25。

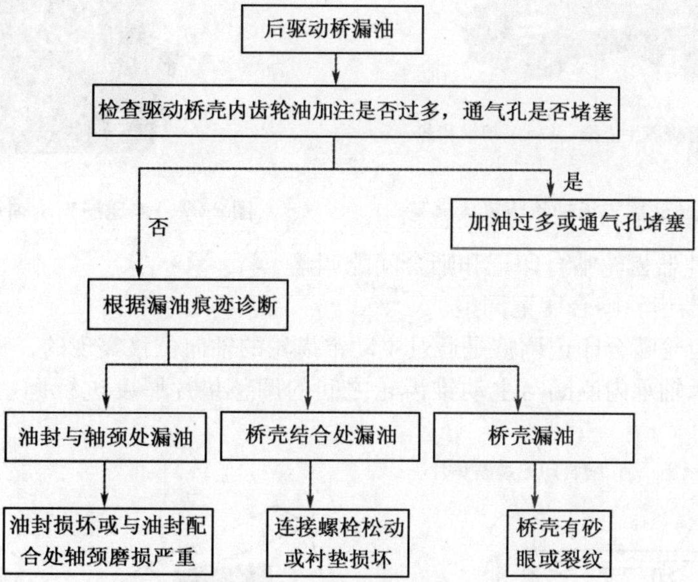

图2-25 后驱动桥漏油故障诊断流程

（3）前驱动桥的故障诊断

现代的轿车多采用前轮驱动方式，主减速器、差速器与变速器组装在一起，没有单独的驱动桥桥壳。前驱动桥主减速器或差速器故障可参照后驱动桥同类故障作出判断，同时应注意等速万向节工作不良引起的故障。

在进行故障诊断时，要根据故障现象，分析可能的原因和部位，制订并填写诊断检测计划表（见表2-4），逐步进行排查。

2.2.3 驱动桥故障检修

根据上面的诊断检测结果，确定故障部位，制订、填写维修计划表（见表2-5），并实施维修。

2.2.3.1 主减速器、差速器的调整

（1）主减速器支承轴承预紧度调整

在装配主减速器时，为了减小锥齿轮传动过程中轴向力引起的齿轮轴的轴向位移，

保证圆锥齿轮副的正常啮合，圆锥滚子轴承应有一定的装配预紧度，由支承输入轴的一对圆锥滚子轴承内座圈之间的调整垫片进行调整。增加垫片，预紧度减小；反之，预紧度增加，如图 2-26 所示。

差速器支承轴承预紧度由转动差速器轴承座孔两端的调整螺母实现，旋入调整螺母，预紧度增加；旋出调整螺母，预紧度减小。调整后用一锁片固定，如图 2-27 所示。差速器支承轴承预紧度应在齿面啮合印记和齿轮啮合间隙调整之前进行。

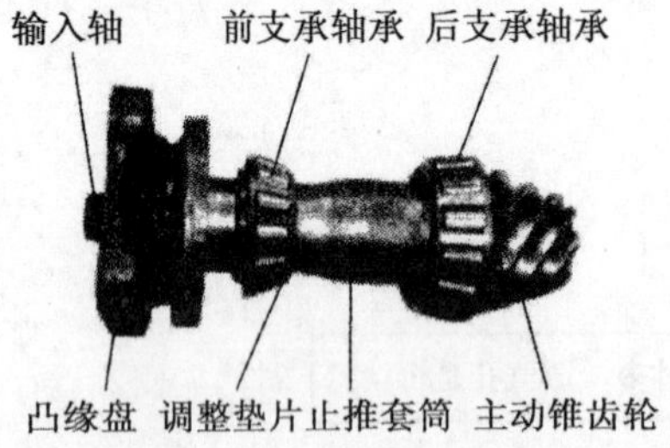

图 2-26　主减速器支承轴承预紧度调整

图 2-27　差速器支承轴承预紧度调整

（2）主减速器齿轮啮合印记和啮合间隙调整

① 主减速器齿轮啮合印记调整。

主减速器齿轮啮合印记调整是通过主动锥齿轮的轴向位移实现的，通过增减主减速器输入轴后支承轴承内座圈与主动锥齿轮之间的调整垫片厚度进行调整，如图 2-28 所示。

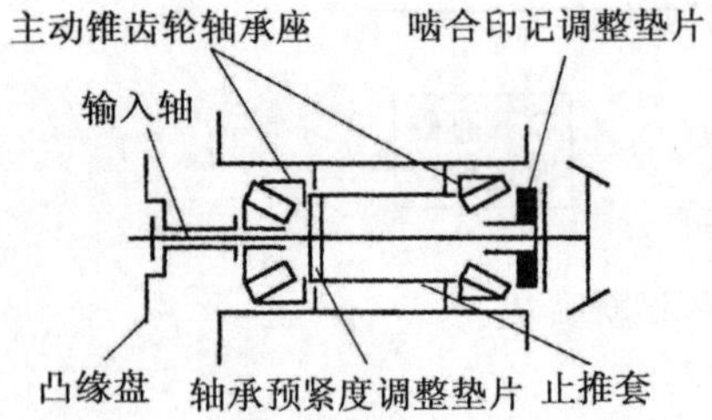

图 2-28　主减速器齿轮啮合印记调整示意图

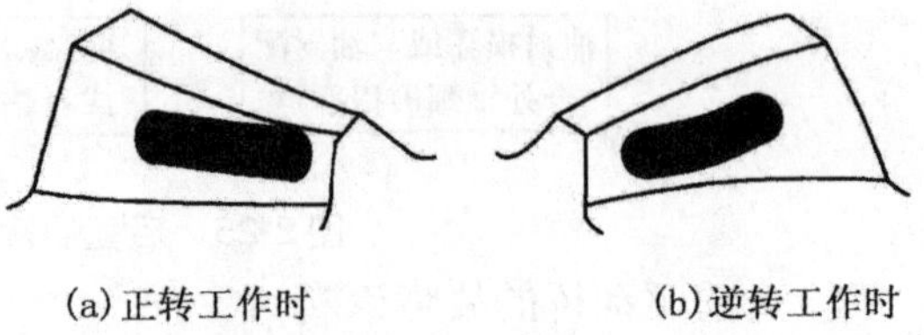

图 2-29　正确的啮合印记

检查啮合印记的方法是先在主动锥齿轮上涂上红丹油，然后往复转动主动锥齿轮，从动锥齿轮齿面上便出现红色啮合印记。若正转、反转工作面的印记均位于齿高的中间偏于小端，并占齿面宽度 60% 以上为正确啮合，如图 2-29 所示。

② 主减速器齿轮啮合间隙调整

主减速器齿轮啮合间隙调整通过旋动差速器支承轴承预紧度调整螺母，以改变从动锥齿轮相对于主动锥齿轮的轴向位置。一端旋入多少圈数，另一端就要旋出多少圈数，以保证已经调整好的轴承预紧度不变。

（3）差速器齿轮啮合间隙调整

为减轻摩擦和磨损，差速器行星齿轮和半轴齿轮背面与差速器壳体之间均装有止推垫片，参考图 2-22，使用中可通过更换垫片调整齿轮的啮合间隙。

2.2.3.2 驱动桥拆装与调整

推荐选用微型客车进行驱动桥拆装与调整训练。

（1）驱动桥的拆装

① 用举升器将车举起，放净桥壳内的润滑油。

② 拆下传动轴、拆下两后轮轮胎、拆下后轮两边的制动毂、制动底板、制动油管、用滑锤拉出半轴。

③ 拆下钢板弹簧与桥壳连接的螺母，取下后桥总成。将后桥总成固定在拆装架上。

④ 拆下主减速器、差速器总成的固定螺栓，从后桥壳中取出主减速器、差速器总成。

（2）拆卸差速器总成

① 在差速器轴承盖与轴承座上做好标记，拆卸时差速器两侧的组件不能互换。

② 拆下差速器支承轴承调整螺母锁片的固定螺栓，取下锁片。

③ 取下差速器支承轴承调整螺母、支承轴承外座圈、轴承盖，取下差速器总成。

④ 将差速器固定在台虎钳上，翘平差速器壳上的主减速器从动齿轮锁片，拆下固定螺栓，取下主减速器从动齿轮，如图 2-30 所示。

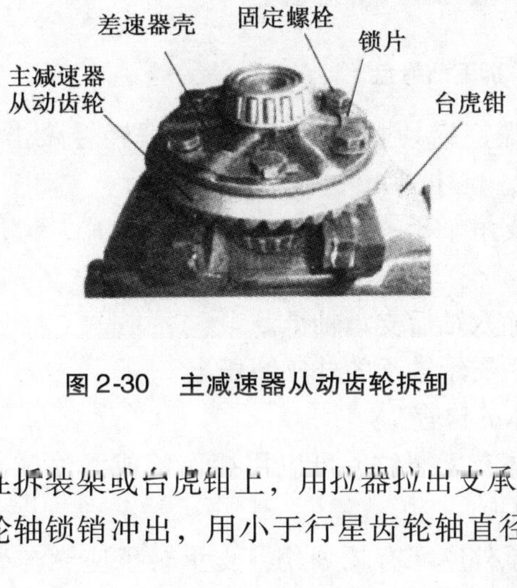

图 2-30 主减速器从动齿轮拆卸

（3）分解差速器

① 将差速器总成装在拆装架或台虎钳上，用拉器拉出支承轴承，如图 2-31 所示。

② 用冲子将行星齿轮轴锁销冲出，用小于行星齿轮轴直径的压器压头压出行星齿轮轴，如图 2-32 所示。

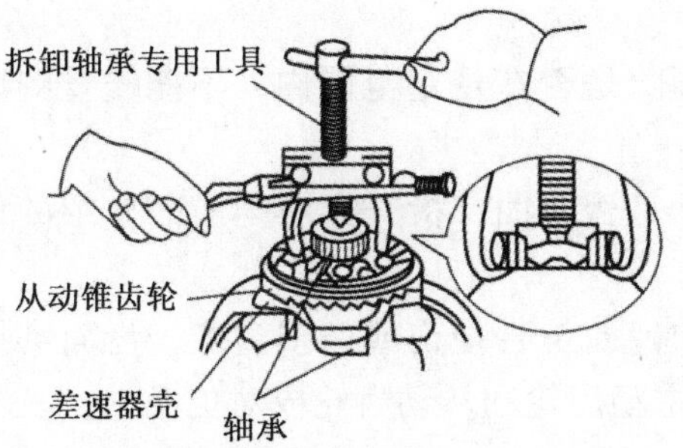

图 2-31 用拉器拉出支承轴承

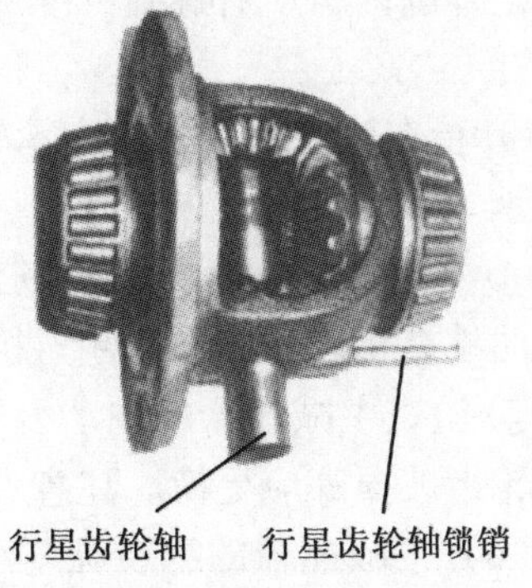

图 2-32 压出行星齿轮轴

③ 旋转半轴齿轮使行星齿轮转至差速器壳窗口处，取出行星齿轮和止推垫片，记录止推垫片的厚度后放好。

④ 取出半轴齿轮、半轴齿轮止推垫片及半轴内油封，记录半轴齿轮止推垫片的厚度后放好。

（4）分解主减速器

① 打开主减速器输入轴锁紧螺母的锁片、拆下锁紧螺母，取下凸缘盘，如图 2-33 所示。

图 2-33 拆下凸缘盘

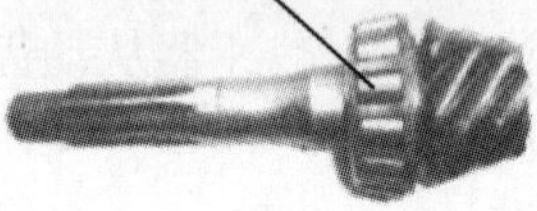

图 2-34 输入轴

② 用油封拉拔器或螺钉旋具取出油封，用木锤轻轻敲击将主减速器输入轴打出，取出输入轴时后支承轴承一起被取出，如图 2-34 所示。

③ 取出输入轴的前支承轴承、止推套筒、调整垫片，记录输入轴调整垫片的厚度后放好。

④ 用专用拉器拉出输入轴后支承轴承。

⑤ 用压力器将前、后支承轴承的外座圈压出。

（5）主减速器及壳体的检查

① 检查主减速器壳体有无裂纹，可以用探伤仪或浸油敲击法，如有裂纹可用焊接法修复，不能修复的应更换。

② 检查主减速器轴承外座圈有无划伤，支承轴承座圈与壳体座孔的配合间隙是否在规定范围内，所有螺孔的螺纹是否损坏。除螺纹损坏可以修复外，其余损伤均应更换壳体。

③ 检查输入轴轴颈与支承轴承内圈配合间隙是否在规定范围内，不能修复的应更换轴承。

④ 在平板上用百分表检查主减速器输入轴是否弯曲，检查方法与前面介绍的传动轴弯曲检查相同，弯曲度超过极限时应更换。

⑤ 检查主减速器的主动齿轮、从动齿轮的齿面是否损伤或磨损过度，齿面磨损过度或轮齿破损等应更换。注意：更换齿轮时，主动齿轮和从动齿轮成对更换。

（6）主减速器的组装调整

① 用压力器将输入轴的前、后支承轴承的外座圈压入壳体内。

② 用压力器将后支承轴承压入输入轴轴颈靠主减速器主动齿轮一侧。

③ 装入输入轴、调整垫片、止推套筒、前支承轴承、凸缘盘、垫片、锁母，按规定的力矩拧紧锁紧螺母。

④ 检查支承轴承的预紧度，如过紧加装调整垫片，过松减少调整垫片。

⑤ 预紧度调整合适后，拆下锁紧螺母、锁片、凸缘盘，加少许齿轮油，装入油封，再装入凸缘盘、垫片、锁紧螺母，最后按规定力矩拧紧锁紧螺母。

(7) 差速器及差速器壳体的检查

① 差速器壳体的检查方法同主减速器壳体的检查方法。

② 检查半轴齿轮、行星齿轮的齿面是否损伤或磨损过度，齿面磨损过度或轮齿破损等应更换。注意更换齿轮时半轴齿轮和行星齿轮一起更换。

③ 行星齿轮轴的检查方法同主减速器输入轴的检查方法。

④ 检查支承轴承盖、支承轴承调整螺母有无裂纹，如有裂纹应更换。

(8) 差速器的组装

① 将两个半轴齿轮止推垫片和半轴齿轮装入差速器壳体内。

② 再装入两个行星齿轮止推垫片和行星齿轮，装入行星齿轮轴，对正锁销孔，将锁销轻轻打入。检查半轴齿轮与行星齿轮的啮合间隙，若间隙过大，增加垫片；反之，减少垫片。

③ 将主减速器的从动齿轮装到差速器壳体上，装上锁片、螺栓，按规定力矩拧紧，然后将锁片翘起锁住螺栓。

④ 将差速器的两个支承轴承装入差速器壳体上，装上两个轴承座圈。

⑤ 将差速器总成装入主减速器壳体轴承座内，把支承轴承盖按标记对正，按规定力矩拧紧轴承座紧固螺栓。

⑥ 装入差速器两端的调整螺母，慢慢旋进，调整差速器支承轴承的预紧度。

(9) 调整主减速器齿轮的啮合间隙

主减速器齿轮啮合间隙的检查方法，如图 2-35 所示，将主减速器卡紧在台虎钳或拆装架上，将百分表及表座相对于主减速器固定好，使百分表的表头垂直于从动齿轮齿面并使测杆有一定压缩量，然后将表盘归零。往复轻轻拨动从动齿轮，观察百分表表针的摆动量，即啮合间隙。主减速器的主、从动齿轮的啮合间隙调好后，将差速器轴承盖上的锁片拧紧固定。

图 2-35　主减速器齿轮啮合间隙的检查

(10) 驱动桥的组装

① 将主减速器、差速器齿轮涂上少许齿轮油，将主减速器壳与驱动桥壳的接合面

涂上密封胶装在驱动桥壳上。

② 先安装两条定位螺栓以使主减速器具有正确安装位置，然后装齐所有螺栓。螺栓分 2 ~ 3 次对角交叉拧紧，最后一次按规定力矩拧紧。

③ 慢慢地装入半轴油封和半轴，使半轴与半轴齿轮内花键啮合。

④ 将制动底板装在桥壳两端，按规定力矩将两边固定螺栓拧紧。安装制动蹄片、制动毂、制动毂支承轴承锁紧螺母。

⑤ 打开油堵加注齿轮油至加油口下 5mm 左右，装上油堵并按规定力矩拧紧。

⑥ 用举升器将汽车举起，将后桥总成放在柱式千斤顶上，升至与钢板弹簧接合。

⑦ 装上桥壳，两边共 4 个 U 形固定螺栓，固定桥壳总成。按规定力矩将两边的 4 个 U 形固定螺栓拧紧。

⑧ 装上两后轮、传动轴、制动油管，排净制动油管内的空气。

（11）试车

试车时，各齿轮及其他传动件工作平稳，噪声小，无异响为合格。

（12）检验

确认计划的维修项目全部实施完成之后进行试车，验证前面的推断是否正确，检查故障是否完全排除，并对维修质量进行评价。

（13）考核与评估

驱动桥故障检修考核要点与评分标准见表 2-7。

2.3 传动系异响故障与维修

【任务描述】一辆桑塔纳轿车行驶 60000km，车主述说当车速在 20km/h 以上时，底盘前部发出有节奏的“哐、哐”声，若车速提高节奏声音加快，车底板有明显振动感，要求尽快检修。

2.3.1 传动系概述

2.3.1.1 传动系作用和组成

汽车发动机与驱动轮之间的动力传递装置称为汽车的传动系。它应保证汽车具有在各种行驶条件下所必需的牵引力、车速，以及保证牵引力与车速之间协调变化等功能，使汽车具有良好的动力性和燃油经济性；还应保证汽车能倒车，以及左、右驱动轮能适应差速要求，并使动力传递能根据需要平稳地结合或彻底、迅速地分离。传动系由离合器、变速器（及分动器）、万向传动装置和驱动桥（减速器、差速器、半轴）等组成，桑塔纳 2000 型轿车传动系（手动挡）如图 2-36 所示。

2.3.1.2 主要部件的功用

（1）离合器

离合器是传动系统的主要组成部分。从汽车起步到平稳行驶的过程中，离合器使发动机与变速器暂时分离或接合，以切断或传递发动机向传动系统输出的动力，起到保证

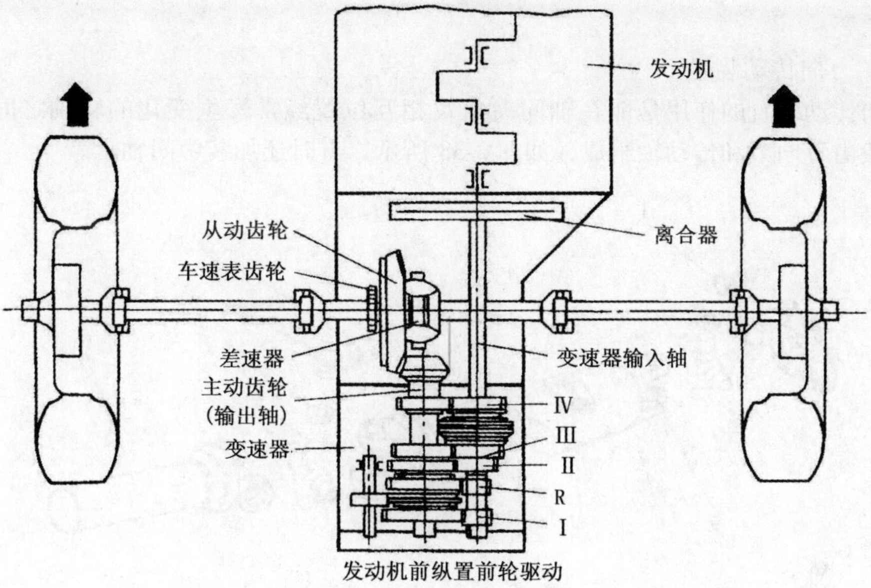

图 2-36　桑塔纳 2000 型轿车传动系（手动挡）

汽车平稳起步、便于换挡、防止传动系统过载等作用。离合器主要由主动部分、从动部分、压紧机构和操纵机构组成，如图 2-37 所示。

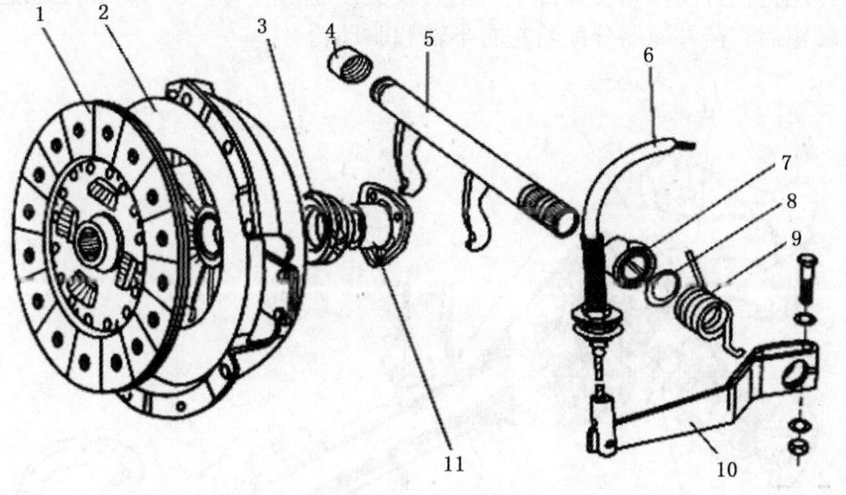

图 2-37　膜片弹簧离合器及操纵机构的组成

1—从动盘；2—膜片弹簧—压板组；3—分离轴承；4—衬套；5—分离轴；6—离合器拉索；7—轴承套及密封件；8—卡簧；9—回位弹簧；10—分离轴传动杆；11—分离套筒

（2）机械手动变速器

机械手动变速器的功能如下。

① 通过改变传动比扩大汽车驱动力和速度的变化范围，以适应经常变化的行驶条件，同时，使发动机在最有利的条件下工作。

② 在发动机旋转方向不变的条件下，使汽车能倒向行驶。

③ 中断发动机向驱动桥的动力传递，以使发动机能够起步、怠速，满足汽车暂时停车的需要。

（3）万向传动装置

万向传动装置的作用是能在轴间夹角及相互位置经常发生变化的转轴之间传递动力。一般由万向节和传动轴组成，如图 2-38 所示，有时还加装中间轴承。

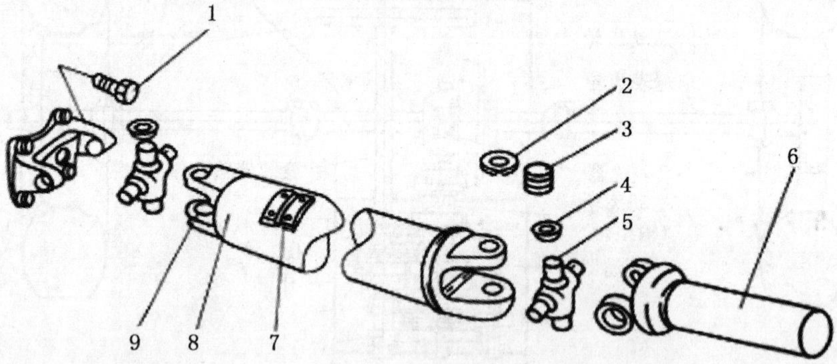

图 2-38　传动轴的组成

1—螺栓；2—卡环；3—轴承；4—油封；5—十字轴；6—滑动叉；7—平衡片；8—套管；9—万向节叉

（4）驱动桥

驱动桥一般由主减速器、差速器、车轮传动装置和驱动桥壳等组成，如图 2-39 所示。它的作用是使万向传动装置传来的动力改变传递方向（90°），并由主减速器降低转速，增大转矩后，经差速器分配给左右半轴和驱动轮。

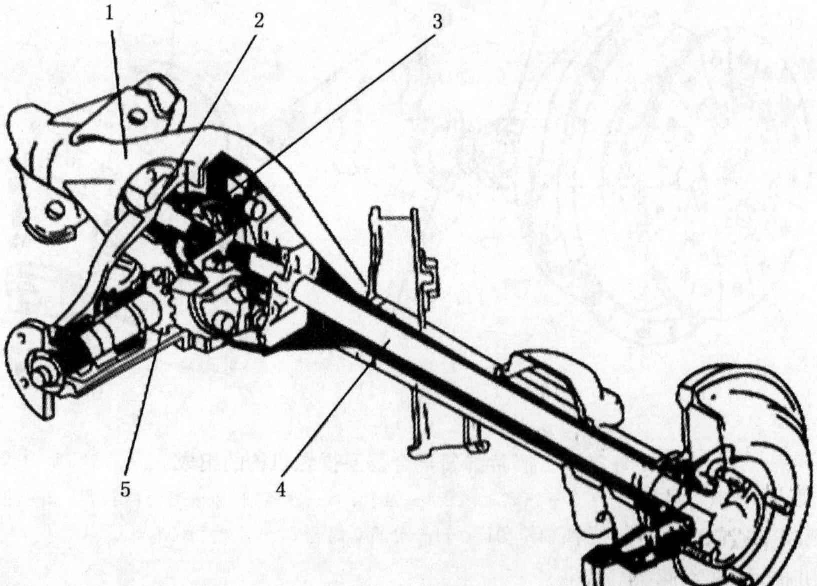

图 2-39　后驱动桥的组成

1—后驱动桥壳；2—差速器壳；3—差速器；4—半轴；5—主减速器

2.3.2　传动系异响故障诊断分析

2.3.2.1　接车

车辆到店后，首先由维修服务顾问进行前台接待、验车、问诊、分析判断，填写汽车维修服务接车单，如表 2-3 所示，并进行派工维修。

2.3.2.2　制订诊断方案并实施

（1）离合器异响

① 故障现象。

其一，在汽车行驶过程中，踩下离合器踏板时发出异响，不踩离合器踏板时无响声。

其二，踩下离合器踏板无响声，不踩离合器时出现异响。

其三，踩下、放松离合器踏板时都有异响。

离合器异响往往在发动机启动后、汽车起步前离合器接合和分离时产生。

② 故障原因。

其一，分离轴承损坏或润滑不良。

其二，踏板回位弹簧过软、折断，离合器踏板无自由行程。

其三，分离轴承套筒与导管脏污，其回位弹簧过软、折断，使分离轴承回位不佳。

其四，分离叉或其支架销、孔磨损松旷。

其五，从动盘摩擦片铆钉松动、外露或摩擦片破裂、减振弹簧折断等。

其六，离合器盖与压盘配合松动，从动盘花键配合松旷。

其七，双片离合器中间压盘传动销、孔磨损松旷。

③ 故障诊断。

离合器异响的故障诊断流程如图 2-40 所示。

（2）机械手动变速器异响

① 故障现象。

变速器异响是指变速器内发出不正常响声，主要表现如下。

其一，变速器空挡异响。发动机怠速运转，变速器处于空挡时即有异响，踩下离合器踏板后响声消失。有的空挡异响不明显，但在汽车起步、离合器处于半接合状态时有强烈的金属摩擦声。

其二，直接挡工作无异响，其他挡工作均有异响。

其三，低速挡工作有异响，高速挡工作响声减弱或消失。汽车在一、二挡及倒挡行驶时异响明显，高速挡（直接挡或超速挡）行驶时，响声减弱或消失。

其四，变速器个别挡有异响。汽车行驶时，只在某一挡位有异响。

其五，变速器各挡均有异响。汽车以各挡行驶时，变速器均有异响，车速越高响声越大。

② 故障原因。

其一，新更换的齿轮副不匹配或单独更换了一个齿轮，破坏了原来的配合。

其二，轮齿磨损过度，齿侧间隙变大，导致齿面撞击声响。

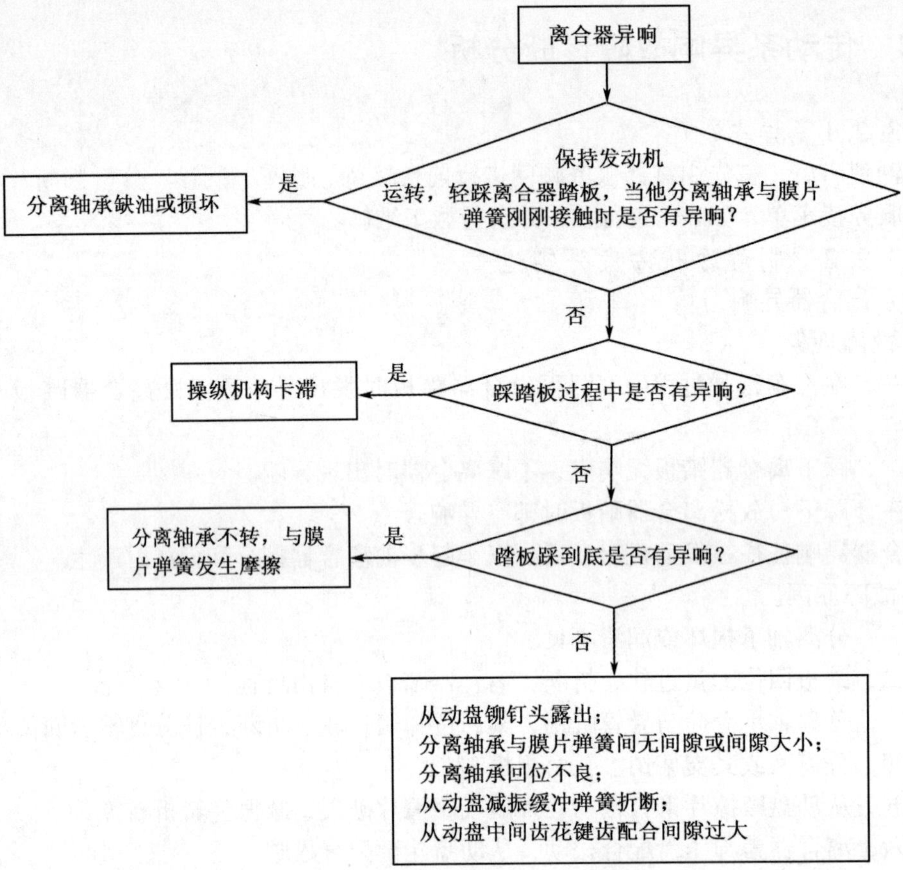

图2-40　离合器异响的故障诊断流程

其三，齿轮齿面损伤或齿轮断裂、个别齿折断，造成较为强烈的金属敲击声响。

其四，同步器严重磨损、锁环滑块槽严重磨损及环齿折断均会产生不正常响声。

其五，齿轮油不足或变质，导致各运动副润滑不良，出现金属干摩擦声响。

其六，各轴弯曲变形，同轴度、垂直度误差过大，影响了齿轮的正常啮合和轴承的正常运转。

其七，滑移齿轮齿槽与花键齿磨损严重、配合松旷，导致主、从动齿轮相互撞击，产生异响。

其八，变速器壳体磨损、变形及总成定位不良，破坏了各齿轮副、轴承及花键齿的配合精度。

其九，变速操纵机构中，变速杆及变速叉变形、松动或过度磨损。

③ 故障诊断。

变速器异响的故障诊断流程如图 2-41 所示。

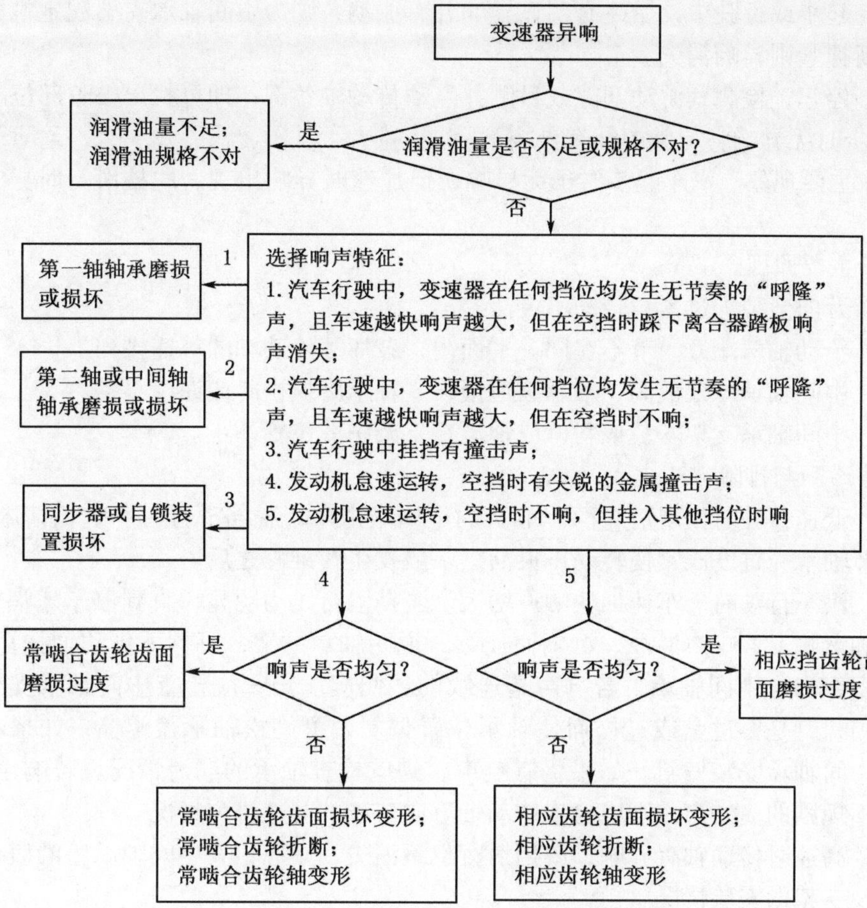

图 2-41　变速器异响的故障诊断流程

（3）万向传动装置异响

① 汽车起步时有撞击声，行驶中始终有异响。

• 故障主要现象。汽车起步时传动轴有撞击声，行驶中当车速变化或高速挡低速行驶时也会出现撞击声，整个行驶过程响声不断。

• 故障主要原因。此故障为联接松旷所致，具体部位如下。

其一，传动轴各凸缘连接处有松动。

其二，万向节轴承磨损松旷。

其三，中间轴承支架固定螺栓松动，内座圈松旷。

其四，后钢板弹簧 U 形螺栓松动。

• 故障诊断与排除方法。

其一，汽车行驶中突然改变车速时，总有一声金属敲击声，多为个别凸缘或万向节轴承松旷，应紧固凸缘或更换轴承。

其二，制动减速时，传动轴出现沉重的金属敲击声，应检查并紧固后钢板弹簧螺栓。

其三，起步和改变车速时，撞击声明显，汽车低速行驶比高速行驶时异响明显，则为中间轴承内座圈静配合松动，应重新压配或更换轴承。

其四，起步或行驶中，始终有明显异响并有振动，则为中间轴承支架固定螺栓严重松动，重新拧紧则异响消失。

其五，停车，检测其游动间隙或目测并晃动传动轴各部，即可找出松旷部位。

② 起步时无异响，行驶中却有异响。

• 故障主要现象。汽车起步时虽无异响，但加速时异响出现，脱挡滑行时异响仍然十分清晰。

• 故障主要原因。

其一，万向节装配过紧，转动不灵活。

其二，传动轴两端万向节不在同一平面内，破坏了传动轴的等速排列。

其三，中间轴承球架散离、轴承滚道损伤、轴承磨损松旷或润滑不良。

其四，中间轴承支架安装偏斜，或轴承在支架中的位置不正。

• 故障诊断与排除方法。

其一，低速行驶时出现清脆而有节奏的金属敲击声，脱挡滑行时声响仍清晰存在，多为万向节轴承壳过度压紧使转动不灵活，一般发生在维修之后。

其二，汽车行驶时，车速加快响声增大，脱挡滑行尤为明显，直到停车才消失，一般为中间轴承响。若响声混浊、沉闷而连续，说明轴承散架，可拆下传动轴挂挡运转，验证响声是否出自中间轴承。若响声是连续的“呜呜”声，应检查中间轴承支架橡胶垫圈、紧固螺钉是否过紧或过松而使轴承位置偏斜，可旋松轴承盖螺栓，如果响声消失，表明中间轴承安装偏斜。如果仍有响声，则应检查轴承的润滑情况。若响声杂乱，时而出现不规则的撞击声，则应检查传动轴万向节叉的等速排列情况。

其三，高速时传动轴有异响，脱挡滑行也不消失，则应检查中间轴承座圈表面是否有损伤以及支架的安装情况。

③ 行驶中有异响并伴随车身振抖。

• 故障主要现象。车速超过中速出现异响，车速越高响声越大，达一定速度时车身振抖，车门、方向盘等强烈振响。若此时空挡滑行，振动更强烈，降到中速振抖消失，但传动轴异响仍然存在。

• 故障主要原因。

其一，传动轴弯曲、平衡块脱落或轴管凹陷破坏了动平衡。

其二，传动轴凸缘和轴管焊接时歪斜。

其三，中间轴承支架垫圈磨损松旷。

其四，万向节十字轴回转中心与传动轴的同轴度误差过大。

其五，传动轴万向节滑动叉花键配合松旷，变速器输出轴上的花键与凸缘花键槽磨损过度。

• 故障诊断与排除方法。

其一，若为周期性异响，且车速越快响声越大，应检查传动轴是否弯曲、平衡块有无脱落，传动轴套管是否凹陷，万向节滑动叉花键配合是否松旷。可检查传动轴游隙或用手晃动传动轴，若有晃动感则可确诊花键齿或各部螺栓松动、万向节轴及滚针磨损松旷。

其二，举起汽车或支起驱动桥，挂入高速挡，查看传动轴摆振情况。抬起加速踏板，当车速突然下降时摆振更大，则为凸缘和轴管焊接歪斜或传动轴弯曲所致，可拆下传动轴，检查是传动轴是否弯曲，轴管是否凹陷，凸缘和轴管焊接处是否歪斜。

其三，若连续振响，应检查中间轴承支架垫圈径向间隙是否过大。松开中间轴承支架螺栓，发动机怠速运转，挂入低速挡，查看摆动情况。若摆动量较大，可拆下中间轴检查。若不弯曲又没有摆量或摆量不大，说明凸缘与轴管焊接良好，其故障为中间轴支架孔偏斜。若中间轴承无故障，则应检查万向节十字轴回转中心与传动轴的同轴度。

（4）后驱动桥异响

① 在行驶时后驱动桥有异响，脱挡滑行时响声减弱或消失。

这种异响的主要表现是：行驶时有异响，车速加快响声增大，脱挡滑行时响声减弱或消失。其故障原因如下。

其一，圆锥及圆柱主、从动齿轮，行星齿轮及半轴齿轮等啮合间隙过大，或半轴齿轮花键槽与半轴配合松旷。

其二，圆锥主、从动齿轮啮合不良或啮合间隙不均、齿面损伤或轮齿折断。

其三，半轴齿轮与行星齿轮不配套。

后驱动桥传递动力时产生异响，滑行时异响明显减弱或消失，说明异响与各齿轮副的齿隙及啮合情况有关，这是诊断的重要依据，其故障诊断流程见图 2-42。

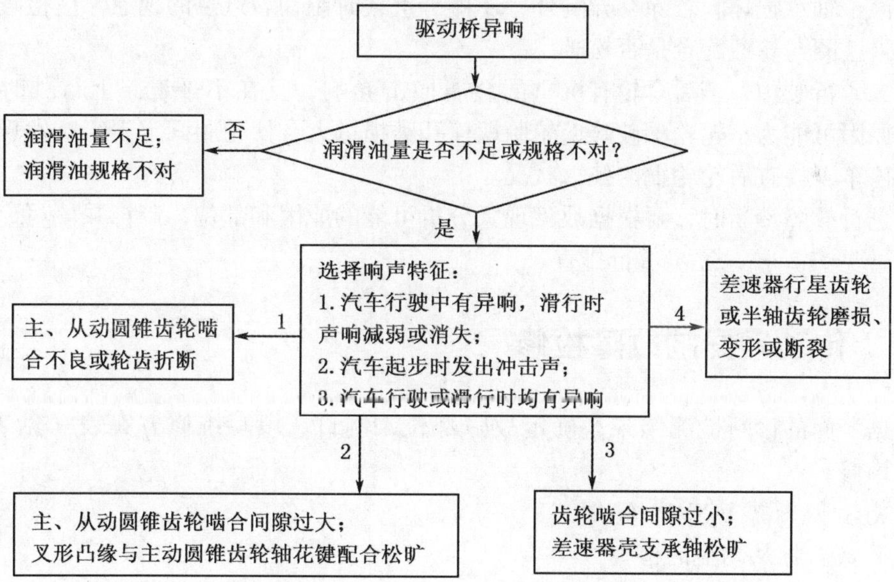

图 2-42　后驱动桥异响的故障诊断流程

② 汽车行驶时，后驱动桥发出异响，脱挡滑行也不消失。

这类异响的故障原因如下。

其一，圆锥、圆柱主动齿轮轴承松旷，多为轴承磨损、凸缘螺母松动或轴承调整不当所致。

其二，差速器圆锥滚子轴承松旷，多为磨损、调整不当或轴承盖固定螺母松动所致。

其三，轴承间隙过小，预紧力过大，齿轮啮合间隙过小。

其四，润滑油不足。诊断时应注意，这种异响与传动轴异响相似，但往往在车速变低时更为明显。

③ 汽车直线行驶良好，转弯时后驱动桥有异响。

产生这种异响的主要原因如下。

其一，差速器行星齿轮与半轴齿轮不配套，使齿轮啮合不良。

其二，行星齿轮、半轴齿轮磨损、折断或行星齿轮轴磨出台阶、止推垫片过薄，在转弯时因行星齿轮自转而发出异响。

其三，主减速器圆锥、圆柱从动齿轮与差速器壳的固定螺栓或铆钉松动。

其四，润滑油不足。

④ 上、下坡时，后驱动桥异响。

上坡时后驱动桥发响，为齿轮啮合间隙过小；下坡时后驱动桥发响，为齿轮啮合间隙过大；上、下坡时后驱动桥都有异响，则为齿轮啮合印痕不符合要求或轴承松旷。

⑤ 后车轮发响。

其一，汽车低速行驶时，若后轮有轻微的“哗啦哗啦”异响，其原因为后轮圆锥滚子轴承损坏、轴承外座圈松动或制动毂内有异物。诊断时，举起汽车或支起后驱动桥，加速后挂入空挡，如果后轮出现行驶中的异响，说明制动毂内有金属屑等异物或车轮圆锥滚子轴承损坏。若除有异响外，还伴有重载时制动毂过热的现象，应检查圆锥滚子轴承外座圈与轮毂配合是否松旷。

其二，行驶中，若后车轮有沉重的金属撞击异响，且在不平道路上行驶时异响加重，其原因可能为车轮轮辋破碎、轮胎螺栓孔磨损过大，使轮胎固定不牢。发现此现象应立即停车，检查后轮轮辋的技术状况。

在进行故障诊断时，要根据故障现象分析可能的原因和部位，制订并填写诊断检测计划表（见表2-4），逐步进行排查。

2.3.3 传动系异响故障检修

根据上面的诊断检测结果，确定故障部位，制订、填写维修方案表（见表2-5），并实施维修。

2.3.3.1 离合器的检修

(1) 离合器从动盘的检查

先目视检查，看从动盘摩擦片是否有裂纹、铆钉外露、减振器弹簧断裂、花键毂磨损严重等情况，如果有则更换从动盘。

再检查从动盘的端面圆跳动。在距从动盘外边缘2.5mm处测量，离合器从动盘最大端面圆跳动为0.4mm，如图2-43所示。

最后检查从动盘摩擦片的磨损程度。摩擦片的磨损程度可用游标卡尺进行测量。铆钉头埋入深度应不小于0.20mm，如图2-44所示。

注意：检查的是铆钉头的深度，即浅处的深度。

如果检查结果不符合要求，则应更换从动盘。

(2) 离合器压盘的检查

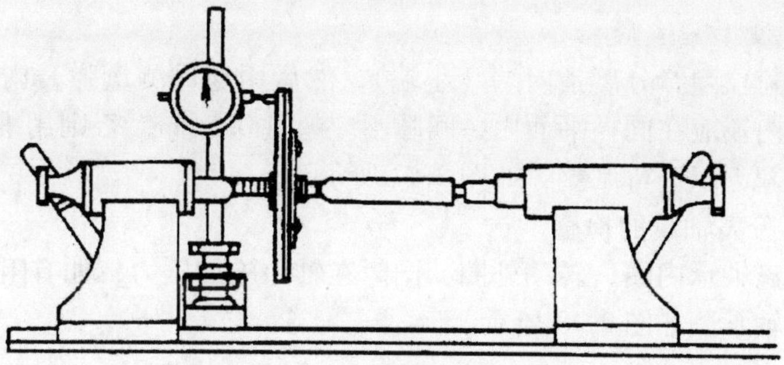

图 2-43　从动盘端面圆跳动的检查

压盘若出现翘曲、破裂或过度磨损，应及时更换。

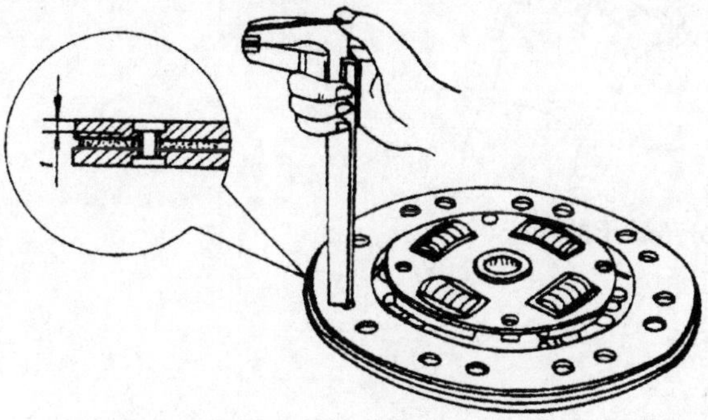

图 2-44　从动盘摩擦片磨损程度的检查

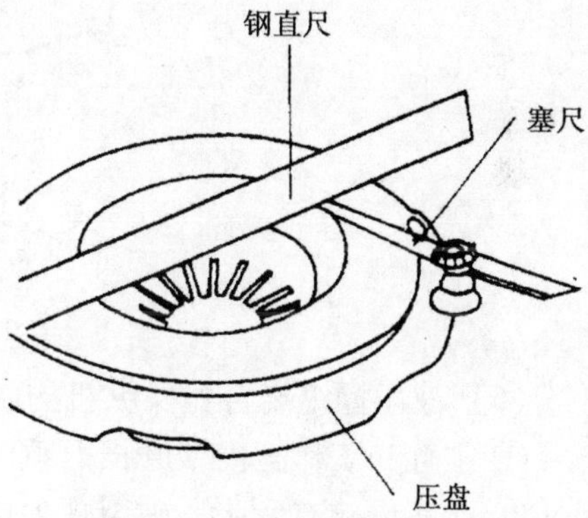

图 2-45　压盘平面度的检查

离合器压盘平面度不应超过 0.2mm，检查方法是用钢直尺压在压盘上，然后用塞尺测量。如图 2-45 所示。

（3）离合器膜片弹簧的检查

① 膜片弹簧磨损的检查。

用游标卡尺测量膜片弹簧与分离轴承接触部位磨损的深度和宽度。深度应小于 0.6mm，宽度应小于 5mm，否则应更换，如图 2-46 所示。

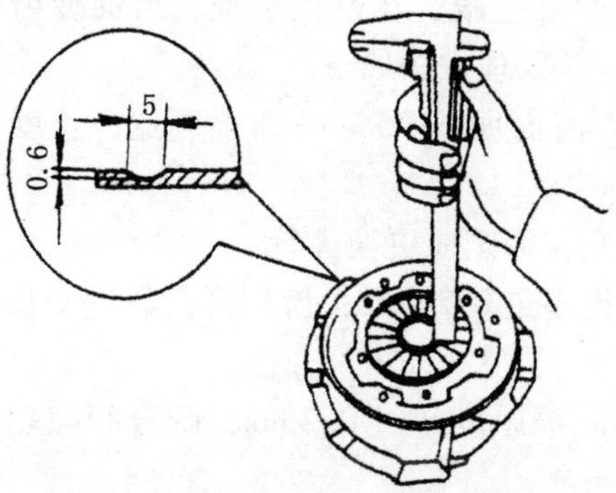

图 2-46　膜片弹簧磨损的检查

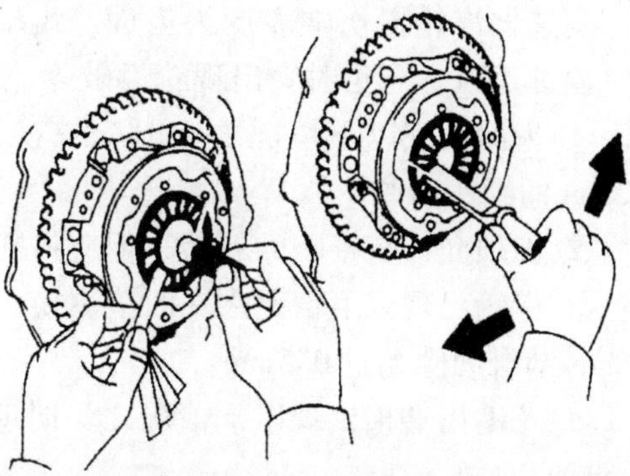

图 2-47　膜片弹簧变形的检修

② 膜片弹簧变形的检修。

用专业工具盖住弹簧分离指内端（小端），然后用塞尺测量弹簧内端与专用工具之间的间隙。弹簧内端应在同一平面内，间隙不应超过0.5mm。否则用维修工具将变形过大的弹簧分离指翘起以进行调整，如图2-47所示。

（4）离合器分离轴承的检查

用手固定分离轴承内圈，转动外圈，同时在轴向施加压力，如有阻滞或有明显间隙感，应更换分离轴承，如图2-48所示。

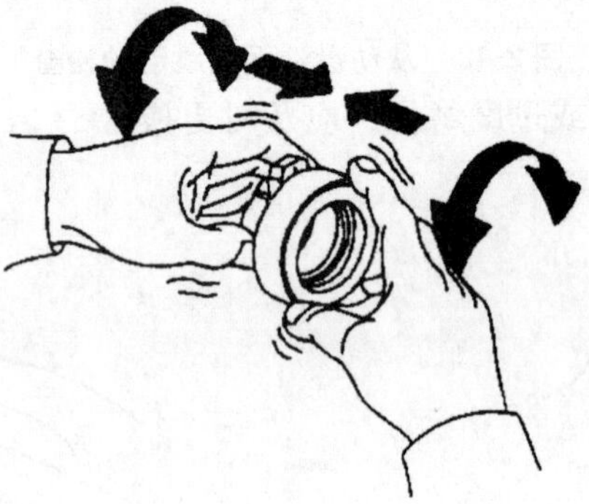

图2-48　分离轴承的检查

（5）液压操纵离合器操纵机构的检修

① 主缸和工作缸内壁磨损严重时应更换。

② 活塞皮碗有发胀、破裂现象应更换。

③ 各管接头有松动、螺纹损坏时应紧固或更换。

④ 系统内有空气时应排气。方法是：一人反复踩离合器踏板几次后保持踩下状态不动，另一人拧松工作缸放气螺钉排出带空气的液压油，再拧紧放气螺钉。重复以上操作，直到排出的液压油中没有气泡为止。向主缸储液罐添加液压油至规定高度。

检修调整好的离合器，应接合平稳，分离彻底，无打滑（抖动、异响），操纵机构灵敏可靠，踏板自由行程应符合原厂规定。

2.3.3.2　机械变速器总成的检修

（1）变速器齿轮的检修

变速器齿轮损伤常表现为齿面、齿端、齿轮中心孔眼、花键齿磨损，齿面疲劳剥落、腐蚀斑点，严重时会出现轮齿破碎、断裂等。其处理方法如下。

① 齿面出现以下情况之一时应更换齿轮：占齿面面积25%的细小斑点；长度达0.2mm的细浅痕纹。

② 齿顶允许有很小的剥落，但应将锋边修磨光，否则应更换齿轮。

③ 齿轮出现以下情况之一时应更换：齿顶磨损超过0.25mm；齿长磨损超过全长的30%；啮合间隙超过0.5mm。

④ 花键齿磨损出现以下情况之一时应更换：磨损厚度超过0.2mm；配合间隙超过0.4mm。

⑤ 齿轮出现任何形式的裂纹时应更换。

（2）变速器轴的检修

变速器轴的损伤常表现为轴颈、轴齿、花键齿磨损，轴变形，轴破裂等。其处理方法如下。

① 轴弯曲变形（圆跳动）达0.05mm时应校直或更换。

② 轴齿、花键齿损伤达前述齿轮损伤程度时应更换。

③ 轴颈磨损达0.04mm时，可堆焊后修磨、镀铬修复或更换。

④ 轴出现任何形式的裂缝或破碎时都应更换。

（3）同步器的检修

同步器的损伤常表现为同步环、啮合套、花键毂、花键齿损伤，换挡齿轮缺口磨损、裂缝等。其处理方法如下。

① 当同步环锥面上细密的周向螺纹沟槽磨损、凸块磨损及花键毂损伤达到前述齿轮损伤程度时应更换。

② 啮合套上花键齿损伤或与换挡拨叉相配合的凹槽磨损达到前述齿轮的损伤程度时应更换。

③ 花键毂的花键齿损伤达到前述齿轮的损伤程度时应更换。

（4）操纵机构的检修

变速器操纵机构的零件工作频繁，其损伤常表现为磨损、变形，连接松动，弹簧失效等。其处理方法如下。

① 检查变速器内、外操纵机构各零件的连接情况，发现松动应及时紧固。

② 校正变形零件，如换挡操纵杆，前、后连杆焊接总成，换挡拨叉等。

③ 更换已磨损及失效的零件。零件磨损及失效包括如下情况。

其一，换挡拨叉与啮合套的凹槽相接触处磨损，其配合间隙超过1mm。

其二，选挡换挡轴磨损。

其三，换挡拨叉轴拨叉总成磨损。

其四，弹簧（包括挡位锁止机构拉紧弹簧、外操纵机构压簧、水平弹簧等）失效。

其五，挡位锁止机构的锁止盘凸轮导轨、锁止凸轮磨损。

其六，倒挡锁止机构失效。

其七，连接件（如换挡铰链总成、螺栓、螺母等）失效。

其八，防尘、密封件失效。

（5）变速器壳体的检修

变速器壳体由前壳体、后壳体（也称变速器盖）两部分构成。其主要损伤表现为壳体变形、裂纹，定位销孔、轴承座孔、螺纹孔磨损等。其处理方法如下。

① 当壳体的结合平面的平面度误差达到0.5mm时，可用刨、铲、挫、铣等方法修整或更换。

② 当壳体出现裂纹时，对不重要处的裂纹可以用黏结法或焊修法修复。当轴承座孔、螺纹孔、定位孔等重要部位出现裂时，必须更换壳体。

③ 变速器两轴（输入轴和输出轴）的轴承座孔应保证平行度的要求。轴承座孔磨损将破坏轴承的正确配合，从而影响轴和齿轮的正确工作位置。当径向磨损量达0.05mm时，应修理（最常用的修理方法为镶套法）或更换壳体。

2.3.3.3 万向传动装置的修理

(1) 万向传动装置的分解

① 用举升器举升车辆至合适位置。

② 检查传动轴末端凸缘盘与主减速器凸缘盘标记，如无标记要做好标记再拆卸。

③ 从传动轴后端与主减速器凸缘盘的连接处开始，将凸缘盘的连接螺栓拆下，然后将滑动叉组件从变速器输出轴拉出，取下传动轴总成，如图2-49所示。

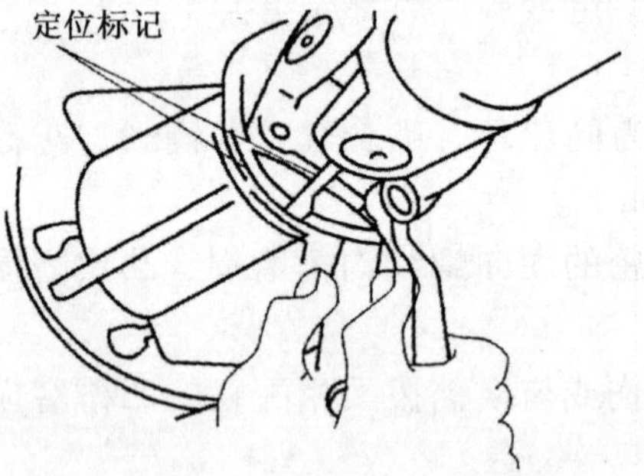

图2-49 检查装配标记后再拆卸

④ 分解传动轴总成：先在万向节的两个传动叉上分别做好标记，再拆下十字轴卡簧，用锤轻击凸缘盘，将凸缘叉内的十字轴轴承套振出，如图2-50所示。

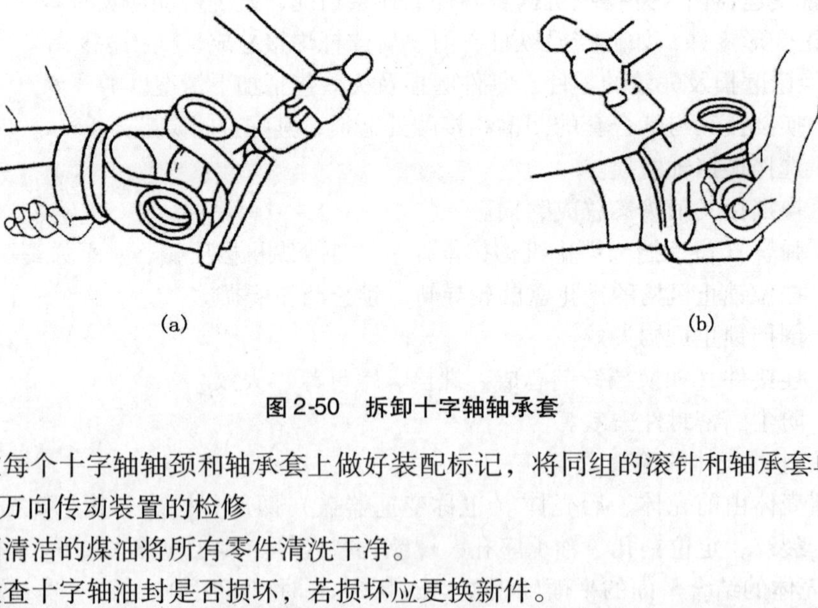

图2-50 拆卸十字轴轴承套

⑤ 在每个十字轴轴颈和轴承套上做好装配标记，将同组的滚针和轴承套单独存放。

(2) 万向传动装置的检修

① 用清洁的煤油将所有零件清洗干净。

② 检查十字轴油封是否损坏，若损坏应更换新件。

③ 检查传动轴平衡块是否脱落、有无外伤变形，如有脱落或变形，则重新做动平衡。

④ 检查十字轴轴承表面、滚针表面磨损情况，若有明显划伤、疲劳剥落、滚针破碎、轴承套配合表面沟槽等情况，应整套更换轴承，若十字轴表面也同时出现明显划痕、沟槽和疲劳剥落，应更换十字轴总成。

⑤ 检查万向节叉表面是否有裂纹，叉孔是否有磨损、失圆，两叉孔中心线是否一

致，若严重磨损、失圆、两孔中心线不一致，均应更换新件。

⑥ 检查传动轴的弯曲度。

⑦ 检查十字轴轴承的配合间隙。

⑧ 检查滑动叉花键副的配合间隙，一般应不大于 0. 15mm，超过标准值时应更换新件。

⑨ 检查滑动叉与变速器油封接合外表面是否有磨伤，不能保证密封时应更换新件。

(3) 万向传动装置的装配

① 用清洁的煤油清洗零件，并用压缩空气吹干。

② 核对万向节两个传动叉之间和十字轴轴承套与十字轴之间的装配标记。

③ 首先组装后端万向节。

④ 传动轴总成装车：检查传动轴末端凸缘盘与主减速器凸缘盘标记，检查变速器输出轴油封，如老化损坏应更换油封。

⑤ 将车落至地面。

(4) 主减速器及差速器主要零件的检修

① 主减速器主、从动圆锥齿轮轮齿应无裂纹及明显的剥落现象，齿端缺损不得超过齿长的 1/10 或齿高的 1/5，否则应成对更换主、从动齿轮。

② 行星齿轮和半轴齿轮应无裂纹，齿面疲劳剥落面积应不大于 15%，齿厚磨损量不应大于 0. 20mm，否则应予更换。

③ 行星齿轮轴轴颈与行星齿轮内孔的配合间隙大于 0. 4mm，则与差速器壳孔的配合松动，应更换行星齿轮轴。

④ 行星齿轮与差速器壳间隙为 0. 15 ~ 0. 25mm，半轴齿轮与差速器壳的间隙为 0. 20 ~ 0. 40mm，如过大应更换球形止推垫片总成。

⑤ 若差速器支承轴承出现疲劳剥落及烧蚀，轴承外圈与壳体配合松动，里程表齿轮及从动圆锥齿轮磨损严重，均应更换新件。

⑥ 若差速器壳体出现裂纹，差速器壳凸缘端面的跳动量大于 0. 30mm，轴承磨损松旷，均应更换新件。

2. 3. 3. 4　检验

确认计划的维修项目全部实施完成之后进行试车，验证前面的推断是否正确，检查故障是否完全排除，并对维修质量进行评价。

2. 3. 3. 5　考核与评估

传动系异响故障诊断考核要点与评分标准，见表 2-7。

第3章 制动系统故障与维修

了解汽车液压与气压制动系统常见故障产生的部位；掌握汽车液压与气压制动系统制动不良、制动失效、制动拖滞及制动跑偏故障产生时出现的现象；掌握汽车液压与气压制动系统制动不良、制动失效、制动拖滞及制动跑偏故障产生的原因；学会汽车液压与气压制动系统制动不良、制动失效、制动拖滞及制动跑偏故障的分析、诊断与处理方法；掌握液压与气压制动系统的维护与主要的调整方法及系统主要机件的检测与维修方法。

3.1 液压制动系统故障检修

【任务描述】一辆桑塔纳2000轿车行驶60000km，车主述说近期发现汽车制动不良，要求进行维修。

3.1.1 液压制动系统概述

汽车制动系统保障汽车行车安全，使汽车在行驶中减速、停车或驻车。汽车制动系统技术状况不良时，直接影响汽车的行驶和驻车安全，应及时排除故障。行车制动的形式主要有液压式与气压式，液压式又分为人力液压制动和伺服液压制动（真空助力、真空增压等）。一般来说，轿车都采用液压式。

液压制动系统主要由制动主缸、制动轮缸、真空助力器、ABS总成、车轮制动器、制动踏板及液压管路组成，如图3-1所示。

3.1.2 液压制动系统故障诊断分析

3.1.2.1 接车

车辆到店后，首先由维修服务顾问进行前台接待、验车、问诊、分析判断，填写汽车维修服务接车单，如表2-3所示，并进行派工维修。

3.1.2.2 制订诊断方案并实施

液压制动系统常见故障包括：制动不良、制动失效、制动拖滞和制动跑偏。

（1）制动不良

① 故障现象。

制动不良又叫制动力不足。这类故障的主要现象有以下两点。

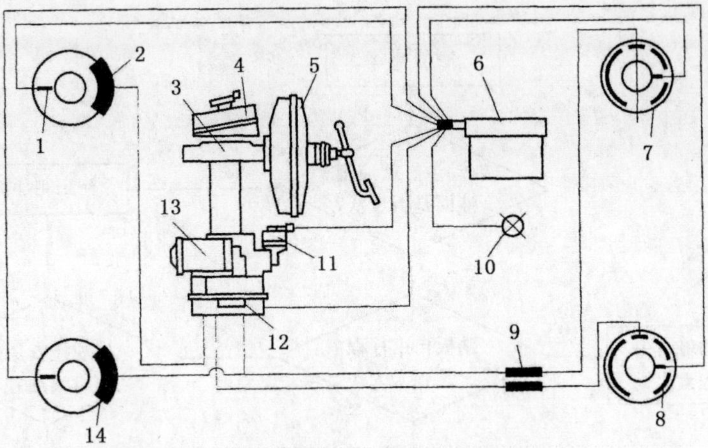

图3-1　桑塔纳2000制动系统示意图

1—车轮车速传感器；2—右前制动器；3—制动主缸；4—储液室；5—真空助力器；6—电子控制装置；7—右后制动器；8—左后制动器；9—比例阀；10—ABS警示灯；11—储液器；12—调压电池阀总成；13—电动泵总成；14—左前制动阀

其一，汽车行驶中制动时，将制动踏板踩到底后，驾驶员感到减速度小，觉得制动有点使不上力。

其二，汽车行驶中紧急制动时，制动距离比一般情况下长，下车查看车轮的印痕时，地面没有印痕或印痕过短。

② 故障原因。

其一，制动管路中有空气，油管凹瘪，软管老化、发胀，内孔不畅通或管路内壁积垢太厚，应予排气、清洁或更换。

其二，储液罐制动液不足或变质，应使用规格正确的制动液并调整到规定高度。

其三，制动主缸、制动轮缸的皮碗、活塞、缸壁磨损过度，应予更换。

其四，制动主缸、制动轮缸、管路或管接头漏油，应予检查排除。

其五，制动毂磨损过度，或制动间隙调整不当，应予以更换或调整。

其六，制动主缸出油阀、回油阀不密封或活塞回位弹簧预紧力太小，或进油孔、补偿孔、储液罐通气孔、活塞前贯通小孔堵塞，应予调整、清洁或更换。

其七，制动主缸或主动轮缸皮碗老化、发黏、发胀，应予更换。

其八，制动器摩擦片（制动盘）与制动毂（制动钳）的接触面积太小，制动蹄摩擦片质量欠佳或使用中表面硬化、烧焦、油污，铆钉头外露，应予更换。

其九，增压器、助力器效能不佳或失效，应予修理或更换。

其十，制动踏板自由行程太大，应予调整。

③ 故障诊断及排除方法。

液压制动不良故障诊断流程如图3-2所示。

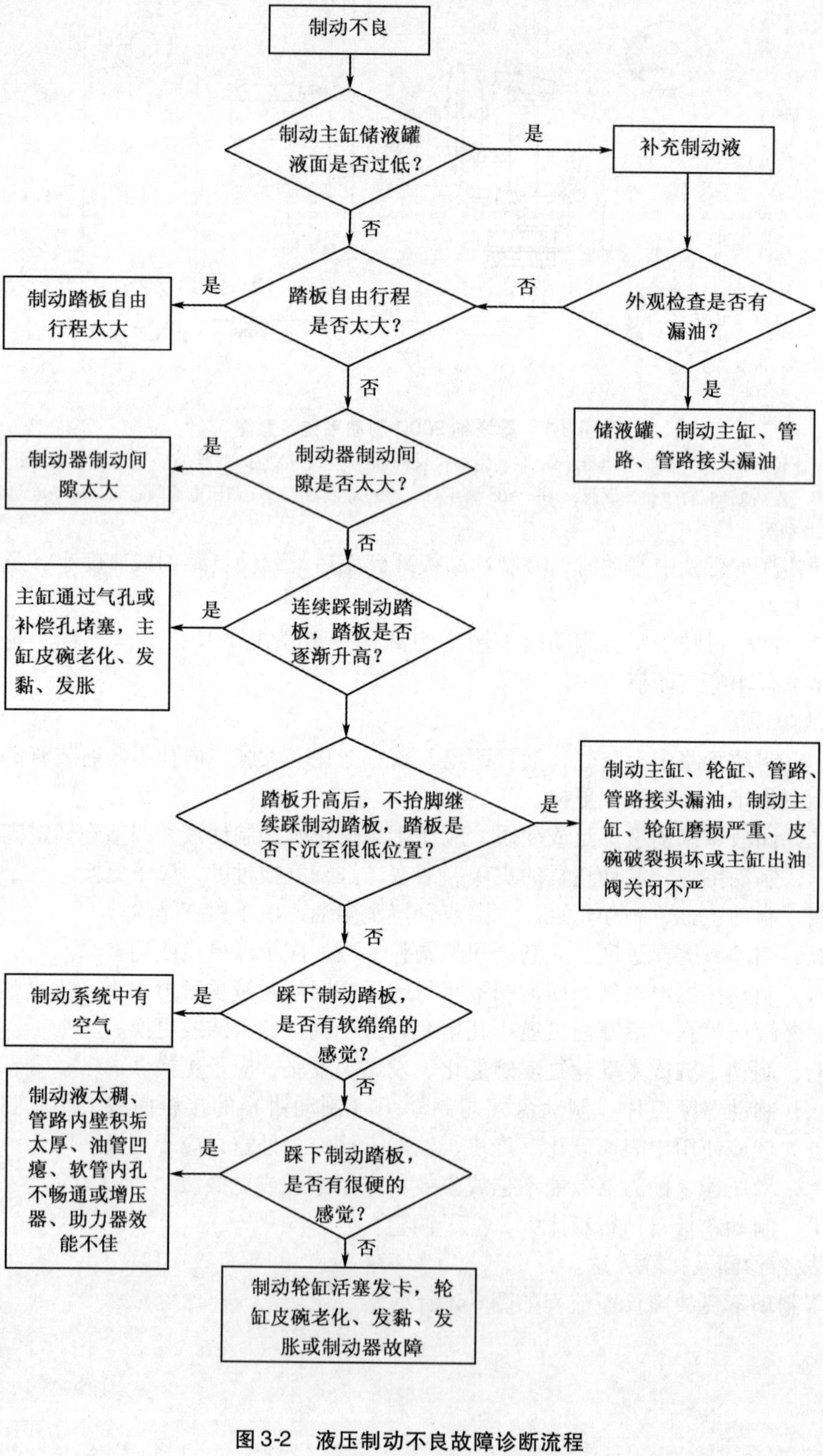

图 3-2　液压制动不良故障诊断流程

（2）制动失效

① 故障现象。

其一，汽车行驶时，踩下制动踏板车辆不减速，即使连续踩几下制动也无明显作用。

其二，在一次制动或几次制动后，制动装置突然不起作用。

② 故障原因。

（1）与液压制动总泵（主缸）有关的原因主要如下。

其一，制动总泵内制动液严重不足。

其二，制动总泵橡胶碗、橡胶严重磨损或橡胶碗被顶翻。

其三，制动总泵至制动分泵的管路断裂或接头松脱，严重漏油。

其四，制动踏板传动机构脱落，断裂。

（2）与液压制动分泵（轮缸）有关的原因主要如下。

其一，制动分泵橡胶碗严重破损或橡胶碗被顶翻。

其二，制动分泵活塞在缸筒内卡死。

其三，制动分泵进油管被压扁、堵死。

其四，制动分泵排气螺钉松脱。

（3）与车轮制动器有关的原因主要如下。

其一，制动蹄摩擦片大面积脱落，摩擦片严重烧蚀。

其二，制动毂、制动盘开裂、破裂。

③ 故障诊断。

汽车液压制动系统制动失效故障诊断流程如图 3-3 所示。

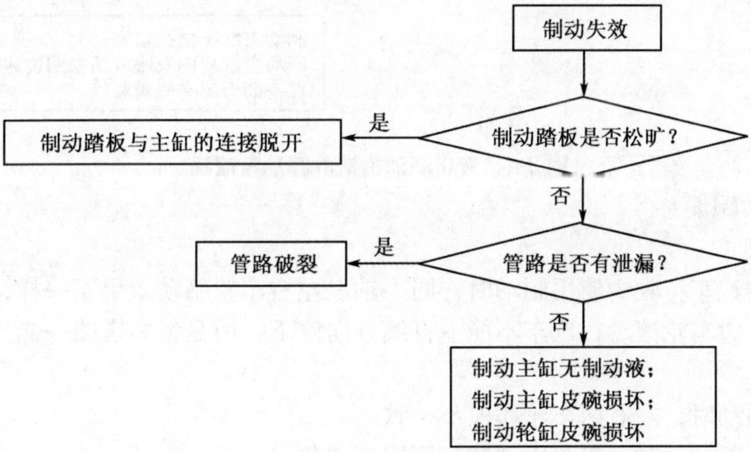

图 3-3　液压制动失效故障诊断流程

（3）制动拖滞

① 故障现象。

其一，在行车中制动时，当抬起制动踏板后，全部或个别车轮的制动作用不能完全立即解除，以致影响车辆重新起步、加速行驶或滑行。

其二，汽车行驶中感到无力，行驶一段距离后，尽管未使用制动器，但仍有某一制动毂（盘）或全车制动毂（盘）发热。

② 故障原因。

其一，制动踏板无自由行程。

其二，踏板回位弹簧脱落、拉断、拉力不足或踏板轴锈蚀、卡住而回位困难。

其三，制动主缸皮碗发胀、发黏或活塞回位弹簧拉断、预紧力太小，造成回位不畅。

其四，制动主缸补偿孔被污物堵塞。

其五，制动蹄回位弹簧脱落、拉断、拉力太小而回位不畅。

其六，制动器制动间隙太小。

其七，制动油管凹瘪、堵塞或制动液太脏、太稠而使回油困难。

③ 故障诊断。

汽车液压制动系统制动拖滞故障诊断流程如图 3-4 所示。

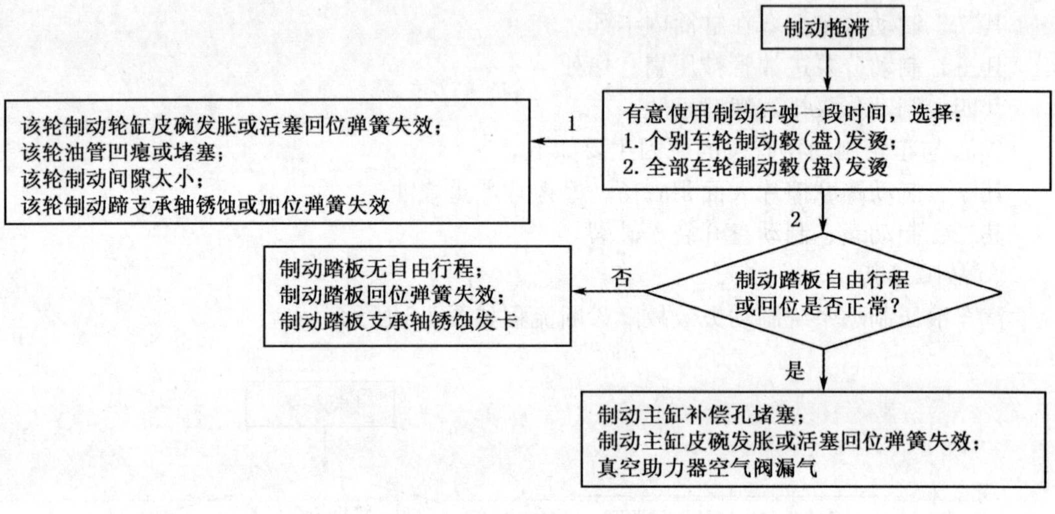

图 3-4　液压制动拖滞故障诊断流程

（4）制动跑偏

① 故障现象。

其一，在汽车行驶中使用制动时，同一轴上左右车轮制动效果不一样，严重时一边车轮制动，一边车轮滚动，汽车不能沿直线方向停下，而是偏向道路一侧且制动车轮印痕不一样长。

其二，制动时，左右两车轮印痕不一致。

其三，轻踩制动时，车头出现往一侧偏的现象。

其四，紧急制动时，车在停稳的一瞬间出现一侧偏的现象。

② 故障原因。

其一，某轮缸的进油管压扁、堵塞或进油软管老化、发胀，造成进油不畅、进油管接头松动漏油。

其二，某轮缸的缸筒、活塞、橡胶碗磨损漏油，导致压力下降。

其三，制动系统某个支路或轮缸内有空气未排出。

其四，各车轮制动器的制动间隙、制动摩擦片质量、制动蹄摩擦片与制动毂接触贴合状况等相差过大。

其五，各车轮制动器的制动毂直径、制动毂的圆度、圆柱度，盘式制动器的制动盘直径、制动盘偏摆等各项技术指标相差过大。

其六，各车轮制动器的制动毂（盘）工作表面状况相差过大。

其七，各车轮制动器的制动蹄回位弹簧力相差过大，制动蹄与衬套的配合，磨损程度不一致。

③ 故障诊断。

汽车液压制动系统制动跑偏故障诊断流程如图 3-5 所示。

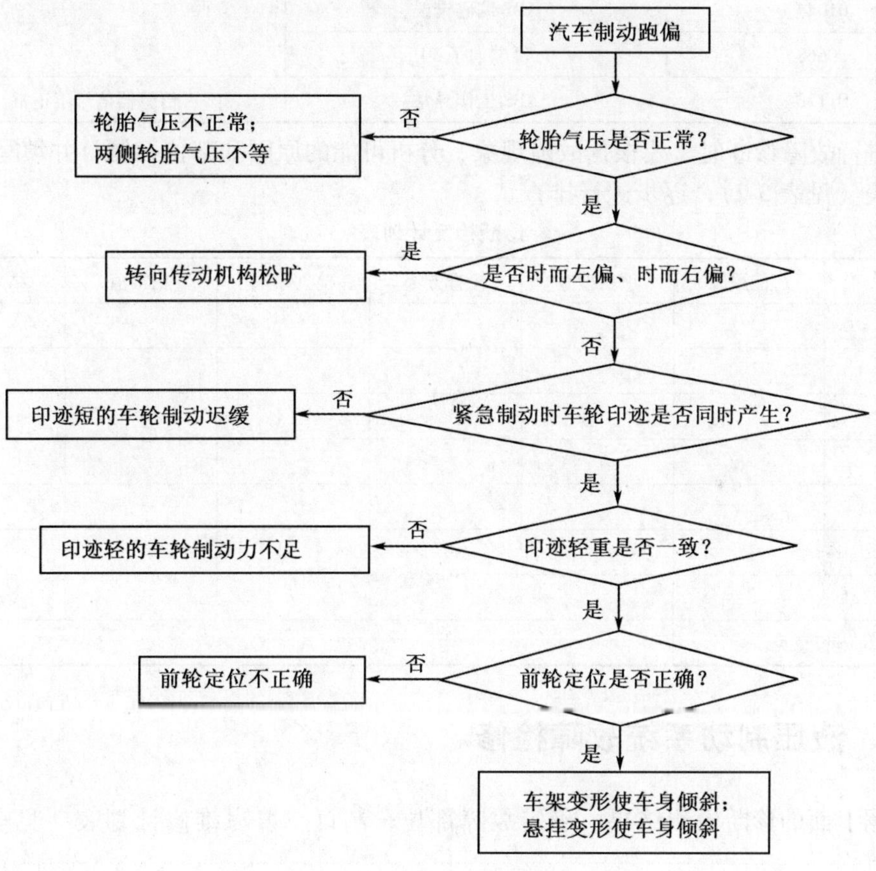

图 3-5　液压制动跑偏故障诊断流程

制动迟缓指车轮产生制动的速度慢，制动力不足，它们会使所在车轮与同轴车轮的制动力不一致，造成汽车制动跑偏。车身倾斜等原因会造成两侧车轮受到不同的负载，从而产生不同的制动力，造成汽车制动跑偏。

桑塔纳 2000Gsi 轿车的 ABS 故障码如表 3-1 所示。

表 3-1　　桑塔纳 2000Gsi 轿车的 ABS 故障码

故障码	故障部位	故障情况
65535	ABS ECU	损坏
01276	ABS 液压泵	电动机无法工作
00283	左前轮转速传感器	电气及机械故障
00285	右前轮转速传感器	
00290	左后轮转速传感器	
00287	右后轮转速传感器	
01044	ABS 编码错误	
00668	供电端子 30	
01130	ABS 工作异常	传感器信号不正常

在进行故障诊断时，要根据故障现象，分析可能的原因和部位，制订并填写诊断检测计划表（见表 3-2），逐步进行排查。

表 3-2　　诊断检测计划表

序号	可能原因	项目检查	检查方法	检查结果	正常值	结果判定
1						
2						
3						
4						
5						
6						
7						
班组长意见						

3.1.3　液压制动系统故障检修

根据上面的诊断检测结果，确定故障部位，制订、填写维修计划表（见表 3-3），并实施维修。

表 3-3　　维修计划表

故障部位（零部件）	故障原因	修复方法

3.1.3.1　检查制动液高度，必要时予以补充

① 新车的制动液在储气罐内的高度应在“MAX”标记之上。

② 汽车行驶一段时间后，制动液面略有下降是正常现象。

③ 制动液面降到“MIN”标记以下时，说明制动摩擦片已磨损至极限，应及时更换制动摩擦片。

④ 更换新摩擦片后，制动液面应保持在“MAX”和“MIN”刻线之间，否则应检查制动系统有无泄漏，检查后应添加规定的制动液。

⑤ 应使用储液罐上标明的制动液，严禁使用其他制动液。

3.1.3.2　检查调整制动踏板自由行程

（1）制动踏板自由行程的检查

检查制动踏板自由行程，如图 3-6 所示，其值应为 1 ~ 8mm。若不满足要求则检查制动灯开关安装情况。如有必要，进行相应的调整。

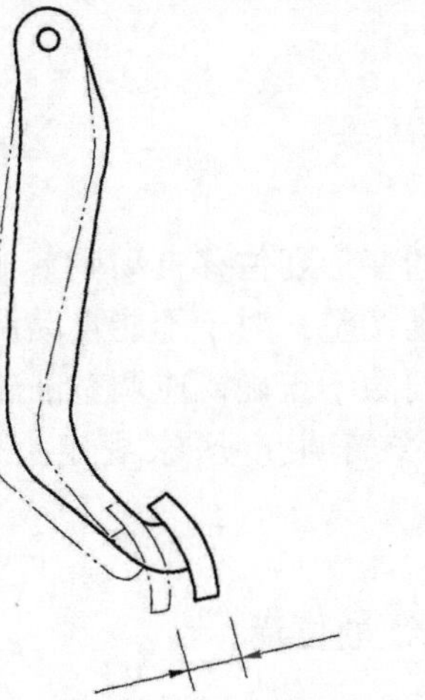

图 3-6　检查制动踏板自由行程

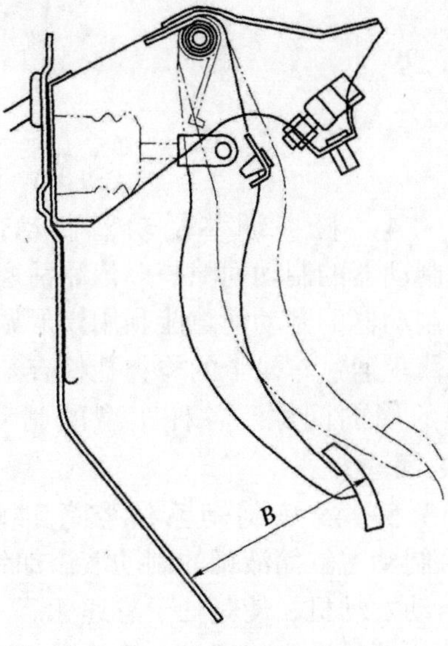

图 3-7　检查制动踏板行程

（2）制动踏板行程的检查

① 启动发动机。

② 反复踩制动踏板几次。

③ 用约 300N 的力踩下制动踏板，测量踏板臂至车前壁板之间的距离，如图 3-7 所示，其值不得小于 60mm。

若 *B* 值小于 60mm，则后制动蹄磨损超限或制动管路中含有空气。需更换制动蹄，进行制动系统放气。

若 *B* 值大于 60mm，则制动蹄调整装置或真空助力器的推杆长度需要调整。

（3）制动踏板自由高度的调整

① 制动踏板需比离合器踏板低约 8mm。

② 当再次定位辅助制动器推杆 U 形钳时，必须将制动器装配表面与 U 形钳销孔中心之间的距离调整为 114.5 ~ 115.5mm。

③ 当拆下制动开关时，应正确调整其安装位置。

3.1.3.3　制动灯开关的调整

面向操作人员拉起制动踏板，调整制动灯开关位置，使螺栓末端至制动踏板缓冲垫之间的间隙 A 为 0.5 ~1.0mm，如图 3-8 所示。以 10 ~15N · m 的力矩拧紧锁紧螺母。

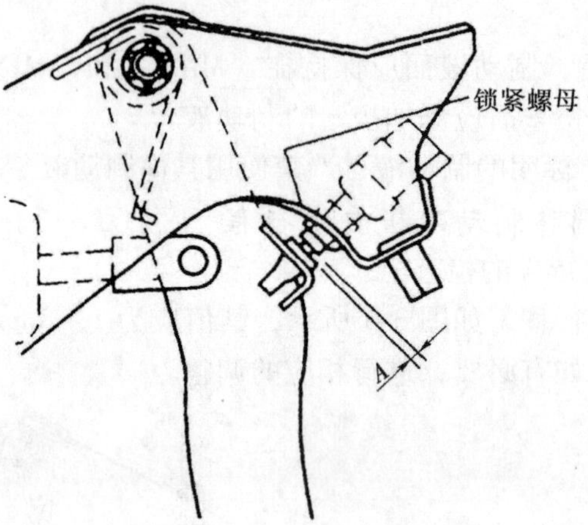

图 3-8　调整制动灯开关

3.1.3.4　检查调整制动器制动间隙

盘式制动器的制动间隙一般依靠活塞密封圈的变形和位移自动调节。桑塔纳乘用车后轮毂式制动器的制动间隙能利用楔形调节块自动调整；对于不能自动调整的汽车，一般是用厚薄规通过车轮上的检查孔检查。若制动间隙不正确，应调整凸轮，改变制动蹄与制动毂的周向间隙。各种车型的制动间隙由汽车生产厂家规定，一般在 0.25 ~0.50mm 之间。

3.1.3.5　液压制动系统空气排除

① 将制动主缸储液罐的制动液添加到“MAX”的位置。

② 启动发动机，使其处于怠速状态。

③ 在制动轮缸放气螺钉上套上软管，另一头放入容器内。一人踩住制动踏板，另一人旋松制动轮缸放气螺钉，直到流出的制动液中无气泡。排放空气原则是由远到近，先排总泵，后排分泵，因此一般排空气的顺序是先后轮再前轮，且按对角进行。

④ 将制动液添加到“MAX”位置。

⑤ 试车后检查制动液的高度是否正常，如不正常，应及时排除。

3.1.3.6　液压制动系统主要部件检修

(1) 制动主缸与轮缸的检修

① 制动主缸的检修。

桑塔纳乘用车的双腔制动主缸按厂家规定一般不能检修，需整体更换（储液罐可单独更换）。

② 制动轮缸的检修。

其一，前制动轮缸的检修。缸筒若有较深的条纹磨损或活塞与缸筒的配合间隙大于 0.15mm，应更换制动钳总成；活塞密封圈和防尘罩一旦拆卸应更换新件。

其二，后制动轮缸的检修。后制动轮缸的缸筒内径磨损不大于 0.08mm，缸筒内表面或活塞外表面无明显划痕，否则应更换轮缸总成；轮缸两端出现漏油痕迹时，应更换皮碗。

③ 液压制动总泵和制动分泵的维护与检修。

其一，液压制动总泵和制动分泵的液压缸内表面应清洁、光滑，不允许有可见划痕、台阶、锈迹或尖锐突起。

其二，制动总泵液压缸圆度误差磨损大于 0.05mm，液压缸与活塞配合间隙大于 0.10mm 时，应修理或更换新件。

其三，测量液压和活塞配合间隙时，应把活塞倒过来，在液压缸前端部位最大磨损处测量。

其四，制动总泵各处油孔、螺纹不能有堵塞、损坏。

其五，活塞表面不允许有可见划痕、缺损或变形。

其六，制动总泵和制动分泵的橡胶碗、橡胶圈、油阀等橡胶件不能有破损、老化、发胀和明显磨损，否则应更换。

其七，活塞定位卡环、活塞回位弹簧、回油阀弹簧不能有变形、裂纹、弹力下降等现象，否则应更换。

（2）前轮盘式制动器的修理

① 制动摩擦片工作表面应清洁、完整、无裂纹。

② 制动摩擦片厚度磨损极限为 7mm（新摩擦片厚度为 14mm），如磨损质量接近极限值应立即更换制动摩擦片。

③ 制动摩擦片工作表面如有油污必须用汽油或碱水清洗后用清水洗净并烤干，油污严重的需更换摩擦片。

④ 制动盘工作表面应光滑、清洁，允许有轻微磨痕，如有明显划痕和磨损不匀，应对工作表面进行光磨修复。

⑤ 若制动盘工作面的端面圆跳动量超过 0.15mm，应进行光磨修复。

⑥ 制动盘表面应无台阶形磨损与明显的沟槽，端面摆动量不大于 0.06mm，否则可车削加工，但加工后的制动盘厚度不得小于 19mm（FN3 型制动器为 22mm）。

⑦ 制动盘不允许有任何形式的裂纹和磨损，否则应予更换。

⑧ 同一车桥上的制动盘应同时更换。

⑨ 分泵活塞表面不允许有任何磨损、划痕等缺陷，否则应予更换。

⑩ 制动钳紧固螺栓不允许有变形、裂纹，否则应予更换。

（3）后轮毂式制动器的检修

① 制动蹄摩擦片表面应清洁、完整、无裂纹。

② 制动蹄摩擦片表面至铆钉头距离应大于 0.3mm，否则应更换摩擦片或更换制动蹄总成。制动蹄摩擦片标准厚度为 5mm（摩擦片磨损情况在解体前可通过制动底板上的观察孔进行检查）。

③ 制动蹄摩擦片表面如有油污，必须用汽油清洗干净，油污严重的则应更换摩擦片。

④ 制动蹄摩擦片表面应光滑、清洁，允许有轻微磨痕，如有明显划痕、台阶，应镗削制动毂修复。

⑤ 制动毂无裂纹、失圆现象，内径磨损不超过1mm，否则应更换新件，测量制动毂圆度误差时至少应检测三个不同的位置，如果圆度误差大于0.1mm，应镗削制动毂。圆度误差可用弓形内径规测量，如图3-9所示。对于毂式制动器，均可参照这种方法进行检测，只是要符合各车型的维修手册的规定要求。

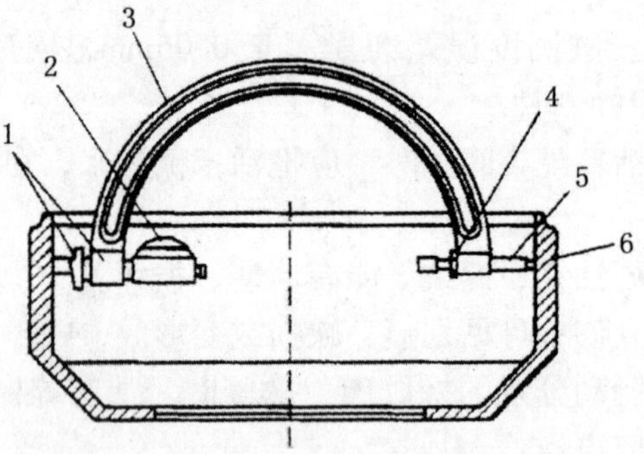

图3-9　制动毂失效的检测

1—锁紧装置；2—百分表；3—弓形架；4—锁紧螺母；5—调节杆；6—制动毂

⑥ 镗削后的制动毂直径应不大于维修手册所规定的直径，否则应更换制动毂。

⑦ 制动毂不允许有任何形式的裂纹和破损，否则应更换制动毂。

⑧ 同一车桥上制动毂应同时更换。

⑨ 制动器各弹簧不能有变形、裂纹、折断等缺陷。

⑩ 后轮分泵活塞表面不允许有任何磨损、划痕等缺陷，后轮分泵液压缸内表面不允许有划痕、锈蚀，否则应成套更换后轮分泵总成。

⑪ 后轮分泵橡胶碗、防尘罩、密封圈等橡胶件如有磨损、老化、破裂、发胀等现象应予更换。

⑫ 凸轮轴应转动自如，抽动底板无变形。

⑬ 支承销与制动蹄承孔衬套配合间隙应符合要求。

⑭ 各传动机构零件应无变形、明显磨损现象，否则应修理或更换。

（4）真空助力器的检修

① 检测步骤。

功能测试步骤如下。

首先，关闭发动机，踩下制动踏板数次，然后用力压住踏板15s。如果踏板下沉，则表明制动管路、调节器、配压阀、分泵和总泵有故障。

其次，踩下制动踏板，启动发动机，如果踏板略有下沉，则表明真空助力器工作正常；如果踏板的高度没有变化，则表明助力器或单向阀有故障。

对于自动变速器的汽车，在发动机运转时，轻轻踩下制动踏板，使施加在踏板上的力刚好能够克服自动变速器的抖动。如果制动踏板在3min内下沉超过25mm，表明总泵有故障。但即使总泵正常，在空调压缩机关闭或接通时，制动踏板的高度也会有细微的变化（由于空调压缩机负荷改变了提供给助力器的真空）。

泄漏测试步骤如下。

首先，在发动机运转的情况下，踩下制动踏板，然后关闭发动机。保持踏板被踩下约30s后，若其高度仍无变化，则表明真空助力器正常；如果踏板上升，则表明助力器有故障。

其次，关闭发动机，用正常压力踩下制动踏板数次，第一次踏板应能压得很低。连续施压后，踏板高度应逐渐增加。如果踏板的位置没有变化，则应检查助力器的单向阀。

单向阀测试步骤如下。

首先，拆下助力器上的真空软管，如图 3-10 所示。

其次，启动发动机，使之怠速运转，应有真空存在；否则，表明单向阀有故障，应更换单向阀，重新测试。

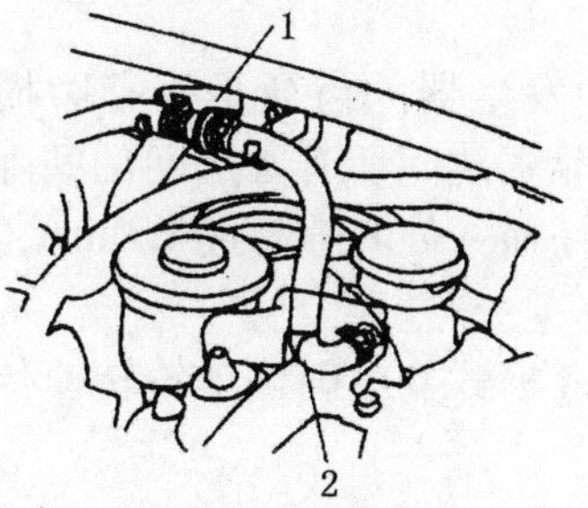

图 3-10 单向阀位置

1—单向阀；2—真空软管

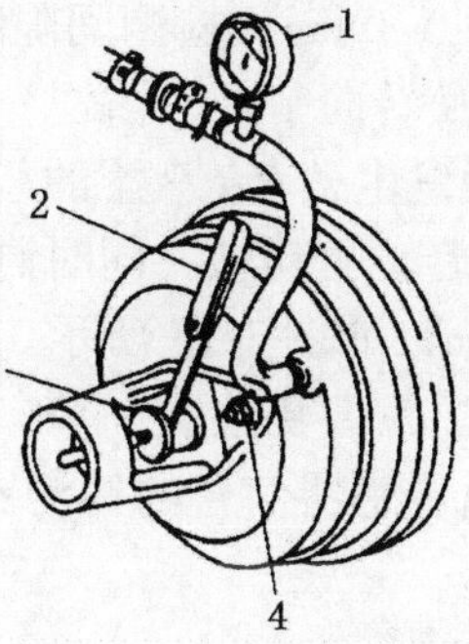

图 3-11 助力器间隙的就车检查

1—真空压力表（量程为 0～10kPa）；2—塞尺；3—调整螺母；4—主缸螺母

② 助力器间隙的就车检查。

将助力器与测量发动机负压的真空压力表串联（量程为 0～101kPa），并保持发动机的转速使负压维持在 66kPa，如图 3-11 所示，用塞尺测量推杆调整规本体与调整螺母的间隙，应为 0～0.4mm。

注意：如果推杆调整规本体与调整螺母的间隙为 0.4mm，则推杆与活塞的间隙为 0，但当推杆调整规本体与调整螺母的间隙为 0 时，推杆与活塞的间隙可能为 0.4mm 或者更大些，因此，必须进行调整并重新检查，见图 3-12。如果间隙不当，可松开星形锁紧螺母，转动调节器进行调整（设定的真空压力加在助力器上才可进行间隙的调整，调整时应固定好 U 形夹），紧固星形锁紧螺母。

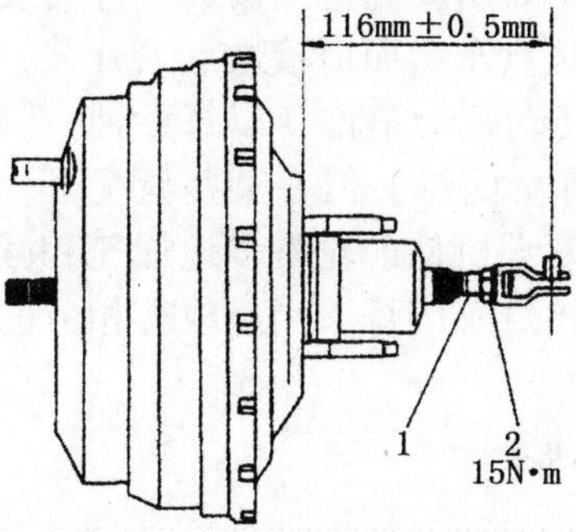

图 3-12 推杆的调整

1—调整器；2—推杆调节规

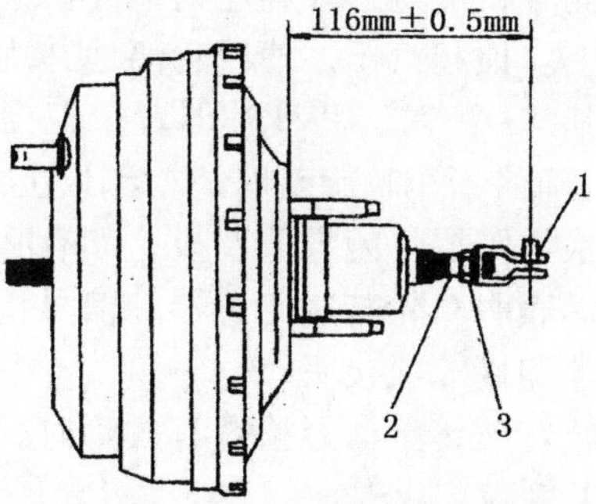

图 3-13 推杆长度的调整

1—U 型夹；2—推杆；3—锁紧螺母

通过调整，推杆调整规本体与调整螺母的间隙应为 0～0.4mm，但最好是在 0～0.2mm 范围内。

调整好后，拆下专用工具，在助力器中安装一个新的制动总泵推杆密封圈。如果助力器已拆下，要调整推杆的长度，如图 3-13 所示。

安装好制动总泵后，还应检查制动踏板的高度和制动踏板的自由行程，并视需要进行调整。

（5）车轮转速传感器的检修

① 前轮脉冲发生器/传感器的检测：查看脉冲发生器的轮齿是否有断齿或受损。用手旋转驱动轴，同时测量传感器和脉冲发生器之间所有圆周的间隙，如图 3-14 所示。间隙标准为 0.4～1.0mm。检测间隙时，如果任何一点间隙超过 1.0mm，很可能是转向节变形，需要更换转向节。

② 后轮脉冲发生器/传感器的检测：首先检查脉冲发生器的齿牙是否有磨损或断齿。然后，用手旋转驱动轴，同时测量传感器和脉冲发生器之间所有圆周间的间隙，标准为 0.4～1.0mm，如图 3-15 所示。检测间隙时，如有任何一处间隙超过 1.0mm，很可能是转向节变形，需要更换转向节。

③ 车轮转速传感器信号的检测：使用 ALB 检测仪（模式 0）确认车轮转速传感器的工作是否正常。

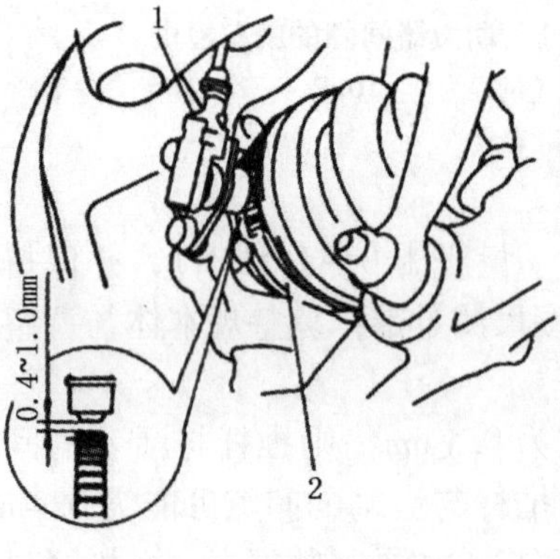

图 3-14　前脉冲发行器间隙

1—前轮传感器；2—前脉冲发生器

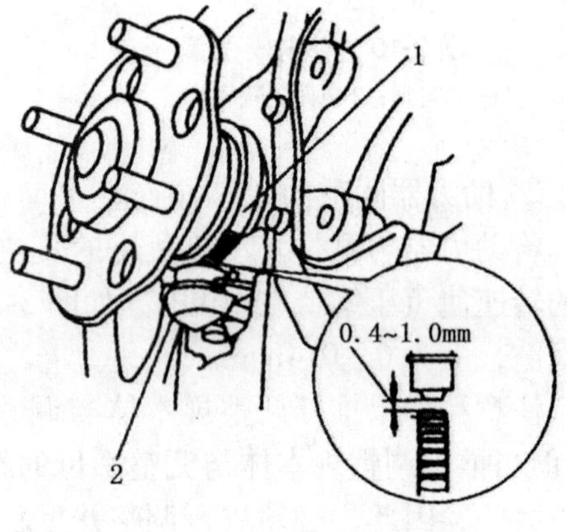

图 3-15　后脉冲发生器间隙

1—后脉冲发生器；2—后传感器

检测时，从位于乘客座椅下的横梁接头盖上拔出 6 引脚的检测接头，将其接到 ALB 检测仪上。顶起汽车，使四轮离地并用安全架支承住汽车。而后接通点火开关，将选择开关转到“O”位。将变速器置于空挡位置，用手转动每个车轮（以每秒钟一圈的速度旋转），确认当车轮旋转时，检测仪上相应的监控灯会闪烁。但在某些情况下，前轮转速不够快，监控灯闪烁不明显，如有必要，可启动发动机使前轮慢慢地加速和减速。监控灯闪烁表明车轮转速传感器的信号正常。如果监控灯不闪烁，则应检查相应的传感器及其间隙和接线或接头。

车轮转速传感器经检查有故障时，只能进行更换。

3.1.3.7　检验

确认计划的维修项目全部实施完成之后进行试车，验证前面的推断是否正确，检查故障是否完全排除，并对维修质量进行评价。

3.1.3.8　考核与评估

制动系统故障检修考核要点与评分标准见表 2-7。

3.2　驻车制动系故障与维修

【任务描述】一辆桑塔纳 2000 轿车行驶 60000km，车主述说近期发现汽车驻车制动不良，要求进行维修。

3.2.1　驻车制动系概述

以作用于后轮的机械拉索式驻车制动系为例来说明驻车制动系统的故障诊断与维修方法。

驻车制动系常见故障部位主要有拉杆的扇形齿板和棘爪、拉索外套等。驻车制动系的组成如图 3-16 所示。

驻车制动系常见故障主要包括驻车制动效能不良和驻车制动拉杆不能定位。

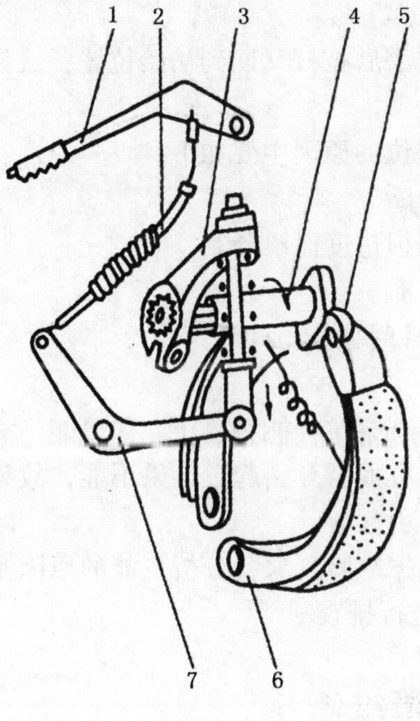

图 3-16　驻车制动系的一般组成

1—驻车制动手柄；2—驻车制动拉索；3—摆臂；4—凸轮轴；5—渡轮；6—制动蹄；7—摇臂

3.2.2　驻车制动系故障诊断分析

3.2.2.1　接车

车辆到店后，首先由维修服务顾问进行前台接待、验车、问诊、分析判断，填写汽车维修服务接车单，如表2-3所示，并进行派工维修。

3.2.2.2　制订诊断方案并实施

液压制动系统常见故障包括驻车制动效能不良、驻车制动拉杆不能定位。

(1) 驻车制动效能不良

① 故障现象。

完全拉起拉杆，汽车仍能溜动。

② 故障原因。

造成驻车制动效能不良的原因主要如下。

其一，拉杆的工作行程过大。

其二，后制动摩擦片或制动毂有油污。

其三，拉索连接部分松旷或因阻滞而运动不畅。

③ 故障诊断方法。

检查驻车制动拉杆的工作行程。如果正常，故障一般由后制动摩擦片或制动毂有油污，后制动摩擦片烧蚀引起；如果不正常，故障一般由驻车制动工作行程调整过大，驻车制动拉索连接部分松旷或因阻滞而运动不畅引起。

(2) 驻车制动拉杆不能定位

① 故障现象。

拉起拉杆至某一位置，放手后拉杆又回到初始位置；或拉杆不能拉起。

② 故障原因。

造成驻车制动拉杆不能定位的原因主要如下。

其一，棘爪弹簧失效或折断。

其二，棘爪与齿板轮齿磨损过度而滑牙。

其三，棘爪或拉杆变形卡滞。

其四，棘爪或齿板等处铆钉脱落。

③ 故障诊断方法。

反复按放驻车制动拉杆，观察拉杆能否复位。如果能，故障一般由棘爪弹簧失效或折断，棘爪与齿板轮齿磨损过度而滑牙引起；如果不能，故障一般由棘爪或拉杆变形卡滞，棘爪或齿板等处铆钉脱落引起。

在进行故障诊断时，要根据故障现象，分析可能的原因和部位，制订并填写诊断检测计划表（见表3-2），逐步进行排查。

3.2.3　驻车制动系故障维修

根据上面的诊断检测结果，确定故障部位，制订、填写维修计划表（见表3-3），并实施维修。以广州本田雅阁乘用车为例对驻车制动系的维修进行说明。

3.2.3.1　驻车制动器的调整注意事项

① 在调整驻车制动器之前，应确保后轮制动器已调好。

② 如需要调整后轮制动器，则需先调整后调节器；如果要在安装制动毂后进行调整，则需启动发动机，并踩下几次制动踏板，以便在调整驻车制动拉索之前先设置自调

节制动器。

调整时，顶起汽车，使后轮离地。确认后制动钳上的驻车制动臂与制动钳销接触，见图 3-17。将驻车制动器操纵杆向上拉一个节距，拧紧调整螺母，直到转动车轮时稍稍有拖滞的感觉，如图 3-18 所示。

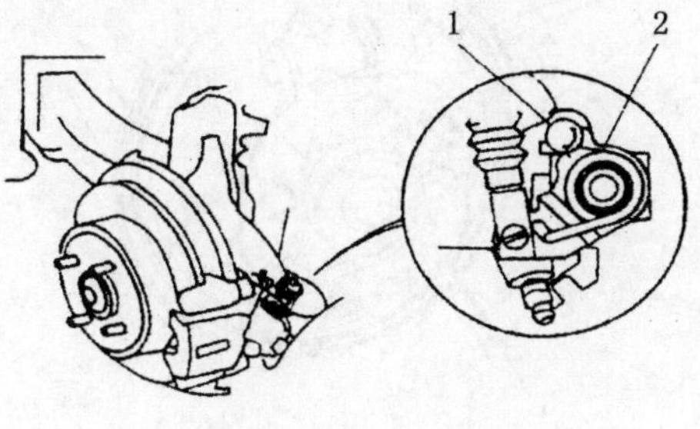

图 3-17　驻车制动臂

1—制动钳销；2—驻车制动臂

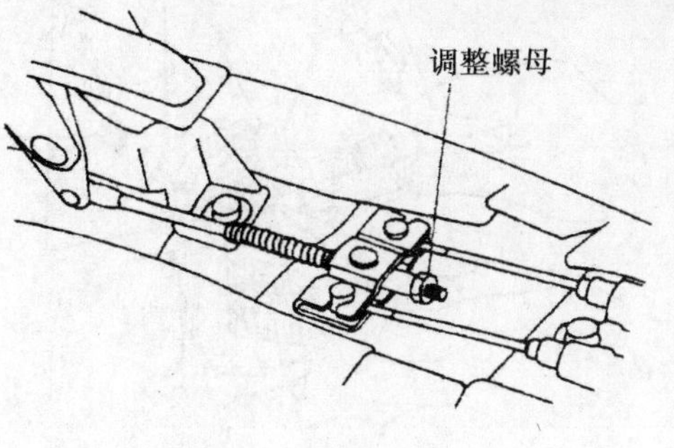

图 3-18　调整螺母

调整后，松开驻车操纵杆，检查转动车轮时不应出现拖滞，否则重新进行调节。

拉索补偿装置调好后，将驻车制动操纵杆向上拉到 4 ~ 8 齿时，后轮应被完全制动。

3.2.3.2　驻车制动拉索的拆卸

驻车制动拉索不允许有弯曲或变形，否则将会导致制动反应不灵敏，且提前失效；更换驻车制动拉索时，要注意右驻车制动拉索有白色条纹标记，切勿装反。

驻车制动拉索的分解可参照驻车制动器的分解图（图 3-19）进行。

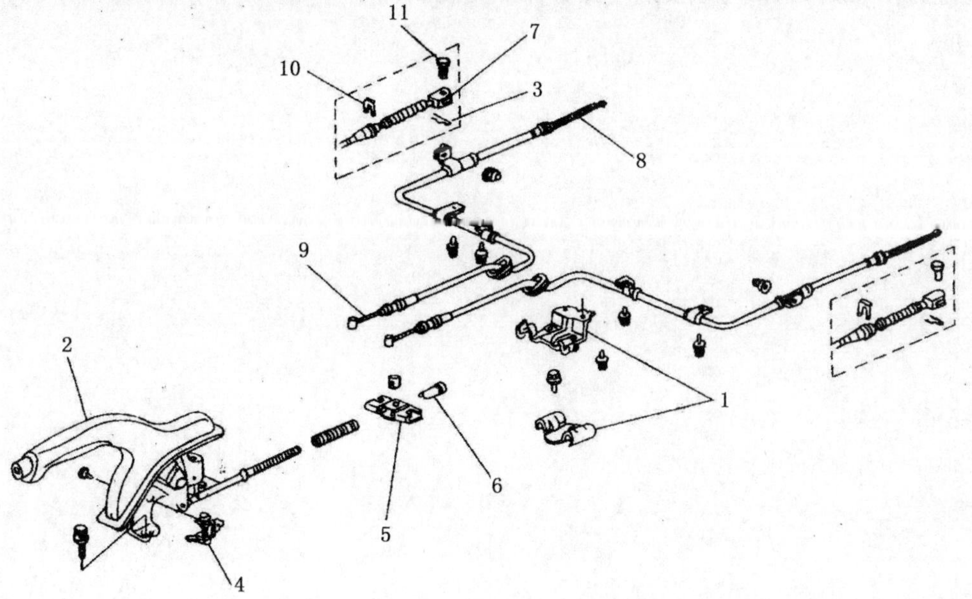

图 3-19　驻车制动器的分解图

1—支架；2—驻车制动杆；3—锁销；4—驻车制动开关；5—拉索平衡器；6—拉索调整螺母；7—盘式制动器；8—毂式制动器；9—驻车制动拉索；10—夹子；11—夹销

对于后轮盘式制动器，拆下锁销后，从制动钳上的驻车制动杆上拆下驻车制动拉索，如图3-20所示。对后轮毂式制动器使用12mm扳手从底板上拆下驻车制动拉索，如图3-21所示。

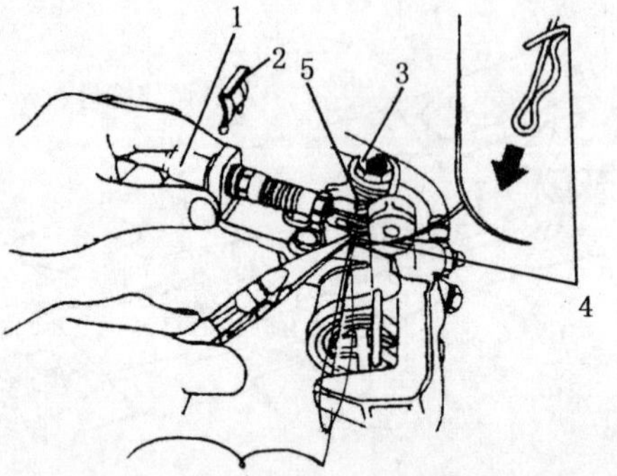

图3-20　从制动钳上拆下驻车制动拉索

1—驻车制动拉；2—夹子；3—驻车制动拉杆；4—锁销；5—U形夹

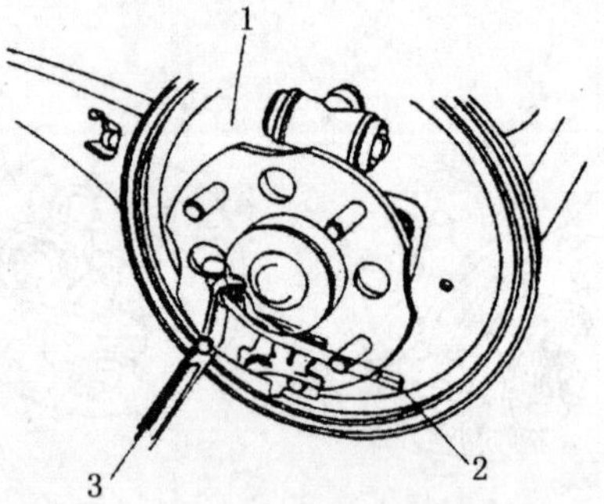

图3-21　底板上的驻车制动拉索

1—底板；2—驻车制动拉索；3—12mm扳手

3.2.3.3　检验

确认计划的维修项目全部实施完成之后进行试车，验证前面的推断是否正确，检查故障是否完全排除，并对维修质量进行评价。

3.2.3.4　考核与评估

制动系统故障检修考核要点与评分标准见表2-7。

第 4 章　自动变速器故障与维修

【任务描述】一辆 2008 款 2.0L 自动豪华型桑塔纳志俊轿车行驶 60000 公里，车主述说近期发现车子油耗增大，动力不足，要求进行维修，经初步检查发现故障在变速器部分。

4.1　自动变速器概述

4.1.1　自动变速器作用和组成

自动变速器主要由液力变矩器、齿轮变速传动机构、液压控制系统、电子控制系统、冷却滤油装置等组成。下面分别对液力变矩器、齿轮变速传动机构和电子控制系统作简要介绍。

4.1.1.1　液力变矩器

液力变矩器的结构如图 4-1 所示，它主要由泵轮、涡轮、导轮以及变矩器壳体等组成，用螺栓固定在发动机曲轴后端的凸缘或飞轮上，涡轮通过花键与变速器的输入轴相连，导轮则通过一个单向离合器安装导轮轴固定在套管上，可以单向锁止。

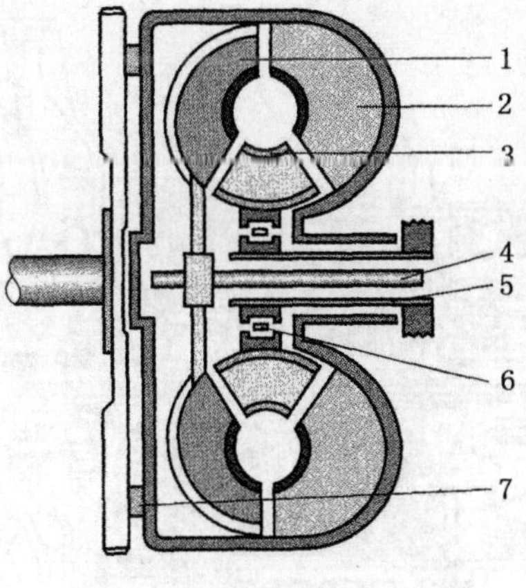

图 4-1　液力变矩器的结构

1—涡轮；2—泵轮；3—导轮；4—变速器输入轴；5—导轮固定套管；6—单向离合器；7—锁止离合器

4.1.1.2　齿轮变速传动机构

01M 型自动变速器采用拉维娜式行星轮式变速机构，有两个太阳轮，它们独立运动，齿圈输出动力，通过对大、小太阳轮及行星架的不同驱动、制动组合，动力由齿圈输出，实现 4 个前进挡及 1 个倒挡。01M 自动变速器的行星轮机构如图 4-2 所示，小太阳轮与短行星轮啮合，短行星轮与长行星轮的小端啮合，长行星轮小端与齿圈啮合输出动力，同时长行星轮的大端与大太阳轮啮合。在 01M 型自动变速器中有 3 个离合器、2 个制动器和 1 个单向离合器，各离合器、制动器的作用如下。

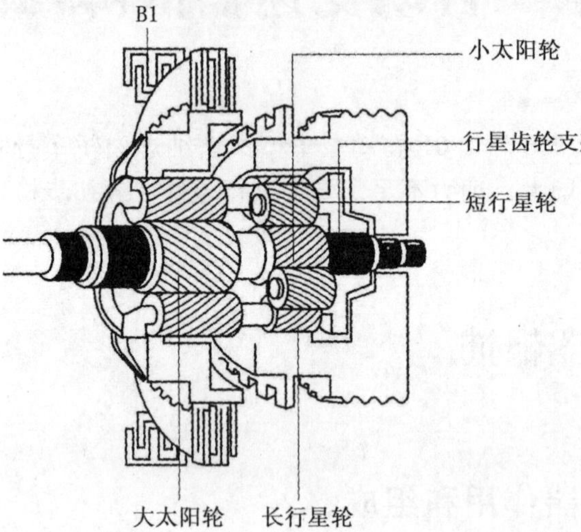

图 4-2　01M 自动变速器的行星轮机构

离合器 K1：驱动小太阳轮；

离合器 K2：驱动大太阳轮；

离合器 K3：驱动行星架；

制动器 B1：制动行星架；

制动器 B2：制动大太阳轮。

各离合器制动器位置示意图如图 4-3 所示。

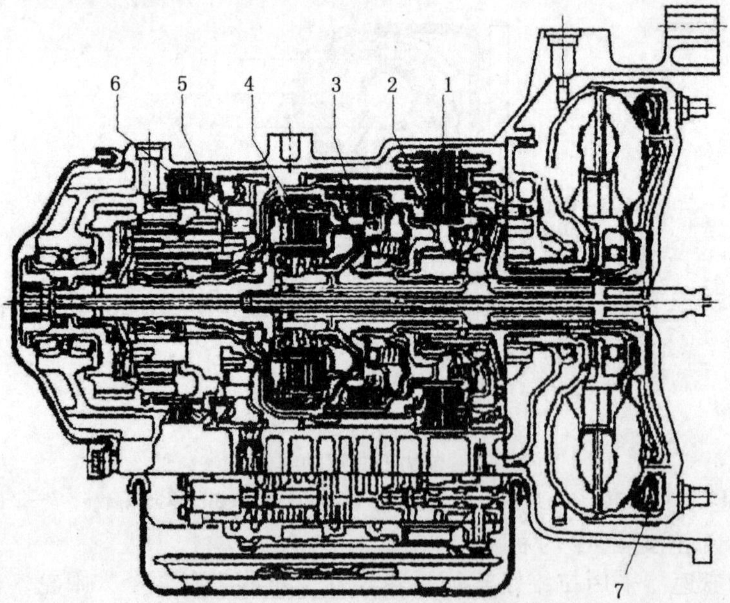

图 4-3　各离合器制动器位置示意图

1—制动器 B2；2—离合器 K2；3—离合器 K1；4—离合器 K3；5—制动器 B1；6—单向离合器 F；7—锁止离合器 F0

4.1.1.3　电子控制系统

自动变速器的电子控制系统包括传感器、电子控制单元（ECU）和执行器三部分，如图 4-4 所示。

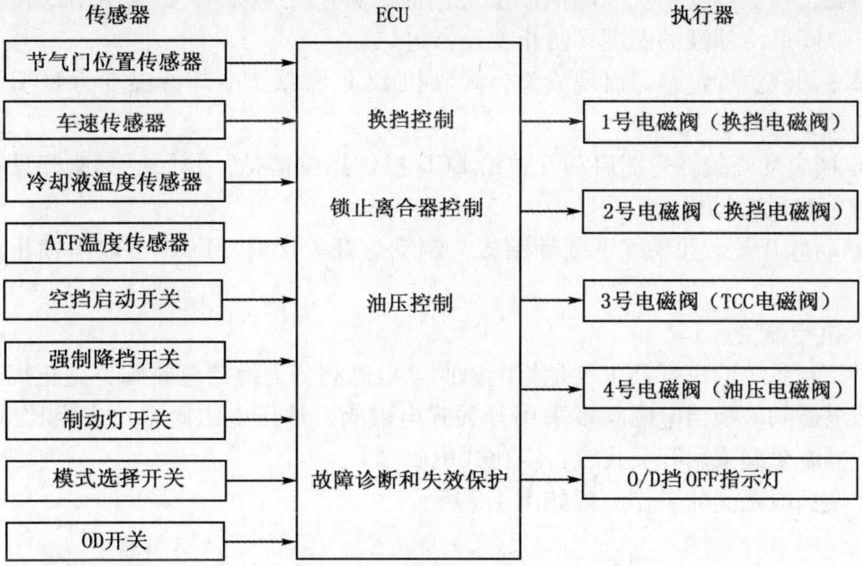

图 4-4　电子控制系统组成框图

传感器部分主要包括节气门位置传感器、车速传感器、冷却液温度传感器、ATF 油温传感器、空挡启动开关、强制降挡开关、制动灯开关、模式选择开关、O/D 开关等。

执行器部分主要包括各种电磁阀和故障指示灯等。

ECU 主要实现换挡控制、锁止离合器控制、油压控制、故障诊断和失效保护等功能。

电控自动变速器自动换挡主要取决于发动机的负荷和车速，它采用节气门位置传感器和车速传感器来感知发动机负荷和车速的情况，并将这两个信号发送给自动变速器 ECU，ECU 根据存储器中的换挡程序决定升挡或降挡，然后再给换挡电磁阀发出控制信号，换至相应挡位。

自动变速器的换挡等控制还取决于冷却水温、ATF 油温等信号。如果水温、油温过低，自动变速器不会升挡。

自动变速器 ECU 具有自诊断功能，如果电子控制系统出现故障，ECU 还会点亮 O/D挡 OFF 指示灯（或故障指示灯），同时将故障码存储在存储器中，以便读取。

一般情况下，当自动变速器出现故障时，除了 O/D 挡 OFF 指示灯会点亮，自动变速器还会锁挡。

（1）传感器

① 节气门位置传感器。节气门位置传感器安装在节气门体上，用于检测节气门开度的大小，并将数据传送给 ECU，ECU 根据此信号判断发动机负荷，得到节气门油压，从而控制自动变速器的换挡、调节主油压和控制锁止离合器。

② 车速传感器。车速传感器用于检测自动变速器输出轴转速，ECU 根据车速传感

器信号，控制自动变速器的换挡和锁止离合器的锁止。

③ 冷却液温度传感器。当发动机冷却液温度低于设定温度（如60℃）时，发动机ECU会发送一个信号给自动变速器ECU，以防止自动变速器换入超速挡，同时锁止离合器也不能工作。当发动机冷却液温度过高时，自动变速器ECU发出指令使锁止离合器工作，以降低冷却液的温度，防止变速器过热。

如果冷却液温度传感器出现故障，发动机ECU会默认冷却液温度为80℃，以使发动机和自动变速器可以工作。

④ 空挡启动开关。空挡启动开关给ECU提供挡位信息，并保证变速杆只有在P位或N位才能启动发动机。

⑤ 制动灯开关。如果踩下制动踏板，制动灯开关接通，ECU会取消锁止离合器的工作。

(2) 执行器

电子控制系统的执行器主要是指电磁阀。电磁阀分为换挡电磁阀、锁止离合器电磁阀和油压电磁阀。换挡电磁阀多采用开关式电磁阀，油压电磁阀采用占空比式电磁阀，锁止离合器电磁阀采用开关式或占空比式电磁阀。

电控换挡电磁阀的工作原理如图4-5所示。

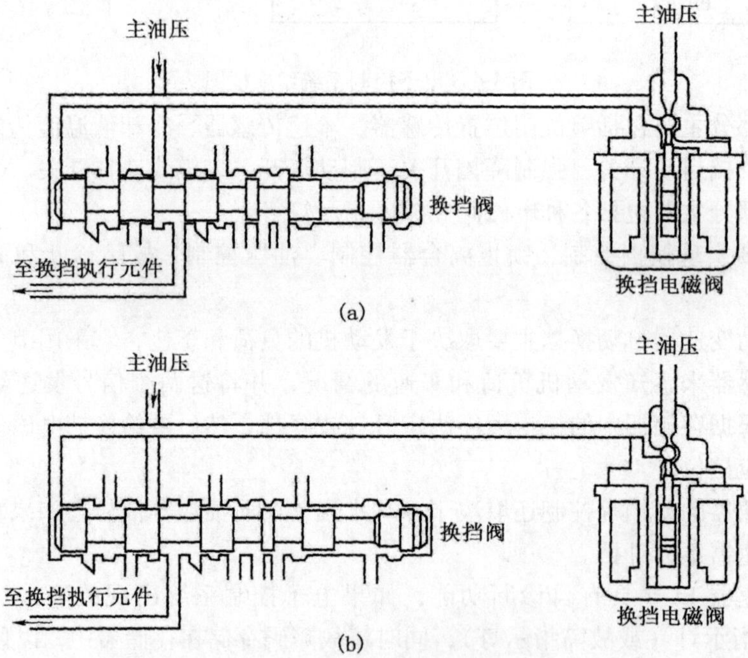

图4-5　电控换挡电磁阀的工作原理

01M自动变速器共有7个电磁阀，都是常开电磁阀，即在电脑不控制的断电状态下打开泄油，其中有3个是换挡电磁阀。

(3) 电子控制单元

自动变速器电子控制单元除了进行换挡控制、锁止离合器控制外，还具有换挡平顺性控制、故障诊断和失效保护等功能。

① 换挡控制。在汽车行驶过程中，自动变速器 ECU 根据节气门开度信号、车速信号等参数来打开或关闭换挡电磁阀，从而打开或关闭通往离合器、制动器的油路，不同的离合器、制动器组合动作，使变速器升挡或降挡。

② 锁止离合器控制。自动变速器 ECU 根据传感器输入信号，控制锁止离合器电磁阀的通、断电或电流大小，从而控制锁止离合器的工作。

③ 换挡平顺性控制。自动变速器改善换挡平顺性的方法有换挡油压控制、减少转矩控制和 N－D 换挡控制。

④ 故障自诊断。电控自动变速器 ECU 具有内置的自我诊断系统，它不断地监控各传感器、信号开关、电磁阀及其线路，当某个元件或系统发生故障时，ECU 使 O/D 挡 OFF 指示灯闪烁，提醒驾驶员，并将故障内容以故障码的形式存储在存储器中。

⑤ 失效保护。当自动变速器出现故障时，为了维持汽车最基本的行驶能力，便于进厂维修，电控自动变速器 ECU 会提供替代信号，使汽车以一个不变的挡位开到修理厂。

4.1.2　自动变速器的基本原理

电控液力自动变速器的组成和原理如图 4-6 所示。电控液力自动变速器通过传感器将驾驶员操作、汽车行驶车速和节气门开度等信号传给 ECU；ECU 通过计算、比较发出指令给电磁阀，改变液压油流动方向和压力，操纵换挡执行元件（离合器、制动器）产生不同动作，改变行星齿轮的传动比，实现自动换挡。

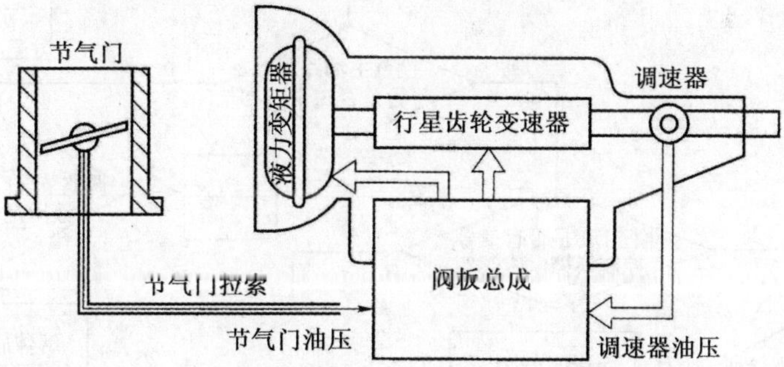

图 4-6　电控液力自动变速器的组成和原理示意图

4.2　自动变速器故障诊断分析

4.2.1　接车

车辆到店后，首先由维修服务顾问进行前台接待、验车、问诊、分析判断，填写汽车维修服务接车单，如表 2-3 所示，并进行派工维修。

4.2.2 制订诊断方案并实施

4.2.2.1 自动变速器不能换挡

（1）故障现象

汽车行驶中自动变速器始终只能以某个挡位行驶，无论多大的节气门开度，无论发动机有多高的转速，变速器始终不换挡。

（2）故障主要原因及处理方法

对于电液控制型自动变速器，挡位的变换由电子控制装置决定，利用液压控制装置来操作齿轮变速器，引起变速器不能换挡的故障部位可能是电子控制装置中的传感器、ECU、执行器、液压控制装置等。处理的方法一般是检修电路，更换电子元件，清洗液压控制装置，更换阀板等。

（3）故障诊断

自动变速器不能换挡的故障诊断流程如图 4-7 所示。

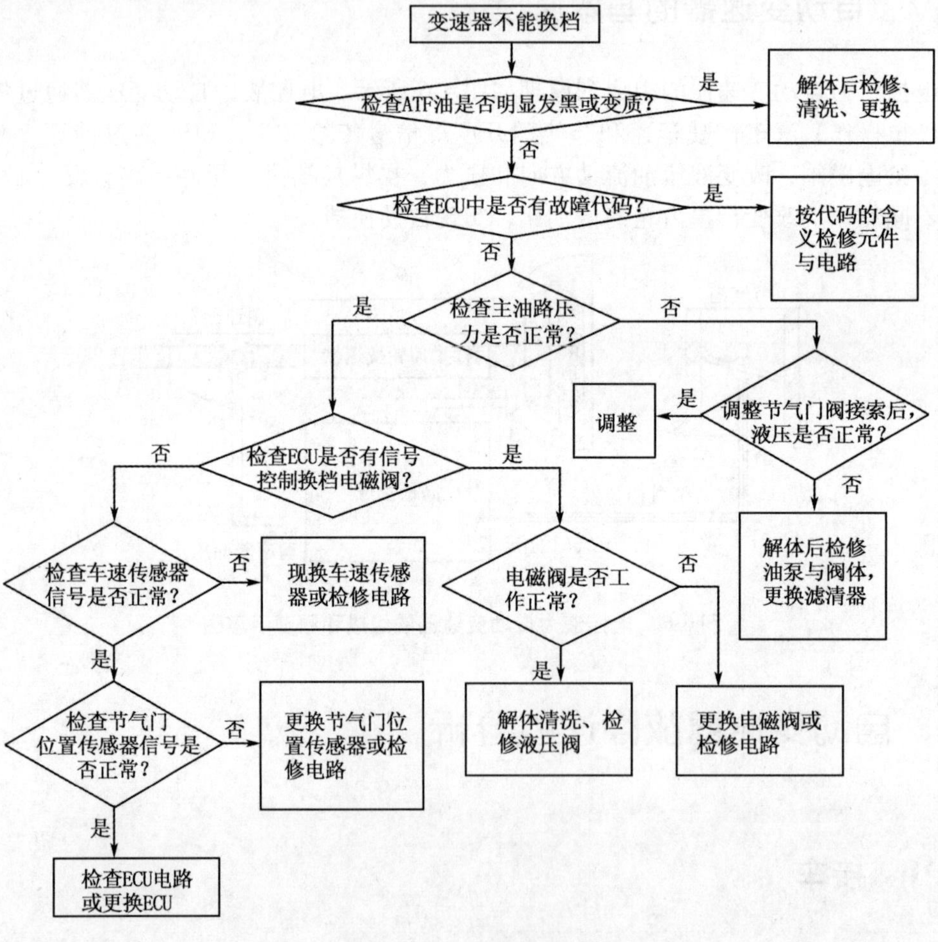

图 4-7 自动变速器不能换挡的故障诊断流程

对于这种故障需要解释说明如下。

① 如果 ATF 油发黑，则说明有执行元件烧毁，造成汽车不能行驶，必须解体大修。

② 如果 ECU 中有故障代码，则变速器电子控制系统可能会锁挡，即只产生一个挡位。

③ 如果油压过低，且外部调整已没有意义，必须解体检修油泵、液压装置等。

4.2.2.2　自动变速器无超速挡

（1）故障现象

在汽车行驶中，车速已升至超速挡范围，但自动变速器仍不能从三挡换入超速挡；在车速已达到超速挡范围后，采用提前升挡（即松开加速踏板几秒钟再踏下）的方法也不能使自动变速器升入超速挡。

（2）故障主要原因及处理方法

O/D 挡开关的功能失效或 O/D 挡 OFF 指示灯的灯丝断路与灯座间接触不良，使 ECU 不能收到有效的信号，而限制超速挡的使用。也可能出现下列情况而造成无超速挡的现象，如：传感器故障、P/N 开关故障、液压控制装置故障、换挡执行元件损坏等。处理的方法一般是先外围检查 O/D 挡 OFF 指示灯、传感器、电磁阀和 P/N 开关的功能，然后再拆下阀体进行清洗、调整或更换。

（3）故障诊断

自动变速器无超速挡的故障诊断流程如图 4-8 所示。

4.2.2.3　自动变速器换挡过迟

（1）故障现象

在汽车行驶中，升挡时车速明显高于标准值，升挡前发动机转速偏高；必须采用松加速踏板提前升挡的方式才能使自动变速器升入高挡或超速挡。降挡时车速明显降低，并有较强的冲击感。

（2）故障主要原因及处理方法

对于电液控制型自动变速器，挡位的变化时刻由 ECU 根据车辆运行的参数决定，而与液压控制装置无关。这些参数是节气门位置传感器、车速传感器、空挡启动开关（P/N 开关）、模式选择开关、ATF 油温度传感器的参数。如果以上传感器或开关失灵，将会影响换挡的时刻。处理的方法一般是检查外围电路，更换电子元件等。

（3）故障诊断

自动变速器换档过迟的故障诊断流程如图 4-9 所示。

4.2.2.4　自动变速器换挡冲击

（1）故障现象

汽车在行驶中能够在各个换挡点正确换挡，但换挡时车辆有强烈的振动和冲击。有的发生在升挡中，有的发生在降挡中，不跳挡时车辆行驶一切正常。

（2）故障主要原因及处理方法

引起换挡冲击的最根本原因是两个挡位之间的换挡执行元件变化状态的时间差与标准不符。如果时间差过大，则变速器处于空挡状态的时间过长，使发动机升速过高而冲击；如果时间差过小，则变速器将会因为同时挂两个挡位而出现运动干涉，同样会产生冲击。影响时间差的因素有 ATF 油、主油路的压力、蓄压器的性能、单向节流阀的性

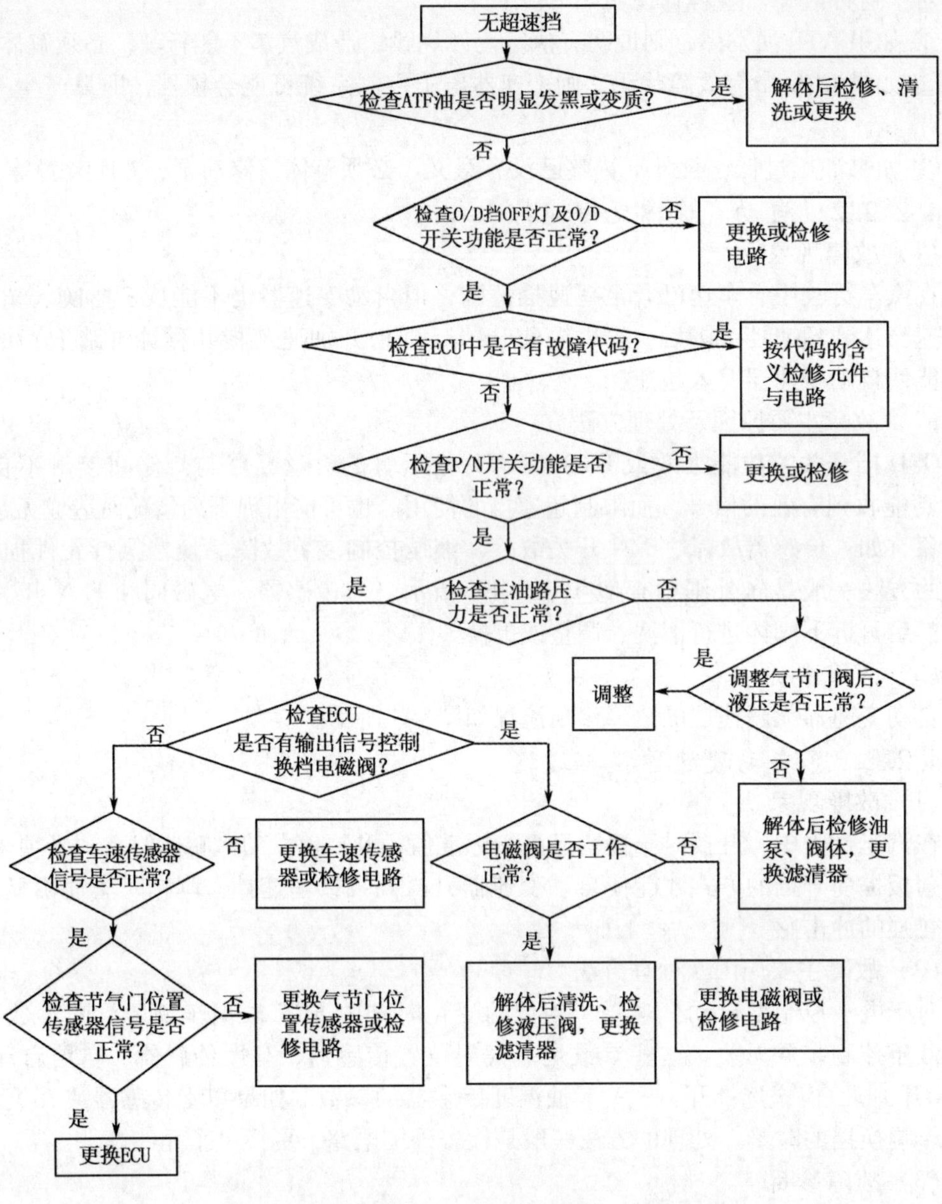

图 4-8　自动变速器无超速挡的故障诊断流程

能、换挡执行元件的间隙、执行元件油路的密封性能等。处理的方法一般是先检查或调整油压，进而解体检修液压装置。

（3）故障诊断

自动变速器换挡冲击的故障诊断流程如图 4-10 所示。

4.2.2.5　自动变速器打滑

（1）故障现象

汽车在行驶中能够正常换挡，但在某个挡位中加速无力，加速时，发动机转速明显上升，而车速升高缓慢。

（2）故障主要原因及处理方法

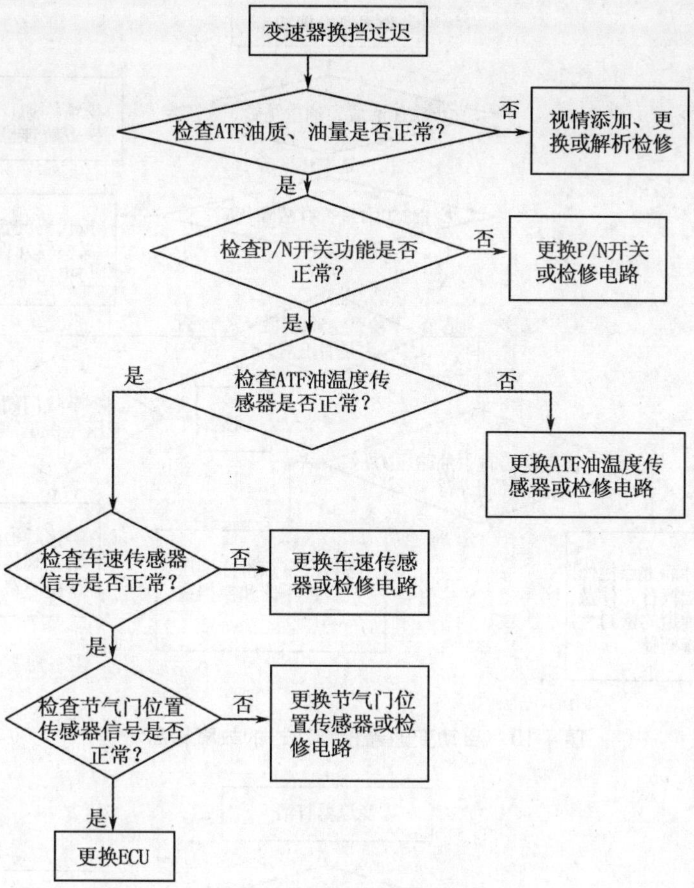

图 4-9　自动变速器换挡过迟的故障诊断流程

变速器打滑一般是由换挡执行元件的摩擦片与钢片之间出现打滑所致。引起打滑的原因有滤清器堵塞，液压过低，密封件泄漏，冲击负荷过大等，有时还伴随着 ATF 油颜色变深或发黑的现象。处理的方法一般是解体大修。

（3）故障诊断

自动变速器打滑的故障诊断流程如图 4-11 所示。

4.2.2.6　自动变速器起步加速无力

（1）故障现象

发动机的动力正常，汽车在行驶中能够自动变挡，且在各个挡位中行驶正常，但换挡控制手柄无论移至“D”“2”位还是“L”位挂挡起步时都有加速无力现象，速度达到一定值以后一切正常。

（2）故障主要原因及处理方法

该故障一般是由于液力变矩器导轮上的单向离合器打滑所致，打滑使液力变矩器进入了耦合状态，从而使变矩器变成了耦合器，失去了增扭的功能，使变速器的输出扭矩减小了 60% ~70%。少数车辆是由于执行元件打滑所致，一般以更换液力变矩器为主。

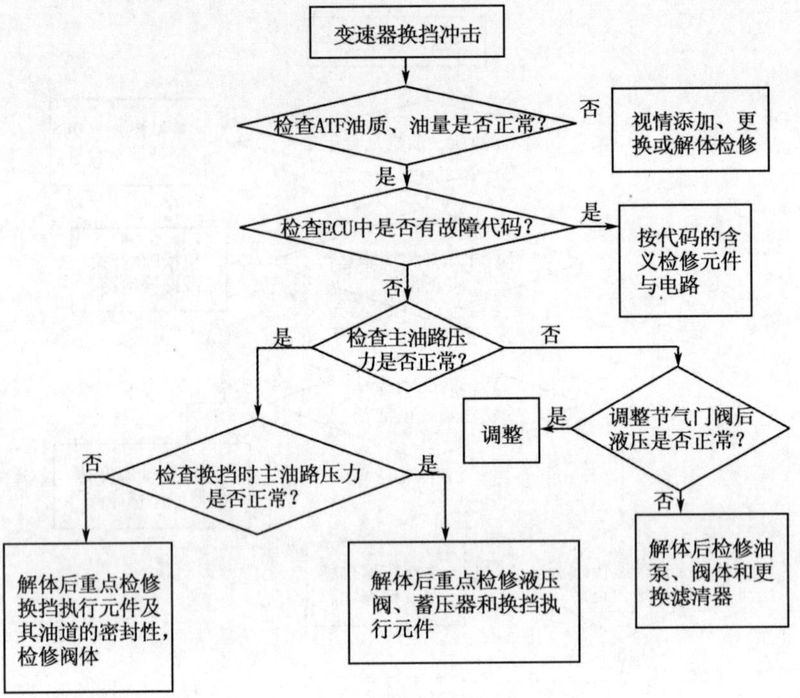

图 4-10 自动变速器换挡冲击的故障诊断流程

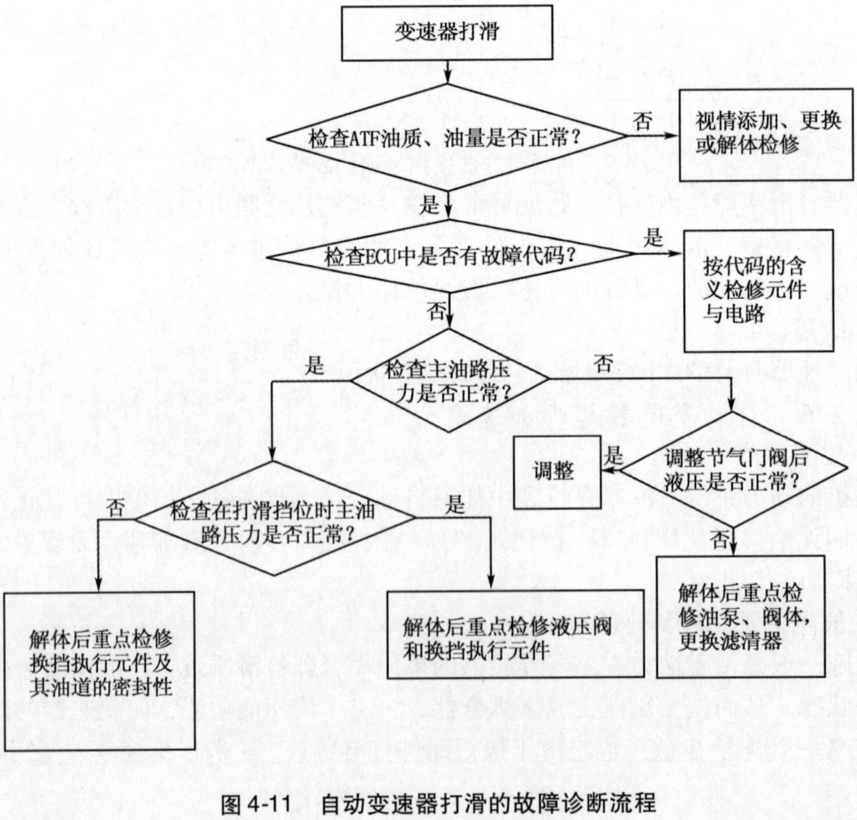

图 4-11 自动变速器打滑的故障诊断流程

（3）故障诊断

自动变速器起步加速无力的故障诊断流程如图 4-12 所示。

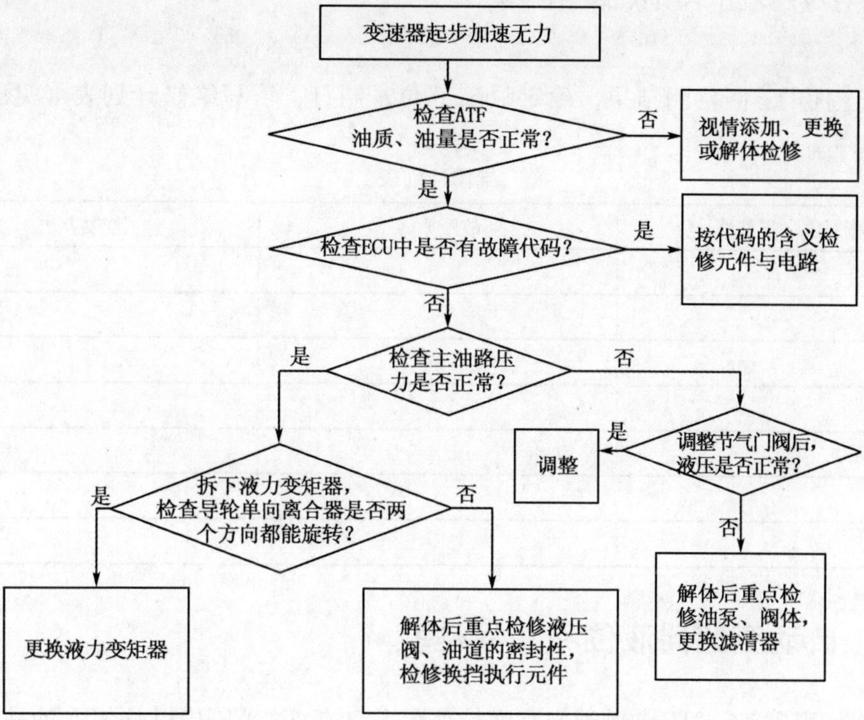

图 4-12　自动变速器起步加速无力的故障诊断流程

在进行故障诊断时，要根据故障现象分析可能的原因，制订并填写故障诊断计划表（见表 4-1），逐步进行排查。

表 4-1　　诊断检测计划表

序号	可能原因	项目检查	检查方法	检查结果	正常值	结果判定
1						
2						
3						
4						
5						
6						
7						
班组长意见						

4.3 自动变速器故障维修

根据上面的诊断检测结果，确定故障部位，制订、填写维修计划表（见表4-2），并实施维修。

表4-2　　维修计划表

故障部位（零部件）	故障原因	修复方法

4.3.1 自动变速器液位和油品检验

该检验用于检查ATF油的油面高度是否在规定的刻度范围内以及ATF油品的质量。

检查方法是：车辆水平停放并怠速运转，运转到正常工作温度后，将换挡控制手柄在各个位置上稍微停放后再移到“P”位，取出油标尺，油面刻度应在油标尺的“热态”（即“HOT”）范围内，如图4-13所示。

图4-13　油标尺刻度

如果液压油的平面低于规定液位，车辆行驶颠簸时将会有部分空气被吸入，使液压系统液压下降，并会出现下列问题。

① 离合器和制动器因液压下降而打滑、磨损、烧毁。

② 在挡位变化时出现严重的换挡质量下降现象，换挡的冲击会造成机械部件损坏。

③ 齿轮和其他旋转零件得不到良好的润滑而过早磨损。

如果液压油的平面超出规定液位，将导致下列问题的出现。

① 阀体内的排泄孔堵塞，影响液压油的正常排泄，阻碍离合器和制动器的平顺脱开，从而引起换挡冲击，有时会出现两个挡位同时存在，传动机构出现干涉，从而使元件损坏。

② 变速器换挡时滞时间过长，加速反应性能差。

在检查液位高度时，要注意判断液压油的颜色、黏度和气味是否正常。如果液压油颜色变深，黏度变稠或变稀，则需要更换液压油。如果液压油已经发黑，有糊焦味，甚至有金属小颗粒，说明变速器内的摩擦片和金属元件有磨损、烧毁，需要修理。

在使用与保养中应注意，每隔一定的时间或行驶里程（如 40000km）需要检查 ATF 油。

4.3.2　节气门阀拉索松紧的检验

该检验用于检查发动机负荷（取决于节气门开度量）是否适当地被传递给液压控制装置中的节气门阀，此即“节气门阀的全程控制”。如图 4-14 所示是皇冠乘用车的节气门阀缆绳，当节气门全开时，罩套和缆绳标记之间的距离不得超出 0 ~ 1mm。

如果标记在罩套外，则节气门开度大，而节气门阀的开度过小，于是产生低于正常的节气门液压，导致主油路的压力不能满足大负荷的要求，引起执行元件的打滑。

如果标记在罩套内，则节气门开度小，而节气门阀的开度过大，于是产生高于正常的节气门液压，导致主油路的压力过高，造成换挡冲击，加速执行元件的磨损。

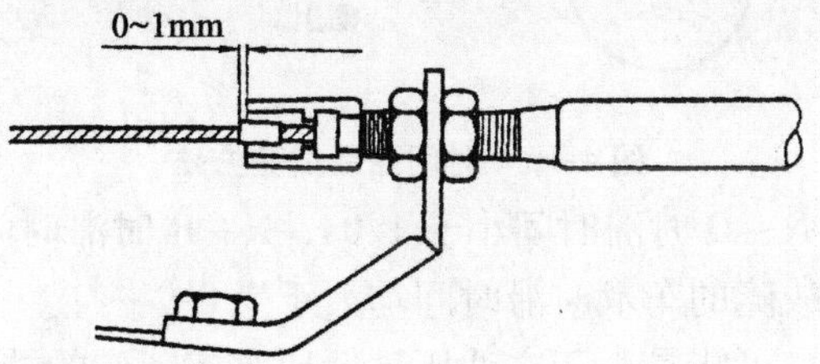

图 4-14　气节门阀拉索的调整

4.3.3　自动变速器试验

4.3.3.1　时滞试验

在发动机怠速运转时，将变速杆从空挡拨到前进位或倒挡后，需要有一段短暂时间的迟滞或延时才能使自动变速器完成挡位的结合（此时汽车会产生一个轻微的振动），这一短暂的时间称为自动变速器换挡的迟滞时间。时滞试验就是测出自动变速器换挡的迟滞时间，根据迟滞时间的长短来判断主油路油压及换挡执行元件的工作是否正常。

试验步骤如图 4-15 所示。

① 让汽车行驶，使发动机和自动变速器达到正常工作温度（50℃ ~80℃）。

② 使汽车停在水平地面上，拉紧驻车制动。

③ 启动发动机，使其怠速运转，如不正常，应按标准调整发动机，关闭空调等设备。

④ 将自动变速器变速杆从 N 位拨至 D 位，用秒表测量从拨动变速杆开始到感觉汽车振动为止所需要的时间，该时间称为 N – D 延时时间。

⑤ 将变速杆拨至 N 位，使发动机怠速运转 1.0min 后再做一次同样的试验。

⑥ 做 3 次试验，取平均值。

⑦ 按照上述方法，将变速杆由 N 位拨至 R 位，测量 N – R 延时时间。

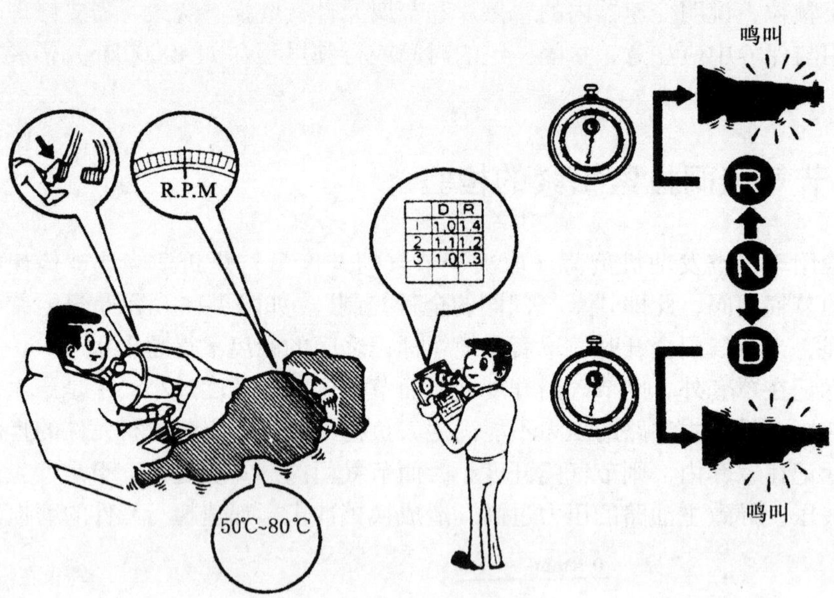

图 4-15　时间滞后试验方法

大部分自动变速器 N－D 时滞时间小于 1.0s，N－R 时滞时间小于 1.2s。

实践经验：凡是有故障的车辆时滞时间均大于 3.0s。

如果时滞时间过长，可能是由于主油压过低或对应工作的挡位的换挡执行元件接合迟滞，要根据挡位分析原理，结合挡位传动图分析迟滞原因，从而判断故障部位。

4.3.3.2　失速试验

失速是汽车运行中发动机出现的空转。失速试验中的失速则是特指在涡轮不转的前提下，或是在汽车完全制动的前提下，泵轮所能达到的最高转速。

（1）试验准备与方法

① 在热机的状态下。

② 所有车轮全部用三角木塞住，拉紧驻车制动，踩下行车制动。

③ 没有发动机转速表的汽车需装上一块发动机转速表。

④ 分别将变速杆挂入 D 位和 R 位，将加速踏板迅速踩到底，在节气门全开时，记下发动机转速，节气门全开时间不得超过 3s。如图 4-16 所示。

⑤ 换挡时在 N 挡位怠速运转 2～3min，或以 1200r/min 运转 1min，以便自动变速器油冷却。

本试验主要用于检查发动机的动力输出、油泵、导轮单向离合器的功能和齿轮变速器内制动器与离合器的打滑情况。失速转速因车而异，但一般都在 1800～2300r/min 的范围内。失速转速过高或过低都有相应的故障。

（2）失速试验结果的分析

① 失速转速低于标准值。

其一，若失速转速只是略低，则可能是发动机的动力不足造成的。

其二，若失速转速明显低于标准值（低于标准值 300r/min 以上），是变矩器内支承导轮的单向离合器打滑造成的。

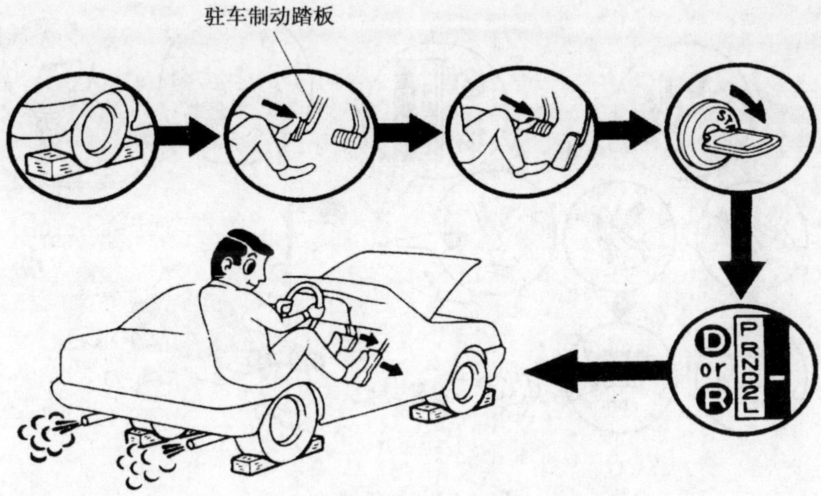

图 4-16　失速的试验方法

② 失速转速明显高于标准值。

故障部位一般发生在变速器部分，主要是换挡执行元件打滑引起的。可通过失速试验与变速器内相应挡位的执行元件工作情况进行分析，从而判断是因哪些元件损坏所导致。但失速试验只可检查一挡和倒档的执行元件，对前进二挡及二挡以上的挡位执行元件不能检测，因为换挡正常的变速器在失速时不可能升到高速挡。

③ 失速转速正常，但车速上不去。

失速转速正常，起步时间正常，中、低速时加速正常，但车速到达 50～60km/h 时出现加速不良，大部分汽车最高车速只有 80～90km/h，自动变速器油变黑、变臭，刚停车时手摸变矩器烫手（这一点非常重要），说明变矩器支承导轮的单向离合器发生卡滞。

注意：因变矩器是不允许分解的，所以支承导轮的单向离合器无论是打滑还是卡滞，都必须更换液力变矩器总成。

4.3.3.3　油压试验

油压试验（如图 4-17 所示）是在自动变速器运转时，对控制系统中各个油路中的油压进行测量，为分析自动变速器的故障提供依据。正确的油路油压是自动变速器正常工作的前提条件。油压过高，会使自动变速器出现严重的换挡冲击，甚至损坏控制系统；油压过低，会造成换挡执行元件打滑，加剧其摩擦片的磨损，甚至使换挡执行元件烧毁。因此，在分解修理自动变速器之前和自动变速器修复之后，都要对自动变速器做油压试验，以保证自动变速器的修理质量。

（1）油压试验的准备

在做油压试验之前应该做好以下准备工作。

① 行驶汽车，让发动机及自动变速器达到正常工作温度。

② 使车辆停在水平地面上，检查发动机怠速和自动变速器液压油的油面高度。如不正常，予以调整。

③ 准备一个量程为 2MPa 的压力表。

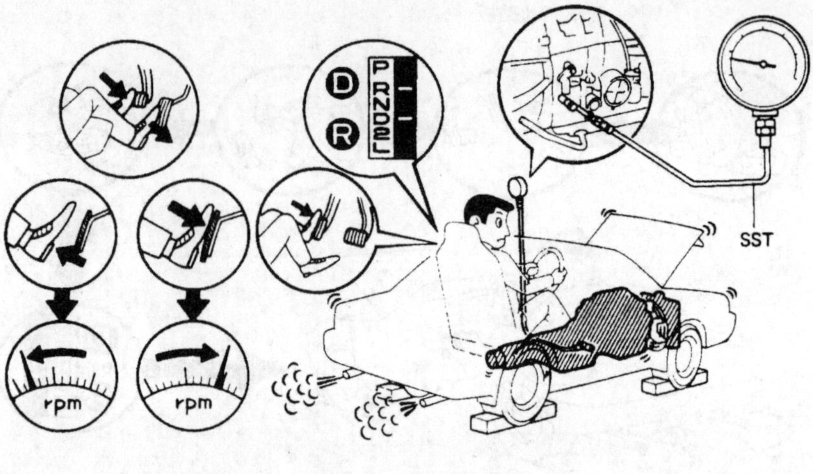

图 4-17　油压试验

④ 找出自动变速器各个油路测压孔的位置。《自动变速器维修手册》上标有该自动变速器各个油路测压孔的位置。如果没有《自动变速器维修手册》作参考，可以用举升器将汽车升起，在发动机运转时分别将各个测压孔螺塞松开少许，观察各测压孔在变速杆位于不同挡位时是否有压力油流出，以判断该测压孔是与哪一个油路相通，从而找出各个油路测压孔的位置。具体判断方法如下。

其一，不论变速杆位于前进位还是倒挡时都有压力油流出，则为主油路测压孔。

其二，只有在变速杆位于前进位时才有压力油流出，则为前进位油路测压孔。

其三，只有在变速杆位于倒挡时才有压力油流出，则为倒挡油路测压孔。

其四，只有汽车行驶才有油压，怠速与倒挡时没有油压，则为速控油压测试孔。

（2）主油路油压的测试

测试主油路油压时，应分别测出前进挡和倒挡的主油路油压。前进挡主油路油压测试方法如下。

① 拆下变速器壳体上的主油路测压孔或前进挡油路测压孔螺塞，接上油压表。

② 启动发动机。

③ 将变速杆拨至 D 位。

④ 读出发动机怠速运转时的油压，该油压即怠速工况下的前进挡主油路油压。

⑤ 用左脚踩紧制动踏板，同时用右脚将节气门踏板完全踩下，在失速工况下读取油压，该油压即失速工况下的前进挡主油路油压。

⑥ 将变速杆拨至空挡或停车挡，使发动机怠速运转 1min 以上。

⑦ 将变速杆拨至各个前进挡，重复④～⑥的步骤，读出各个前进低挡在怠速工况和失速工况下的主油路油压。

（3）倒挡主油路油压的测试方法

① 拆下自动变速器壳体上的主油路测压孔或倒挡油路测压孔螺塞，接上油压表。

② 启动发动机。

③ 将变速杆拨至 R 位。

④ 在发动机怠速运转工况下读取油压，该油压即怠速工况下的倒挡主油路油压。

⑤ 用左脚踩紧制动踏板，同时用右脚将节气门踏板完全踩下，在发动机失速工况下读取油压，该油压即失速工况下的倒挡主油路油压。

⑥ 将变速杆拨至 N 位，让发动机怠速运转 1min 以上。

将测得的主油路油压与标准值进行比较。若主油路油压不正常，说明油泵或控制系统有故障。

4.3.3.4　道路试验

自动变速器的道路试验，是检验自动变速器综合性能的必要手段，同时也是维修人员通过汽车行驶时的现象来判断自动变速器故障的有效手段，以便进行有目的的调整和维修。试验时应注意变速器内油量是否正常、发动机温度是否达到正常工作温度（85℃~95℃）。其具体操作办法如下。

① 前进挡（D 位）试验。将变速杆置于前进挡（D 位），汽车行进中将加速踏板踩到底，以保持节气门全开，同时也要使超速挡（O/D 位）开关处于打开位置（ON），然后依次进行 1－2，2－3，3－O/D 的增速换挡。在正常情况下，上述换挡都应存在。若在试验中出现缺少某一项增速换挡或换挡点失灵，则说明该处换挡电磁阀损坏。路试中，还应注意增加挡位时变速器的振动情况，较大的振动预示着变速器的油压过高、储能器损坏。

② 低挡（L 位）试验。在前进挡（D 位）高速行驶中，换入低挡后，汽车应有明显的制动作用，否则说明低挡制动器不良。

③ 倒挡（R 位）试验。汽车停车后，以能迅速倒车和不打滑为正常。

一般情况下，通过上述三种试验方法，基本上对自动变速器有了较为全面的认识和了解。当然，上述三种试验方法需要有经验的技术人员进行测试，才能保证试验准确无误。

4.3.4　自动变速器主要部件检修

4.3.4.1　液力变矩器的检查与清洗

轿车自动变速器的液力变矩器外壳都是焊接式的整体结构，不可分解。液力变矩器在使用中基本上不会出现故障，液力变矩器的故障主要是由 ATF 油污染造成的。造成 ATF 油污染的原因主要是驾驶员操作不当，没有及时保养，最终造成自动变速器执行元件的损坏和 ATF 油污染。液力变矩器的检修工作主要是清洗和检查。

（1）液力变矩器的检查

① 检查液力变矩器外部有无变形和裂纹、轴套外径有无沟槽磨损、驱动油泵的轴套缺口有无损伤，如有异常应更换液力变矩器。

② 检测单向离合器，将专用工具插入单向离合器座圈内，安装测试器使其与液力变矩器毂缺口及单向离合器的外座圈良好配合。转动驱动杆，检查单向离合器逆时针方向转动时是否能锁住，而在顺时针方向是否能自由转动。如有异常，说明单向离合器损坏，应更换液力变矩器。检测过程如图 4-18 所示。

③ 将百分表的磁力表座固定在缸体上，用百分表测量启动齿圈偏摆量，最大偏摆量应不超过 0.20mm。

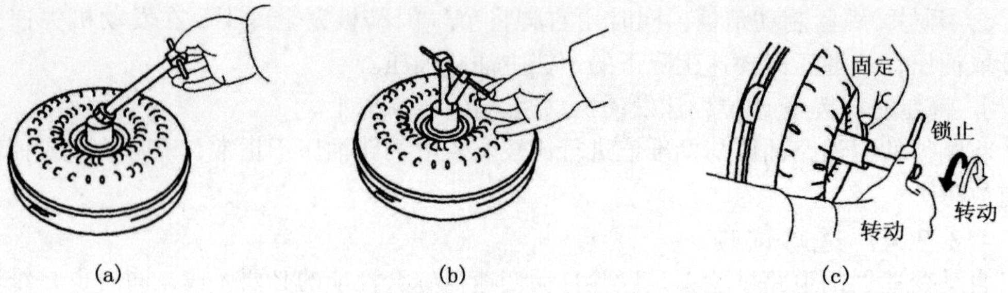

图 4-18 单向离合器的检测

④ 将液力变矩器装在启动齿圈上，用百分表测量液力变矩器轴套的偏摆量，如偏摆量超过 0.30mm，可通过重新调整液力变矩器的安装方位进行校正，并在调整后的位置上作上记号，确保安装正确。若无法校正，应更换液力变矩器。检测方法如图 4-19 所示。

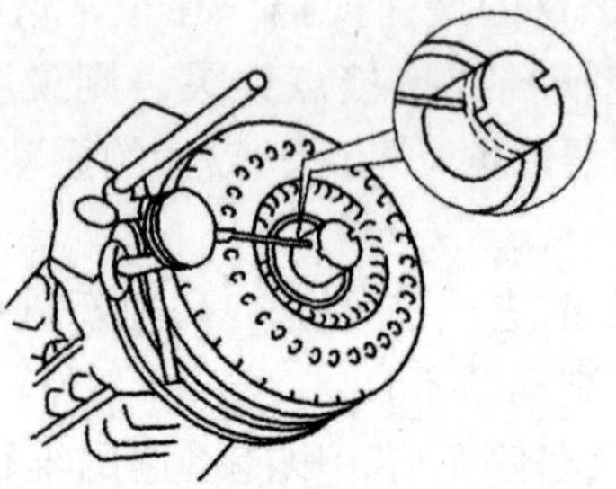

图 4-19 液力变矩器轴套偏摆量的检查

⑤ 检查液力变矩器的安装情况。用卡尺和直尺测量液力变矩器安装面至自动变速器壳体正面的距离，应为 17.1mm，若距离小于该标准值，则应检查是否安装不当。

（2）液力变矩器的清洗

① 倒出残余的 ATF 油。

② 向液力变矩器内加入 2L 干净的 ATF 油，左右摇动液力变矩器，然后将 AT 油倒出。

③ 重复②直至清洁。

4.3.4.2 油泵零件的检查与装配

（1）油泵零件的检查

① 用塞尺分别测量油泵内齿轮外圆与油泵壳体之间的间隙，如图 4-20（a）所示；测量小齿轮及内齿轮的齿顶与月牙板之间的间隙，如图 4-20（b）所示；测量小齿轮及内齿轮端面与泵壳平面的间隙，如图 4-20（c）所示。将测量结果与维修手册标准值对照，如不符合标准应更换齿轮、泵壳或油泵总成。

② 检查油泵小齿轮、内齿轮、泵壳端面有无肉眼可见的磨损痕迹，如有应更换新件。

（2）油泵的组装

用干净的煤油清洗油泵的所有零件，并用压缩空气吹干，再在清洁的零件上涂少许 ATF 油，按下列步骤组装。

① 在油泵前端盖上装入新的油封。

② 更换所有的 O 形密封圈，并在新的 O 形密封圈上涂 AT 油。

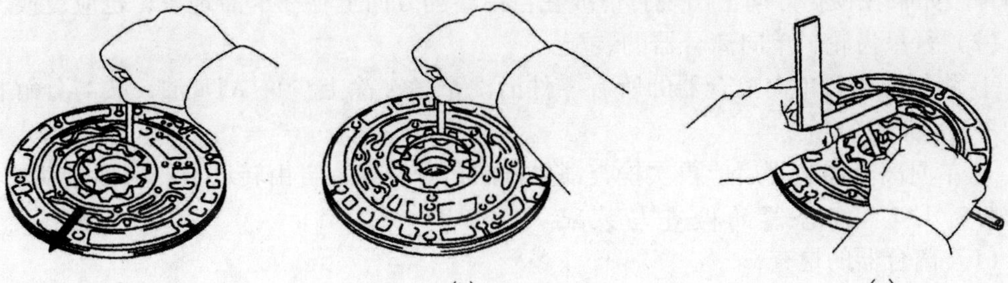

图 4-20　油泵齿轮间隙的测量

③ 按与分解时相反的顺序组装油泵各零件。

④ 按照对称交叉的顺序，依次拧紧油泵盖紧固螺栓，拧紧力矩为 10N · m。

⑤ 在油泵后端轴颈上的密封环槽内涂上润滑脂，安装新的密封环。

(3) 油泵运转性能检查

将组装后的油泵插入液力变矩器中，如图 4-21 所示，转动油泵，油泵齿轮转动应平顺，无异响。

图 4-21　油泵运转性能检查

4.3.4.3　行星齿轮和单向离合器的检查与装配

(1) 行星齿轮和单向离合器的检查

① 检查太阳轮、行星齿轮、齿圈的齿面，如有磨损或疲劳剥落，应更换整个行星排。

② 检查行星齿轮与行星架之间的间隙，如图 4-22 所示，其标准间隙为 0.2 ~ 0.6 mm,最大不得超过 1.0mm，否则应更换止推垫片或行星架和行星齿轮组件。

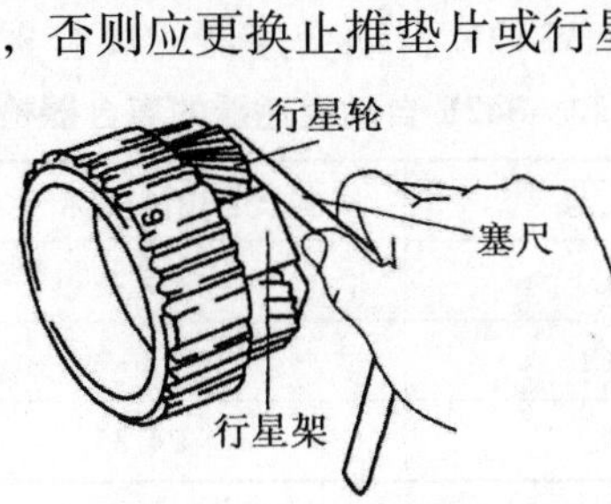

图 4-22　行星齿轮与行星架之间的间隙检查

③ 检查太阳轮、行星架、齿圈等零件的轴颈或滑动轴承处有无磨损，如有异常，应更换新件。

④ 检查单向离合器，如滚柱破损、滚柱保持架断裂或内外圈滚道磨损起槽，应更换新件。如果在锁止方向上出现打滑或在自由转动方向上存在卡滞现象，也应更换。

（2）行星齿轮、单向离合器的装配

① 将行星轮和单向离合器的所有零件清洗干净，涂上少许 ATF 油，按与分解相反的顺序进行装配。

② 单向离合器装好后应再次检查锁止方向是否正确，自由转动方向应能转动灵活。

4.3.4.4 离合器的检查与装配

（1）离合器的检查

① 检查离合器的摩擦片，如烧焦、翘曲变形、摩擦片表面用手刮有粉末脱落或摩擦片表面上符号被磨去，说明摩擦片已磨损到极限厚度，应更换。

② 检查钢片，如有烧蚀、磨损或翘曲变形，应更换。

③ 检查法兰摩擦面，如有烧蚀、磨损，应更换。

④ 检查离合器和制动器的活塞，其表面应无损伤或拉毛，否则应更换新件。

⑤ 检查离合器活塞的单向阀，钢球阀能否在阀座内活动自如。用压缩空气或煤油检查单向阀的密封性，从液压缸一侧向单向阀内吹气，密封是否良好，如有异常，应更换活塞。检查方法如图 4-23 所示。

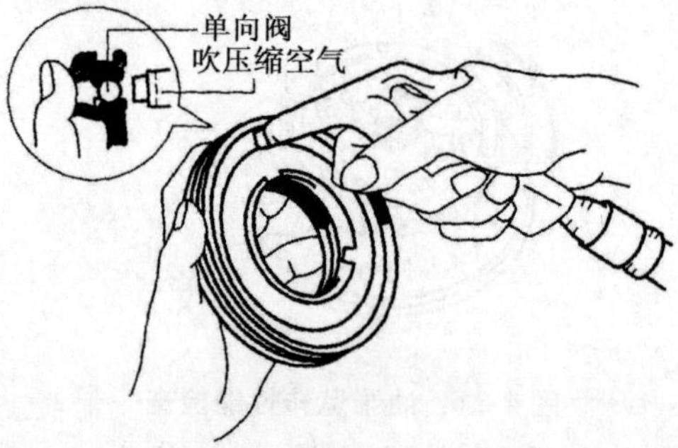

图 4-23 离合器活塞单向阀密封性的检查

⑥ 检查离合器液压缸内表面有无拉伤损坏，检查键槽与钢片配合是否正常。如有异常现象，应更换新件。

⑦ 测量活塞回位弹簧的自由长度，并与标准值比较。若弹簧自由长度过小或有变形，应更换新弹簧。A341E 和 A342E 自动变速器的离合器检修标准见表 4-3。

表 4-3 A341E 和 A342E 自动变速器的离合器检修标准

离合器的名称	代号	弹簧自由长度标准/mm	自由间隙/mm
超速离合器	C0	15.8	1.45 ~ 1.70
前进离合器	C1	—	0.7 ~ 1.00
高、倒挡离合器	C2	24.35	1.37 ~ 1.60

⑧ 更换所有离合器液压缸活塞上的 O 形密封圈及轴颈上的密封环。新的密封圈或密封环应涂上少许 ATF 油后装入。

（2）离合器的装配

离合器在装配之前，将所有零件用煤油清洗干净，用压缩空气将油道、单向阀各油孔等处吹干净，按照与分解相反的顺序装配离合器。在装配时应注意以下几点。

① 装配前应在所有零件表面上涂少许 ATF 油。

② 更换摩擦片时，应将新的摩擦片放在干净的 ATF 油中浸泡 15min 以上方可安装。

③ 安装活塞回位弹簧座圈的卡环时必须要安装到卡环槽内里，并确认卡环已装在弹簧座圈槽内方能拆下弹簧压紧器，如图 4-24（a）所示。

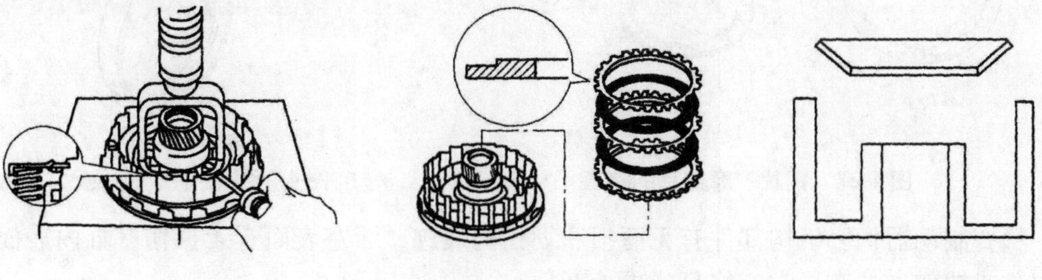

（a）　（b）　（c）

图 4-24　离合器钢片摩擦片安装

④ 安装摩擦片和钢片时应按与拆卸相反的顺序安装，摩擦片和钢片原则上没有方向性，正反面都可安装。在安装法兰时平面与摩擦片接触，如图 4-24（b）所示；有弹性环的离合器应将弹性环放在活塞一面，使之与活塞接触，如图 4-24（c）所示，并使弹性环的凹面向上。

⑤ 每个离合器装配后，都应检查活塞的工作是否正常。向油道内吹入压缩空气，检查活塞能否向上移动，能否将钢片和摩擦片压紧，若吹入压缩空气后钢片和摩擦片没能压紧，应检查漏气的部位，修复后再重新安装，如图 4-25 所示。

⑥ 用塞尺测量离合器片的自由行程量，也可如图 4-26（a）或 4-26（b）所示方法，用百分表测量离合器的自由程量。若自由程量不符合标准，用不同厚度的钢片来调整至合适为止。

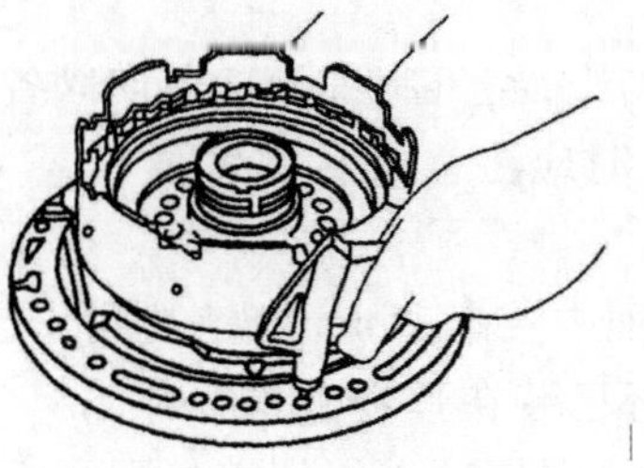

图 4-25　活塞移动检查

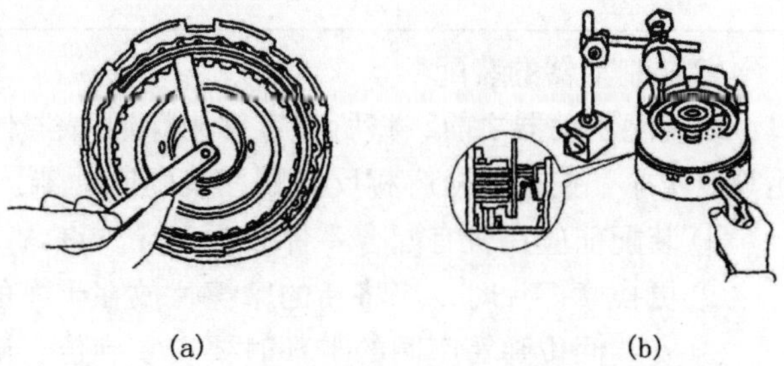

（a）　（b）

图 4-26　离合器自由行程量的检查

4.3.4.5　制动器的检查与装配

（1）制动器的检查

① 检查制动器的钢片、摩擦片，如有烧蚀、烧焦、翘曲变形、摩擦片表面用手刮有粉末脱落或摩擦片表面上符号被磨去，说明摩擦片已磨损到极限厚度，应更换，如图 4-27（a）所示。也可以测量钢片、摩擦片的厚度，如图 4-27（b）所示，若小于极限厚度，则应更换。

② 二挡跟踪制动器的制动带内表面如有烧焦、摩擦片表面用手刮有粉末脱落或表面符号已被磨去，应更换，如图 4-28 所示。

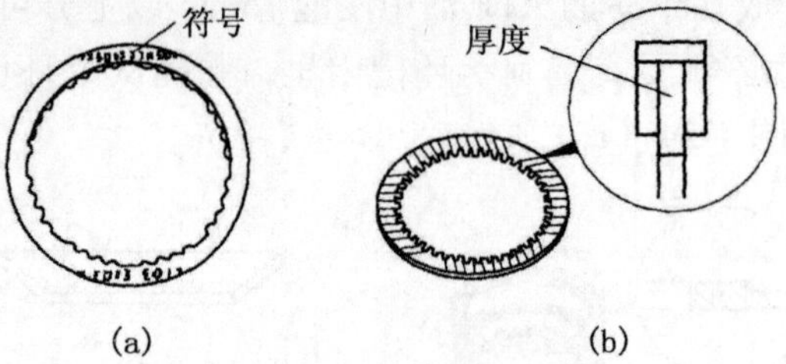

图 4-27　钢片、摩擦片的检查

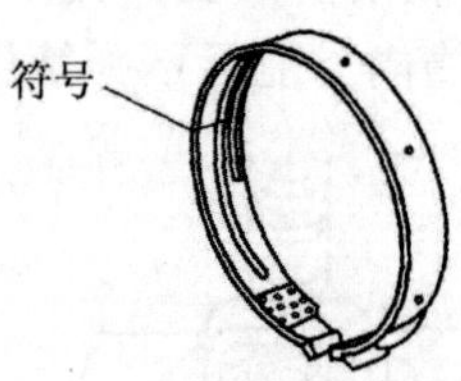

图 4-28　制动带的检查

检查制动器伺服机构部件有无磨损、划伤的痕迹，活塞表面有无拉伤、缸内表面有无损伤或拉伤，如有异常应修复或更换新件。

③ 检查法兰的摩擦表面如有烧蚀、翘曲变形、磨损、出台等应更换。

④ 检查活塞回位弹簧是否变形，测量弹簧的自由长度，并与标准值进行比较。若弹簧自由长度过小或有变形，应更换新弹簧。表 4-4 为 A341E 自动变速器的制动器检修标准。

表 4-4　A341 E 自动变速器的制动器检修标准

制动器的名称	代号	弹簧自由长度标准/mm	自由间隙/mm
超速制动器	B_0	17.23	1.85～2.05
二挡强制制动器	B_1	—	2.0～3.0
二挡制动器	B_2	19.64	0.63～1.98
低、倒挡制动器	B_3	12.9	—

（2）制动器的装配

在装配制动器之前，将所有零件用煤油清洗干净，用压缩空气将油道、单向阀各油孔等处吹净，按照与分解相反的顺序装配制动器。在装配时应注意以下几点。

① 装配前应在所有配合零件表面上涂少许 ATF 油。

② 更换摩擦片时，应将新的摩擦片放在干净的 ATF 油中浸泡 15min 以上方可安装。

③ 安装回位弹簧座圈的卡环时要安装到位，确认卡环已装在弹簧座圈槽内。

④ 更换所有制动器液压缸活塞上的密封圈及轴颈上的密封环，新的密封圈或密封环应涂上少许 ATF 油后装入，装入密封圈或密封环时不能拉伸过长。

⑤ 每个制动器装配后，都应检查活塞的工作是否正常。可按照分解时的方法，向油道内吹入压缩空气，检查活塞能否移动，将钢片和摩擦片压紧。对于带式制动器，则看制动带是否能把制动毂包紧。若吹入压缩空气后活塞不能移动，应检查活塞是否卡住或漏气，分解修复后再重新安装。

⑥ 用塞尺测量制动器的自由间隙，若自由间隙不符合标准，可采用更换不同厚度挡圈的方法来进行调整。

4.3.4.5　检验

确认计划的维修项目全部实施完成之后进行试车，验证前面的推断是否正确，检查故障是否完全排除，并对维修质量进行评价。

4.3.4.6　考核与评估

自动变速器故障检修考核要点与评分标准见表 2-7。

第5章　转向系统故障与检修

【任务描述】一辆桑塔纳2000轿车行驶60000km，车主述说近期发现车子行驶方向不稳，要求进行维修。

5.1　转向系统概述

5.1.1　转向系功用、组成和工作原理

汽车转向系用来改变或恢复汽车的行驶方向。汽车转向性能直接影响汽车行驶的操纵性和安全性。

转向系统通常由转向操纵机构、转向器及转向传动机构组成。现代汽车上所使用的一般有两种，一种是机械式转向系统，目前在货车上使用较多；另一种是助力式转向系统，在轿车及部分大客车及大货车上得到广泛应用。机械式与助力式转向系统的结构与组成如图5-1和图5-2所示。

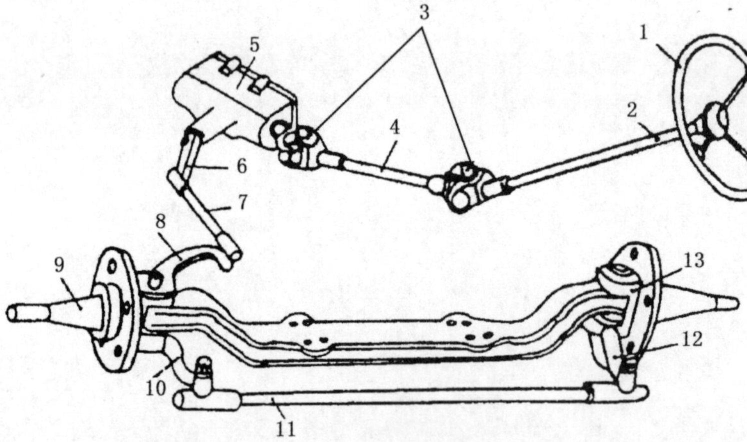

图5-1　机械转向系的组成

1—转向盘；2—转向管柱；3—转向万向节；4—转向传动轴；5—方向机；6—转向摇臂；7—转向直拉杆；8—转向节直拉杆臂；9、13—转向节；10、12—转向横拉杆臂；11—转向横拉杆

机械转向系统是以驾驶员的体力（手力）作为转向动力的转向系统，其中所有传力件都是机械的。需要转向时，驾驶员对转向盘施加一个转向力矩，该力矩通过转向轴输入转向器。从转向盘到转向轴的一系列部件和零件即属于转向操纵机构。

动力转向系统是兼用驾驶员体力和发动机动力为转向动力的转向系统。它是在机械

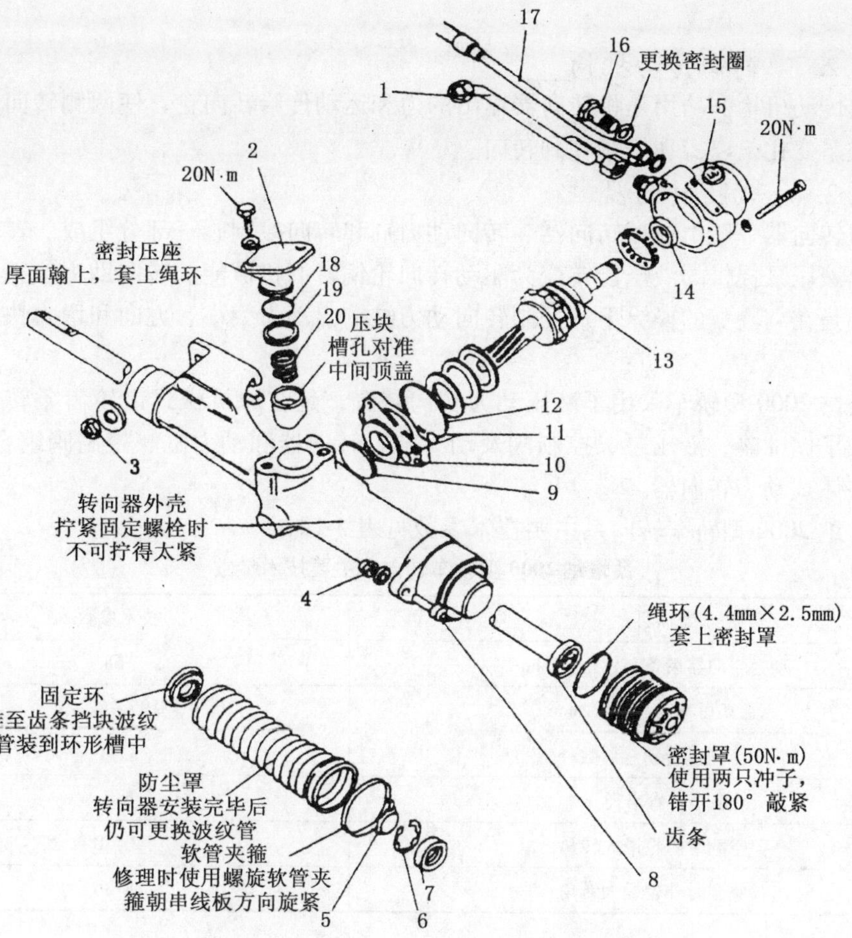

图 5-2　液压动力转向机构的分解与检修

1—油管（40N·m）；2—压盖；3—自锁螺母（35N·m）；4—自锁螺母（20N·m）；5—更换齿形环；6—挡圈；7—齿条密封罩；8—圆柱内六角螺栓；9—圆绳环（42×2）；10—中间盖；11，12，18—圆形环；13—转向机构主动齿轮；14—密封圈；15—阀门罩壳；16—管接头螺栓（30N·m）；17—回油管；19—补偿垫片；20—压簧

转向系统的基础上加设一套转向动力装置而形成的。在正常情况下，汽车转向所需能量只有一小部分由驾驶员提供，而大部分是由发动机通过转向加力装置提供的。但在转向加力装置失效时，一般还应能由驾驶员单独提供汽车转向动力。

5.1.2　转向系统各部件组成和功用

5.1.2.1　转向操纵机构

转向操纵机构由转向盘、转向轴、转向管柱、万向节及转向传动轴等组成，它的作用是将驾驶员转动转向盘的操纵力传给转向器。

5.1.2.2　转向器

转向器是转向系统中减速增矩的传动装置，其作用是增大转向盘传到转向节的力并改变力的传递方向。应用较广泛的汽车转向器有齿轮齿条式、循环球式和蜗杆曲柄指销式等。

5.1.2.3　转向传动机构

转向传动机构的功用是将转向器输出的力和运动传给转向轮，使两侧转向轮偏转角按一定关系变化，以实现汽车顺利转向。

5.1.2.4　动力转向器

动力转向器一般由机械转向器、转向动力缸和转向控制阀三部分组成。转向动力缸是将转向液压泵提供的液压能转变为驱动转向轮偏转的机械能的转向助力执行元件。转向控制阀是在驾驶员的操纵下，控制转向动力缸输出动力大小、方向和增力快慢的控制阀。

桑塔纳2000型轿车采用了液压动力转向装置，是在原机械式齿轮齿条转向器的基础上增加了储油罐、液压泵、控制阀及动力缸。转向器和动力缸、控制阀组合成一体，故称为整体式动力转向器。

桑塔纳2000型轿车转向系主要技术参数见表5-1。

表5-1　　桑塔纳2000型轿车转向系主要技术参数

项目	技术参数
动力转向器齿条工作行程/mm	168
齿条可移动总行程/mm	195 - 0.1
方向盘转动总周数/r	3.11
最小转弯半径/m	5.5
空载时内轮最大转角	40°18′
空载时外轮最大转角	35°36′

5.2　转向系统故障诊断分析

5.2.1　接车

车辆到店后，首先由维修服务顾问进行前台接待、验车、问诊、分析判断，填写汽车维修服务接车单，如表2-3所示，并进行派工维修。

5.2.2　制订诊断方案并实施

5.2.2.1　机械转向系统故障诊断

机械转向系统常见的故障部位主要有转向盘自由行程、转向器内部间隙、转向传动机构的连接处等。而常见的故障主要有转向沉重、转向操纵不灵、转向不自回等。

（1）转向沉重

① 故障现象。

其一，汽车在行驶中，驾驶员左右转动方向盘时，感到沉重费力，没有回正感。
其二，汽车低速行驶或调头时，转动方向盘感到沉重费力，严重时甚至打不动方向。
② 故障原因。
其一，轮胎气压不足。
其二，上下摆臂球头销磨损过大。
其三，转向节主销后倾角过大、内倾角过大或前轮出现负外倾。
其四，转向器主动与从动齿的啮合间隙过小。
其五，转向器缺油或无油。
其六，转向器的转向轴弯曲或套管压扁。
其七，转向横、直拉杆球头连接处过紧或缺油。
其八，转向节止推轴承缺油或损坏。
其九，转向节主销与转向节衬套配合间隙过小或缺油。
③ 故障诊断与排除方法。
转向沉重故障诊断流程如图 5-3 所示。

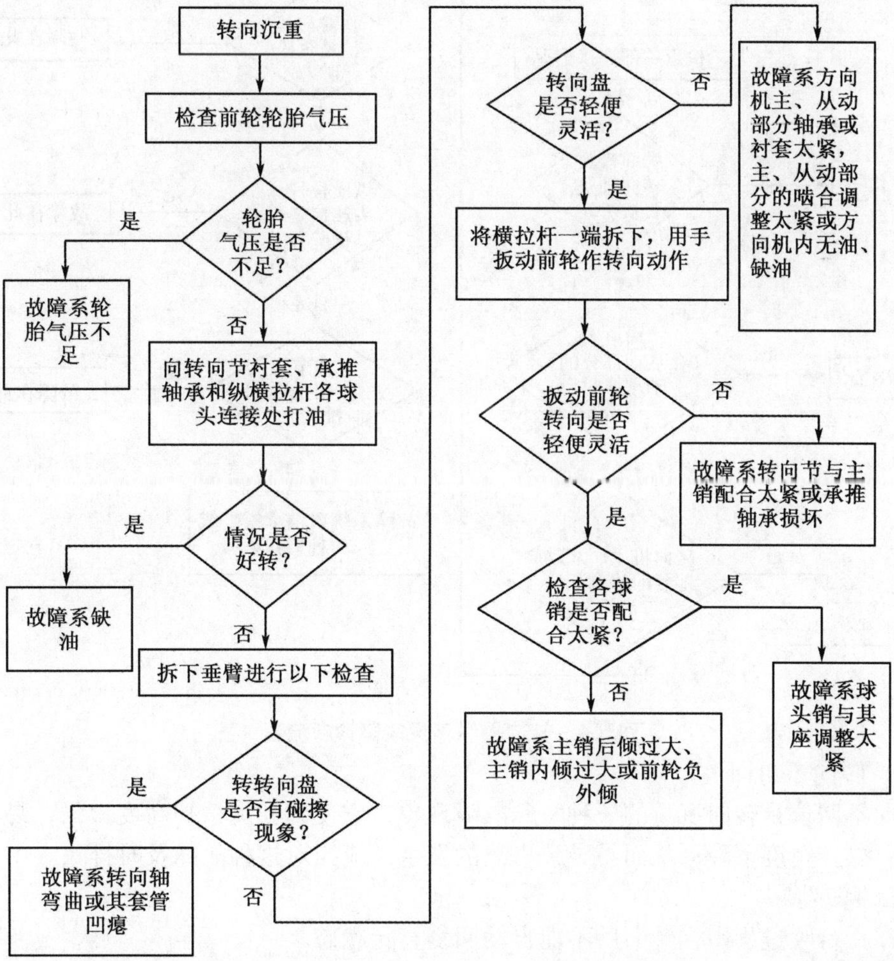

图 5-3　转向沉重故障诊断流程

(2) 转向操纵不灵

① 故障现象。

汽车在保持直线行驶时，转向盘左右可转动的游动角度太大。

② 故障原因。

其一，转向器内主、从动啮合部位松旷或主、从动部分的轴承松旷。

其二，转向盘与转向轴的连接部位松旷。

其三，转向器垂臂轴与垂臂连接部位松旷。

其四，纵横拉杆球头连接部位松旷。

其五，纵横拉杆臂与转向节的连接部位松旷。

其六，转向节与主销松旷。

其七，轮毂轴承松旷。

③ 故障诊断。

图 5-4 所示为转向操纵不灵故障诊断流程。

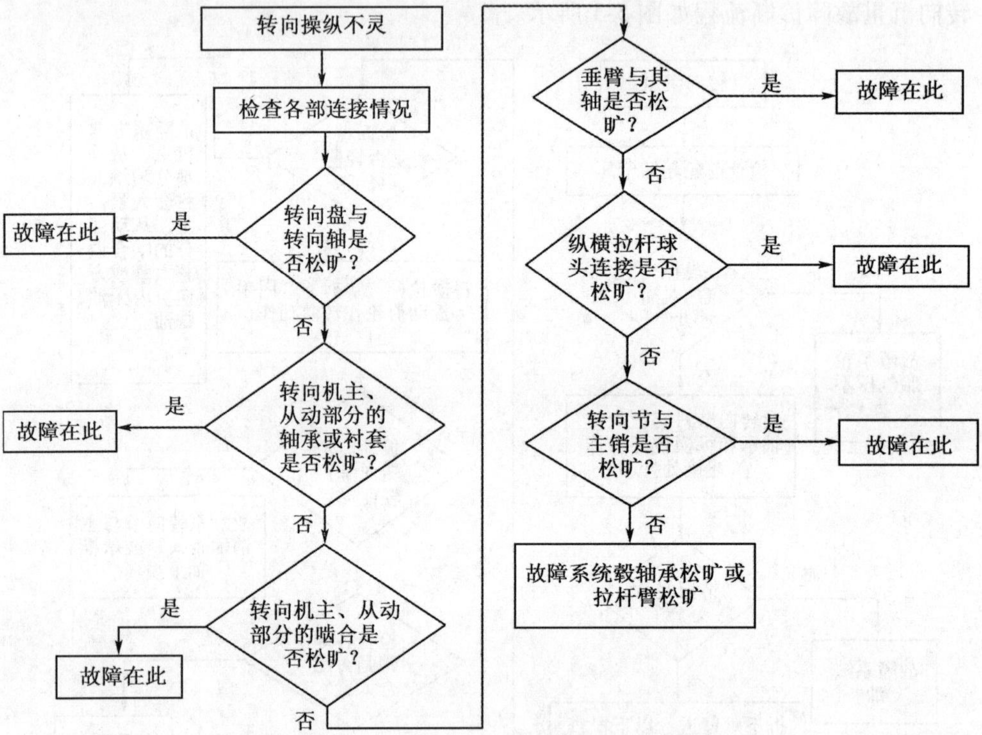

图 5-4 转向操纵不灵故障诊断流程

(3) 转向不自回

转向不回位是转向沉重的一种特殊故障现象，它使驾驶员精神高度紧张，易出现操作疲劳，操控精度下降，从而易导致事故的发生，应当对这种故障及时排除。

① 故障现象。

汽车在行驶过程中，转向后不能自动回复直行状态。

② 故障原因。

其一，轮胎气压不足。

其二，车轮定位不准确。

其三，转向柱发卡。

其四，转向器调整不当，零件损坏发卡。

其五，转向系统润滑油不足。

③ 故障诊断与排除。

转向不自回是转向沉重故障的一种特殊现象，这类故障一般不太容易出现。一旦出现，可以按排除转向沉重故障的方法，先解决由于机械零件发卡和缺油导致的转向系统在转向后不容易自回的问题，在确定机械部分没有问题后把重点放在对转向定位的检查上。在实践中，转向不自回故障出现后，在对前轮定位参数的检测中，一般先检查前束，再检查主销后倾角。如果这两个参数不符合要求，则对其进行调整。

5.2.2.2 液力助力转向系统故障诊断

(1) 转向沉重

① 故障现象。

其一，汽车在行驶中，驾驶员左右转动方向盘时感到沉重费力，没有回正感。

其二，汽车低速行驶或调头时，转动方向盘感到沉重费力，严重时甚至打不动方向。

② 故障原因。

转向沉重故障一般由液压转向助力系统失效、助力不足、机械传动机构损坏或调整不当引起，具体原因如下。

其一，转向油罐的油液量不足或规格不对。

其二，油路堵塞或不畅。

其三，油路中有泄漏现象。

其四，油路中有空气。

其五，转向泵传动带损坏或打滑。

其六，调节阀失效，使输出压力过低。

其七，转向机构调整不当。

③ 故障诊断方法。

液力助力式转向系统转向沉重故障诊断流程如图 5-5 所示。

(2) 转向噪声

① 故障现象。

汽车转向时，转向系统出现过大噪声。

② 故障原因。

其一，转向泵损坏或磨损严重。

其二，转向泵传动带打滑。

其三，控制阀性能不良。

其四，系统中渗入空气。

其五，管道不畅。

③ 故障诊断。

转向时发出“咔嗒”声，在已排除转向泵叶片噪声的情况下，则由转向泵带轮出

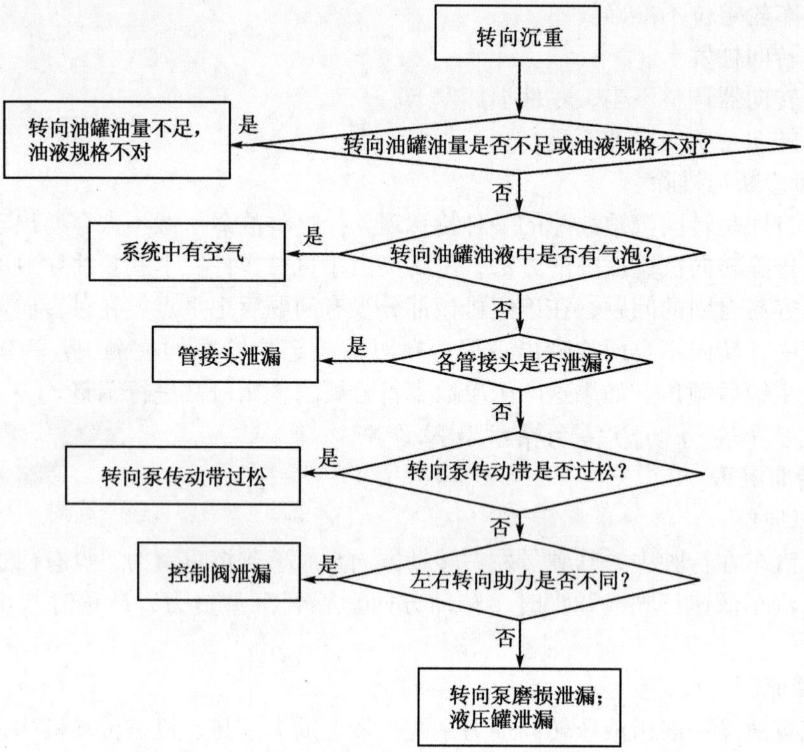

图5-5　液力助力式转向系统助力部分转向沉重故障诊断流程

现松动引起。

转向时发出“嘎嘎”声，由转向泵传动带打滑引起。

转向时转向泵发出“咯咯”声，是由于系统中有空气；发出“咝咝”声，且系统无泄漏，转向泵传动带松紧度合适，则是由油路不畅或控制阀性能不足引起。

在进行故障诊断时，要根据故障现象，分析可能的原因和部位，制订并填写诊断检测计划表（见表5-2），逐步进行排查。

表5-2　诊断检测计划表

序号	可能原因	项目检查	检查方法	检查结果	正常值	结果判定
1						
2						
3						
4						
5						
6						
7						
班组长意见						

5.3　转向系统故障维修

根据上面的诊断检测结果，确定故障部位，制订、填写维修计划表（见表 5-3），并实施维修。

表 5-3　维修计划表

故障部位（零部件）	故障原因	修复方法

5.3.1　转向盘自由行程的检查

如图 5-6 所示，将车辆放在水平、干燥的水泥路面上，并让车轮处于直行位置，在车轮不动的条件下，来回轻轻转动方向盘，同时用游标卡尺 1 检查转向盘 2 的转动量，转向盘 2 的自由行程量应不大于 20mm。若超过 20mm，可能是有的螺栓（螺母）松动或转向万向节、转向横拉杆球头销有故障。

另一种检查方法是：车停于直行状态，用手指的力量左右转动转向盘，测量车轮没有转动情况下的转向盘行程，自由行程一般新车在 10°～15°，在用车在 15°～30°。

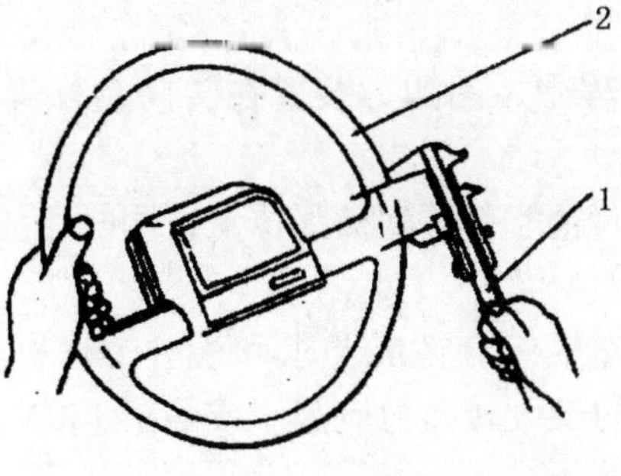

图 5-6　检查方向盘自由行程
1—游标卡尺；2—转向盘

5.3.2 转向盘转向力的检测

转向力的检测可按转向轻便性试验方法进行，一般有原地转向力试验、低速大转角（8字行驶）转向力试验、弯道转向力试验等。目前，在实际检测中应用广泛的有原地检测和路试检测两种。

5.3.2.1 原地检测

① 按照转向参数测量仪（如图5-7所示）使用说明书要求，将测量仪正确地安装到被测汽车的转向盘上。

图5-7 ZL－A型转向参数测量仪

② 将汽车转向轮置于带有刻度的转盘上，接通仪器电源。

③ 按下“力测”按钮，按照检车标准缓慢转动转向盘，使转向轮达到原厂规定的最大转角。

④ 在转向轮转动的全过程中，用测力装置在转向盘外缘测得的最大数值即车轮原地转动的转向盘转向力。

检测过程中，应注意转向轮能否转到极限位置，同时还应观察其转动是否会与其他部件发生干涉现象。

GB 18565—2001《营运车辆综合性能要求和检验方法》中规定，营运车辆使用该法的检测标准：转动转向盘的最大转向力应小于或等于120N。

5.3.2.2 路试检测

将ZL－A型转向参数测量仪按要求正确地安装到被测转向盘上，汽车在平坦、硬实、干燥和清洁的水泥或沥青道路上行驶，以10km/h的速度在5s内沿螺旋线从直线行驶过渡到直径为24m的圆周行驶，测出此过程中施加于转向盘外缘的最大切向力数值，该数值即转向盘转向力。

GB 7258—2004《机动车运行安全技术条件》中规定：转动转向盘的最大转向力应小于或等于245N。

5.3.3 转向助力装置的检查

液压转向助力装置主要由液压泵、液压缸、控制阀等组成。使用中会出现转向力不足、噪声和漏油等故障。维修前需先进行检查，以便判明故障原因及有关部位的技术状况。

5.3.3.1 液压油的检查、更换与排气

液压油减少、进入空气或出现磨料污染，不仅将直接影响动力转向装置的工作性能，还会影响其使用寿命。因此，检查、补充和更换液压油不仅是动力转向装置工作性能检查的前提，而且是一项重要的常规性维护作业。

（1）液压油的检查

① 将车辆停放在平坦的地面上，使前轮处于直行位置。

② 启动发动机，并使其达到正常的工作温度。

③ 使发动机怠速运转大约2min，左、右打几次转向盘，使油温达到40℃～80℃，关闭发动机。

④ 观察油罐的液面，此时液面应处于“MAX”（上限）与“MIN”（下限）之间，液面低于“MIN”时，应加至“MAX”。

（2）液压油的更换与排气

除发现液压油油质变化时须更换外，还应定期（一般二年）更换。

5.3.3.2 转向油泵皮带张紧力的检查和调整

（1）检查

方法一：汽车停在干燥路面上，运转发动机使油液上升到正常温度，左右转动转向盘，此时驱动皮带负荷最大，如果皮带打滑，说明皮带紧度不够或油泵内有机械损伤。

方法二：关闭发动机，用手以约100N的力从皮带的中间位置按下，皮带有约10mm挠度为合适，否则必须调整。

方法三：用皮带张紧度测量仪检查，如图5-8所示。

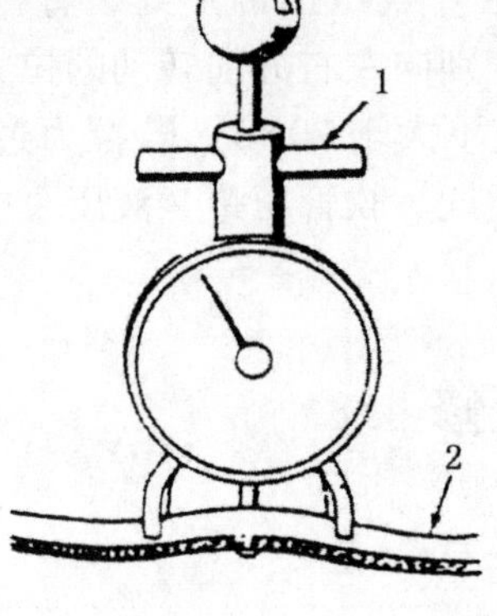

图5-8 皮带张紧力的仪器检查

1—测试仪；2—v皮带

（2）调整

① 松开转向油泵支架上的后固定螺栓，如图 5-9 所示。

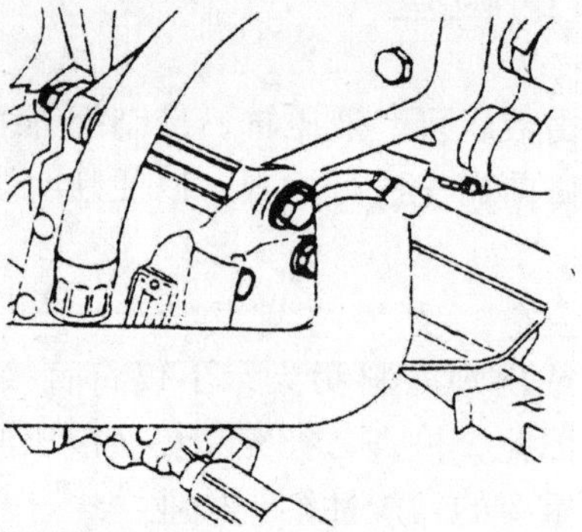

图 5-9 松开后固定螺栓

② 松开专用螺栓的螺母，如图 5-10 所示。

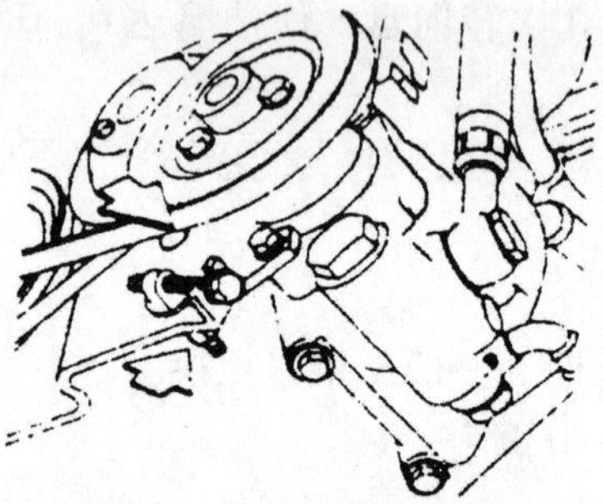

图 5-10 松开专用螺栓的螺母

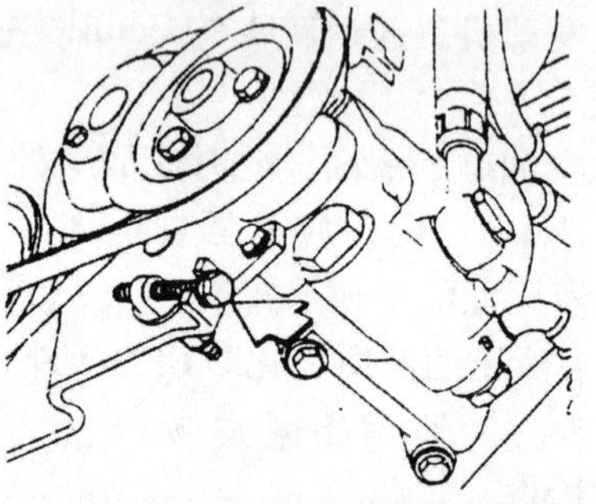

图 5-11 张紧 V 形带

③ 通过张紧螺栓把 V 形带绷紧，如图 5-11 所示。压在 V 形带中间处，V 形带有 10mm 挠度为合适。

④ 拧紧专用螺栓的螺母。拧紧转向油泵支架上的固定螺栓。

5.3.3.3 转向盘动力的检查

汽车停在平坦地面上，两轮（气压正常）处于直行位置，使发动机怠速运转，用弹簧秤检查转向盘从居中位置分别向左右方向转动的拉力应不大于规定值（轻型汽车一般应不大于 40N，重型车一般应不大于 70N）。若拉力过大，可能是液压泵 V 形带松弛或损伤、油量不足、油液中有空气、软管压瘪、液压泵或限压阀故障引起油压不足，或控制阀、动力缸有泄漏等。

5.3.4 动力转向系的检修

5.3.4.1 转向柱的拆装与检查

（1）转向柱的拆卸

转向柱上装有一套组合开关，包括点火开关、前风窗刮水及清洗开关。转向灯开关及远近光变光开关，因此在拆卸前必须将蓄电池电源线断开，转向指示灯开关放在中间位置，并使车轮处在直线行驶位置，然后按下列拆卸步骤进行。

① 向下按橡皮边缘，撬出盖板。

② 取下喇叭盖，拆卸喇叭按钮及有关接线。

③ 拆下转向盘紧固螺母，取下转向盘。

④ 拆下组合开关上的三个平口螺栓，取下开关。

⑤ 拆下阻风门控制把手手柄上的销子，然后旋下手柄、环形螺母，取下开关。

⑥ 拆下转向柱套管的两个螺钉，拆下套管。

⑦ 将转向柱上段往下压，使上段端部法兰上的两个驱动销脱离转向柱下端，取出转向柱上段。

⑧ 取下转向柱橡胶圈，松开夹紧箍的紧固螺栓，拆下转向柱下段。

⑨ 用水泵钳旋转卸下弹簧垫圈，卸下左边的内六角螺栓，旋出右边的开口螺栓，拆下转向盘锁套。

（2）转向柱的检查

检查转向柱有无弯曲、安全联轴节有无磨损或损坏、弹簧弹性是否失效，如有则应修理或更换新件。

（3）转向柱的安装

安装应基本按与拆卸的相反顺序进行，但同时应注意以下几点。

① 转向柱与凸缘管应一起安装，并用水泵钳连接起来。

② 应将凸缘管推至转向机构主动齿轮上，夹紧箍圈口应向外，注意不可用手掰开夹箍。

③ 转向柱管的断开螺栓装配时，应将螺栓拧紧至螺栓头断开为止，然后拧紧圆柱螺栓。

④ 车轮应处于直线行驶位置，转向灯开关应处在中间位置，才可装转向盘；否则在安装转向盘时，当分离爪齿通过接触环上的簧片时有可能造成损坏。

⑤ 应更换所有的自锁螺母和螺栓，转向支柱如有损坏，不能焊接修理。

5.3.4.2　动力转向器的拆卸和安装

（1）动力转向器的拆卸

① 吊起车辆。排放转向液压油（ATF 润滑油）。

② 拆下固定横拉杆的螺母，如图 5-12 所示。

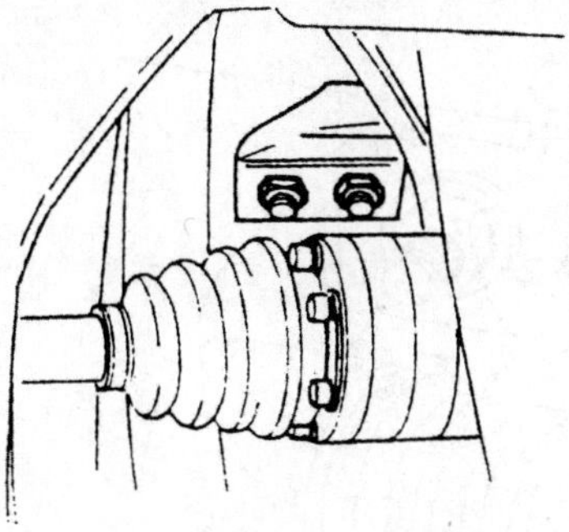

图 5-12　拆卸横拉杆固定螺母

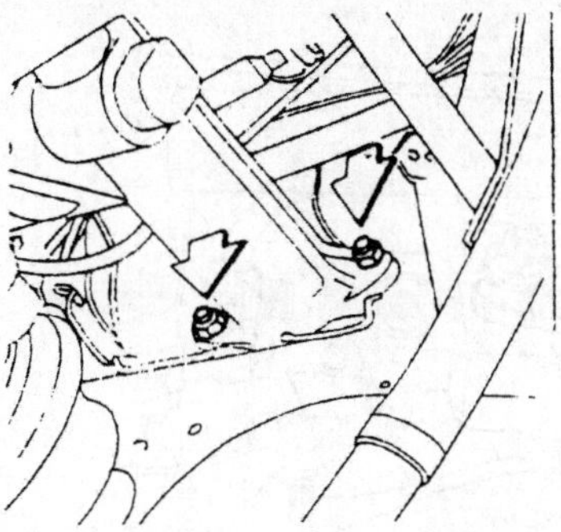

图 5-13　拆卸左前轮罩处的转向器固定螺栓

③ 拆卸左前轮罩处的转向器固定螺栓，如图 5-13 所示。

④ 松开在转向控制阀外壳上的高压油管，如图 5-14 所示。

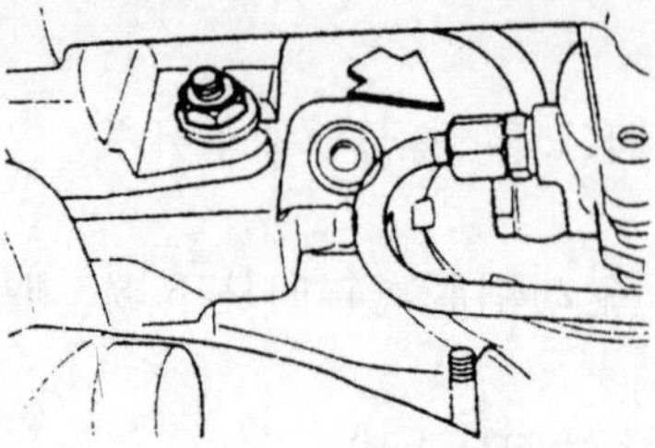

图 5-14　松开高压油管

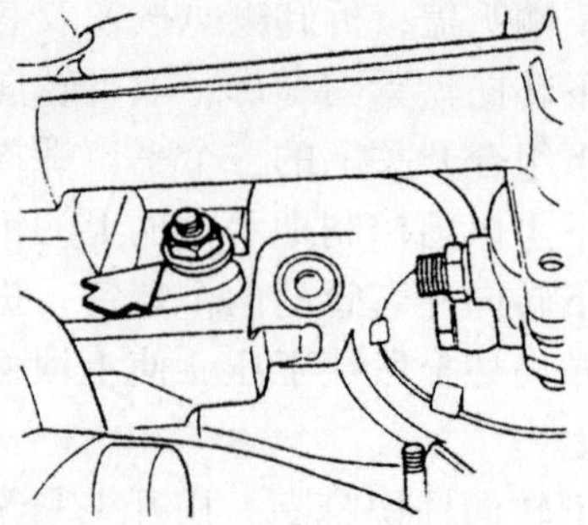

图 5-15　拆卸后横板上固定转向器的左边自锁螺母

⑤ 拆卸后横板上固定转向器的左边自锁螺母，如图 5-15 所示。

⑥ 把车辆放下。拆卸紧固齿条与转向横拉杆的螺栓，如图 5-16 所示。

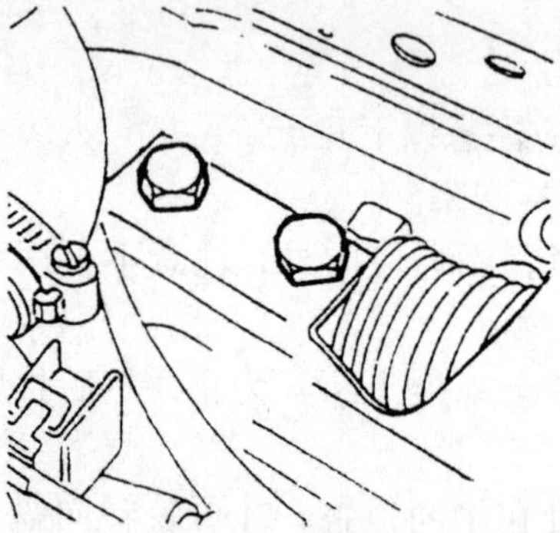

图 5-16　拆卸紧固齿条与转向横拉杆的螺栓

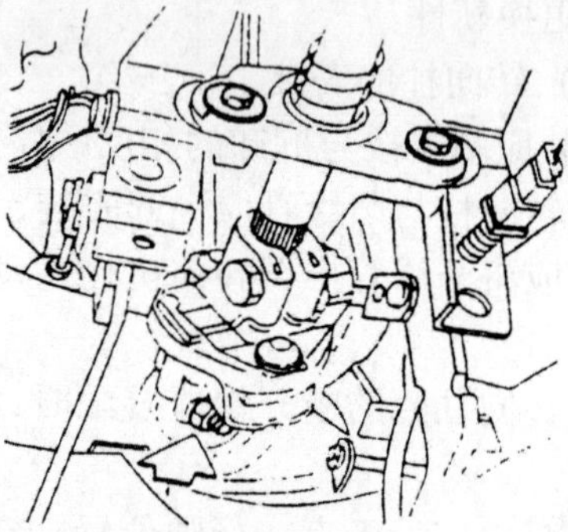

图 5-17　拆卸紧固转向小齿轮与下轴的螺栓

⑦ 拆卸仪表板侧边下盖、通风管和踏板盖。

⑧ 拆卸紧固转向小齿轮与下轴的螺栓（如图 5-17 所示），并使各轴分开。

⑨ 拆卸防尘套。从汽车内部拆卸固定转向控制阀外壳上回油软管的泄放螺栓，如图 5-18 所示。

⑩ 拆卸后横板上转向器的固定自锁螺母，如图 5-19 所示。

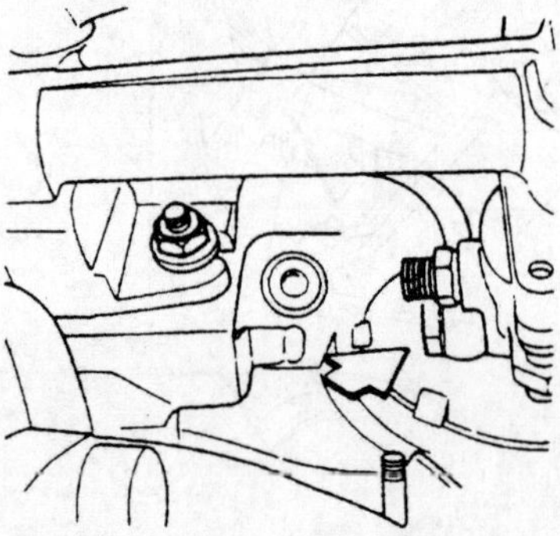

图 5-18　拆卸泄放螺栓

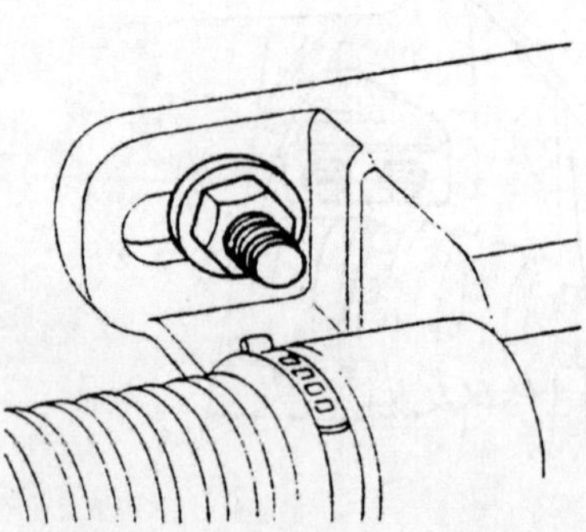

图 5-19　拆卸后横板上转向器的固定自锁螺母

⑪ 拆下转向器。

（2）动力转向器的安装

安装时应注意：油泵上和在转向控制阀上固定泄放螺栓的密封环只要被拆卸，就应该更换。

① 安装后横板的转向器，安装自锁螺母但不必完全拧紧。

② 吊起车辆。

③ 在转向油泵上安装高压和回油软管，用40N·m的力矩拧紧螺栓，并使用新的密封圈；安装在左前轮罩上的转向器固定螺栓，用20N·m的力矩拧紧螺母；安装在后横板上的转向器固定自锁螺母，用40N·m的力矩拧紧螺母；把高压管固定在转向控制阀外壳上。

④ 把车辆放下。

⑤ 用40N·m的力矩拧紧在后横板上的转向器固定螺母；安装横拉杆支架固定螺栓，用45N·m的力矩拧紧；从车辆内部把回油软管安装在转向控制阀外壳上；安装保护网（防尘套）；连接下轴，安装固定螺栓并用25N·m的力矩拧紧；安装踏板盖、通风管和仪表板盖。

⑥ 吊起车辆。

⑦ 安装固定横拉杆支架的自锁螺母，并用45N·m的力矩拧紧。

⑧ 把车辆放下。

⑨ 向储油罐内注入ATF油，直到达到标有“MAX”处。决不要使用已排出的ATF油。

⑩ 吊起车辆。在发动机停止的情况下转动转向盘数次，以便把系统中存在的空气排出，并补充ATF油，使之达到标有“MAX”处。

⑪ 启动发动机，完全向左和右转动转向盘，观察油面高度，一直操作到油面稳定在标有“MAX”处为止。

5.3.4.3　转向器齿轮密封圈的更换

① 拆卸转向器。把转向器固定在台虎钳上，并拆卸弯曲棒的锁销，如图5-20所示。

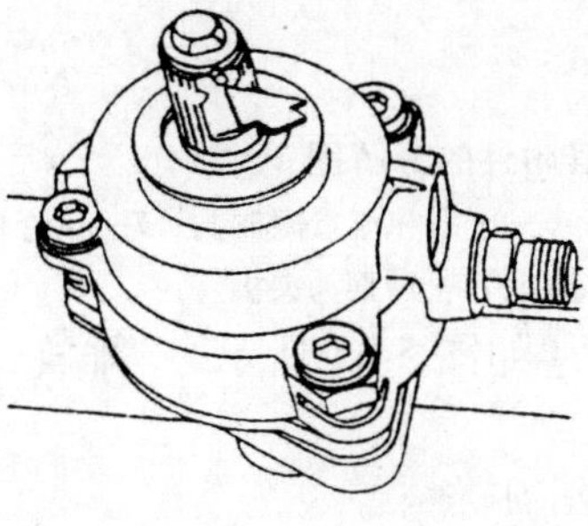

图5-20　拆卸弯曲棒的锁销

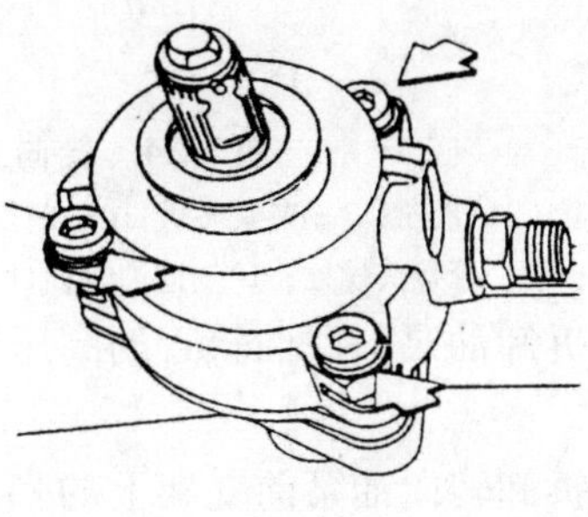

图5-21　拆卸转向控制阀

② 拆卸转向控制阀总成，如图5-21所示。

③ 拆卸转向控制阀外壳的密封圈，如图5-22所示。

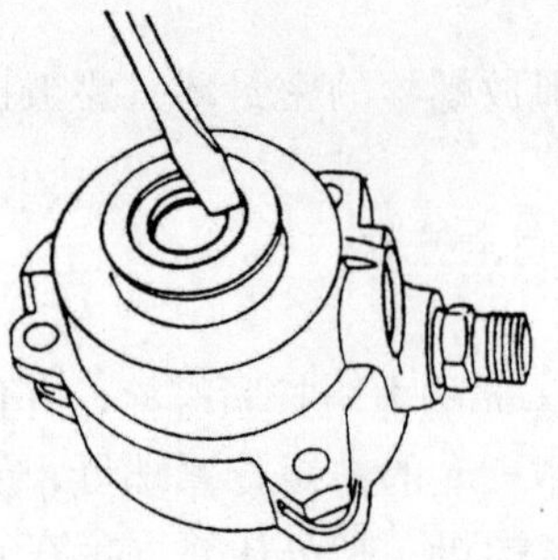

图 5-22　拆卸密封圈

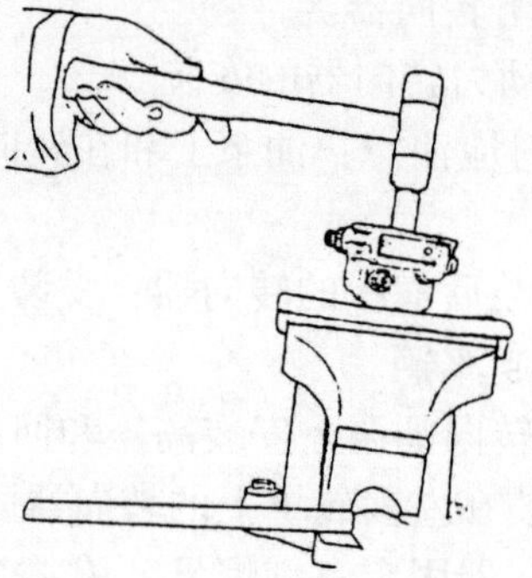

图 5-23　安装密封圈

④ 使用专用工具 VW065 和塑料铆头，把新的密封圈安装在转向控制阀外壳上，如图 5-23 所示。

5.3.4.4　转向油泵的更换

转向油泵的分解如图 5-24 所示，拆卸和安装转向油泵时均可参照此图进行。

（1）转向油泵的拆卸

① 吊起车辆。

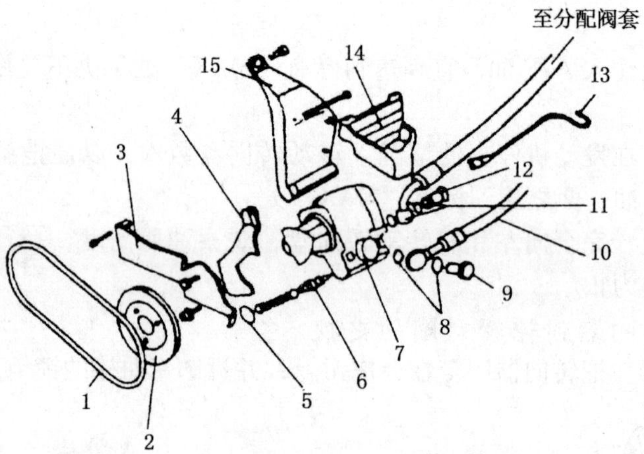

图 5-24　转向油泵（叶轮泵）及其附件的分解图

1—V 形带；2—带轮；3—夹紧夹板；4—前摆动夹板；5—密封环；6—压力和流量限制阀；7—叶轮泵；8—密封环；9，12—管接头螺栓；10—进油管；11—密封环；13，15—支架；14—后摆动夹板

② 拆卸油泵上回油软管的高压软管的泄放螺栓（如图 5-25 所示），排放 ATF 润滑油。

③ 拆卸转向油泵前支架上的张紧螺栓，如图 5-26 所示。

④ 拆卸转向油泵后支架上的固定螺栓，如图 5-27 所示。

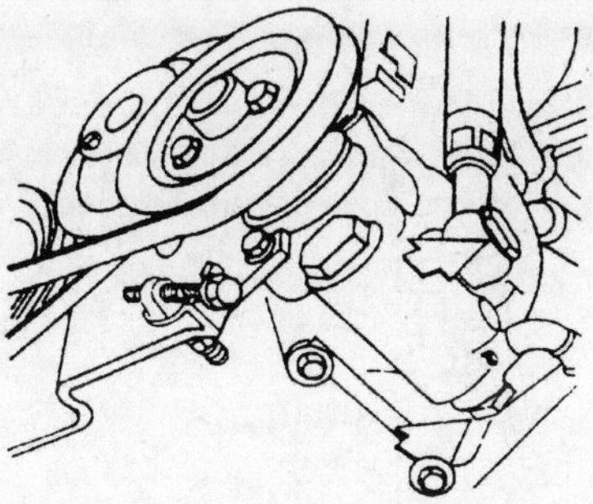

图 5-25　拆卸泄放螺栓

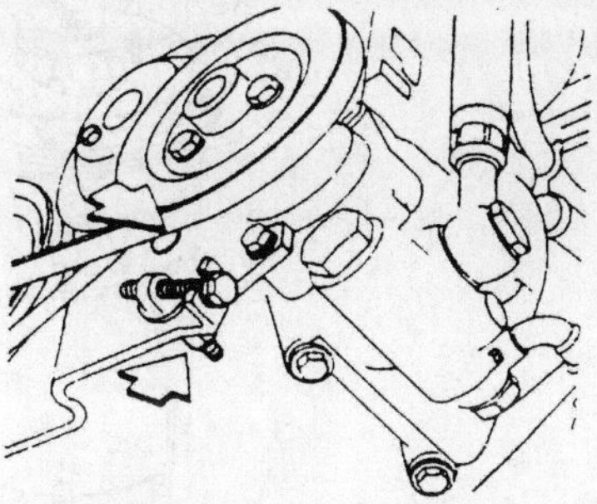

图 5-26　拆卸转向油泵前支架上的张紧螺栓

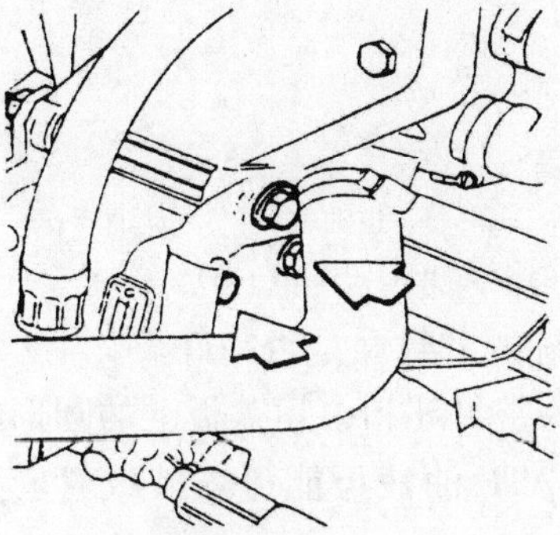

图 5-27　拆卸转向油泵后支架上的固定螺栓

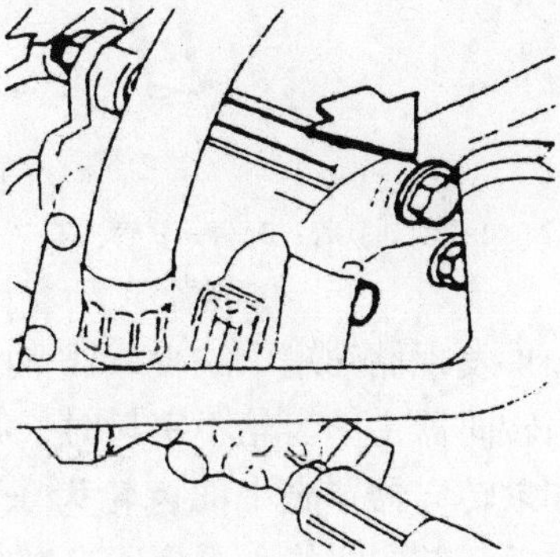

图 5-28　松开转向油泵中心支架上的螺栓

⑤ 松开转向油泵中心支架上的固定螺母和螺栓，如图 5-28 所示。

⑥ 把转向油泵固定在台虎钳上，拆卸滑轮和中间支架。

（2）转向油泵的安装

转向油泵的安装顺序与拆卸顺序相反。转向油泵安装完毕后应调整转向油泵 V 形带的张紧度，并加注 ATF 油液。

5.3.5　储油罐的拆卸

松开储油罐的安装支架螺栓和储油罐进油、回油软管夹箍，从车上拆下储油罐，如图 5-29 所示。

5.3.6　转向系统的检查

5.3.6.1　检查系统密封性

转向系统密封性的检查应在热车时进行。

将转向盘快速朝左、右两侧转至极限位置，并保持不动，此时可产生最佳管内压力。目测检查转向控制阀、齿条密封（松开波纹管软管夹箍，再将波纹管推至一旁）、叶轮泵、油管接头是否有漏油现象，如有渗漏应更换密封件。

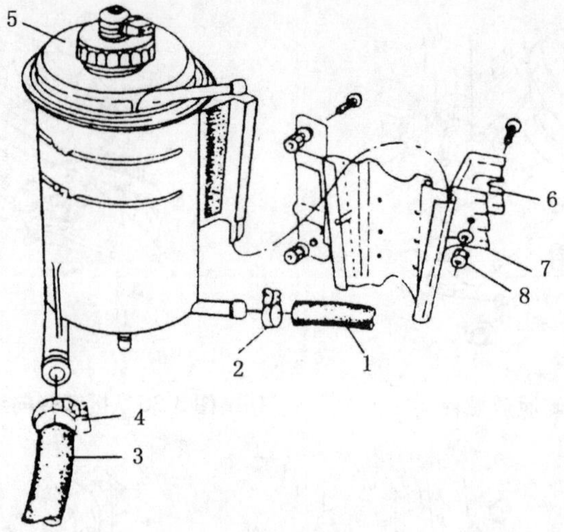

图 5-29 拆卸储油罐

1—回油软管；2，4—软管夹箍（拧紧力矩 1.0～1.5N·m）；3—进油软管；5—储油罐；6—储油罐支架；7—垫片；8—六角螺母 M6（拧紧力矩 6.0±3N·m）

如果发现储油罐中缺少 ATF 油，应检查转向系统的密封性是否完好。

当转向器主动齿轮不密封时，必须更换阀体中的密封环和中间盖板上的圆形绳环。

如果转向器罩壳中的齿轮齿条密封件不密封，ATF 油液可能流入波纹管套里，此时，应拆开转向机构，更换所有密封环。

如油管接头漏油，应查找原因并重新接好。

5.3.6.2 检查转向油泵压力

① 将压力表装到连接管阀体和弹性软管之间的压力管中。

② 启动发动机，如果需要，向储油罐补充 ATF 油。

③ 快速关闭截止阀（关闭时间不超过 5min），并读出压力数，表压额定值为 6.8～8.2MPa。

如果没有达到额定数值，就应检查压力和流量限制阀是否完好。如不正常应更换压力和流量限制阀，或更换叶轮泵。

5.3.6.3 检查系统压力

当发动机怠速工作时，打开压力表节流阀，使转向盘向左或右旋转至极限位置，同时读出压力表上的压力值。表压额定值为 6.8～8.2MPa。

对于液力助力式的转向系统，整体式转向器的可靠性比较高，一般不需要拆检修理，但需掌握其拆装方法，拆装是在确认这方面存在故障时进行的。在检查时一般注意以下几点。

① 重点检查限压阀、流量限制阀及转向泵叶轮磨损的情况，对于严重磨损的机件要及时予以更换。

② 密封衬垫之类的密封件一旦被拆下，应全部更换。

③ 在外的橡胶防护套不应该有损坏的情况。

④ 助力系统的供油压力应该符合使用要求。

5.3.7　检验

确认计划的维修项目全部实施完成之后进行试车，验证前面的推断是否正确，检查故障是否完全排除，并对维修质量进行评价。

5.3.8　考核与评估

转向系统故障检修考核要点与评分标准，见表 2-7。

第 6 章　行驶系统故障与维修

【任务描述】一辆桑塔纳 2000 轿车行驶 60000km，车主述说近期发现车子跑高速发抖，要求进行维修。

6.1　行驶系统概述

汽车行驶系统由车架、车桥、车轮和悬架组成。其基本结构示意图如图 6-1 所示。

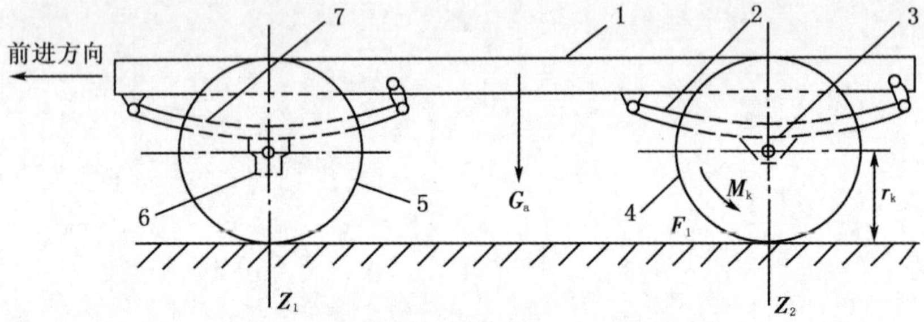

图 6-1　汽车行驶系统基本结构示意图

1—车架；2—后悬架；3—驱动桥；4—后轮；5—前轮；6—从动桥；7—前悬架

车轮支承着车桥，车桥又通过弹性悬架与车架相连接。

车架是整个汽车的基体，它将汽车的各个相关总成连接成一个整体，构成汽车的装配基础。其作用是将汽车构成一个整体，支承汽车的总质量；将传动系统传来的转矩转化为汽车行驶的驱动力；承受并传递路面对车轮的各种反力及力矩；减振缓冲，保证汽车平顺行驶；与转向系配合，正确控制汽车的行驶方向。

现代汽车独立悬挂系统基本结构如图 6-2 及图 6-3 所示。

汽车在使用过程中，对行驶系统的主要要求有以下几点。

① 接受由发动机经传动系传来的转矩，并通过驱动轮与路面附着作用转化为汽车行驶的驱动力。

② 将全车各部件连成一个整体，支承汽车的总质量。

③ 传递并承受路面作用于车轮上的各种力及其力矩。

④ 缓和不平路面对车身造成的冲击和振动，保证汽车平稳行驶。

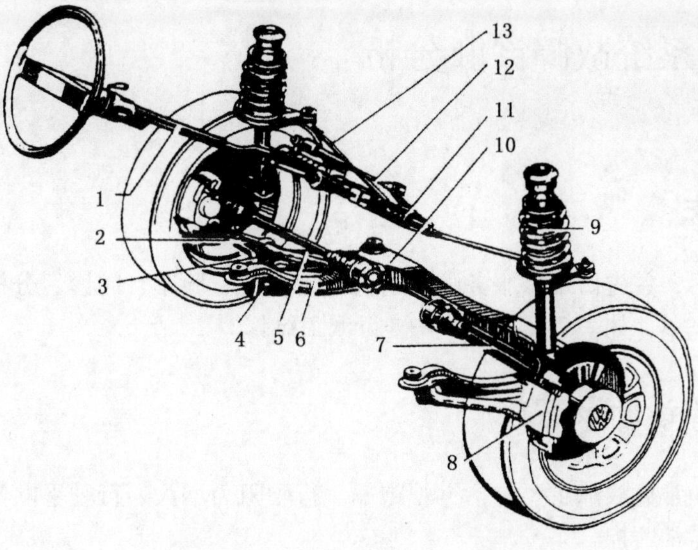

图 6-2　前桥与前悬架基本结构图

1—安全转向柱；2—车轮与下摇臂的连接螺栓；3—下摇管；4—下摇臂橡胶轴承；5—稳定杆；6—副车架；7—传动轴（半轴）；8—前轮制动钳；9—减振支柱；10—副车架前橡胶支承；11—动力转向装置；12—转向减振器；13—横拉杆（可调整）

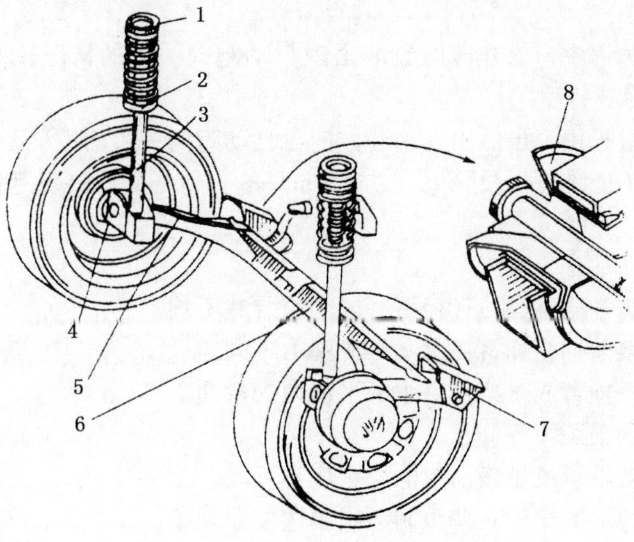

图 6-3　后桥和后悬架结构示意图

1—支承杆座；2—减振支柱；3—减振器；4—轮毂短轴；5—悬架臂；6—横梁；7—带金属橡胶支承的支承座；8—金属橡胶支承

6.2 行驶系统故障诊断分析

6.2.1 接车

车辆到店后，首先由维修服务顾问进行前台接待、验车、问诊、分析判断，填写汽车维修服务接车单，如表 2-3 所示，并进行派工维修。

6.2.2 故障诊断及实施

行驶系统的常见故障主要包括行驶跑偏、行驶阻力增大、行驶平顺性不良、车身横向倾斜、轮胎异常磨损。

6.2.2.1 行驶跑偏

（1）故障现象

汽车行驶跑偏是指汽车行驶中在不踩制动的情况下，方向自动跑向一边（所以维修中也称为自动跑偏），必须用力把住转向盘才能保持直线行驶。汽车的行驶跑偏一般有三种表现形式。

① 汽车行驶过程中，松开转向盘即出现自动跑向一边的情况，驾驶员不能握住方向盘（维修中称为“打手”）。

② 汽车行驶过程中，虽然出现松开方向盘自动跑向一边的情况，但能握住方向盘。

③ 汽车行驶中能维持一段距离（约 150m）的直行，之后出现跑偏的现象，这是一种特殊情况。

（2）故障主要原因

① 两前轮轮胎气压不等、直径不一或车箱装载不均。

② 左右两悬架前钢板弹簧挠度不等或弹力不同。

③ 前梁、后桥轴管或车架发生水平平面内的弯曲。

④ 车架两边的轴距不等。

⑤ 两前轮轮毂轴承或轮毂油封的松紧度不一。

⑥ 前、后桥两端的车轮有单边制动或单边拖滞现象。

⑦ 两前轮外倾角、主销后倾角或主销内倾角不等。

⑧ 前束太大或负前束。

⑨ 路面拱度较大或有侧向风。

（3）故障诊断

汽车行驶跑偏可按图 6-4 所示的自动跑偏故障诊断流程进行诊断。

6.2.2.2 行驶阻力增大

（1）故障现象

汽车在行驶过程中，即使将加速踏板踩到底，汽车驱动力也不足，出现加速不良，

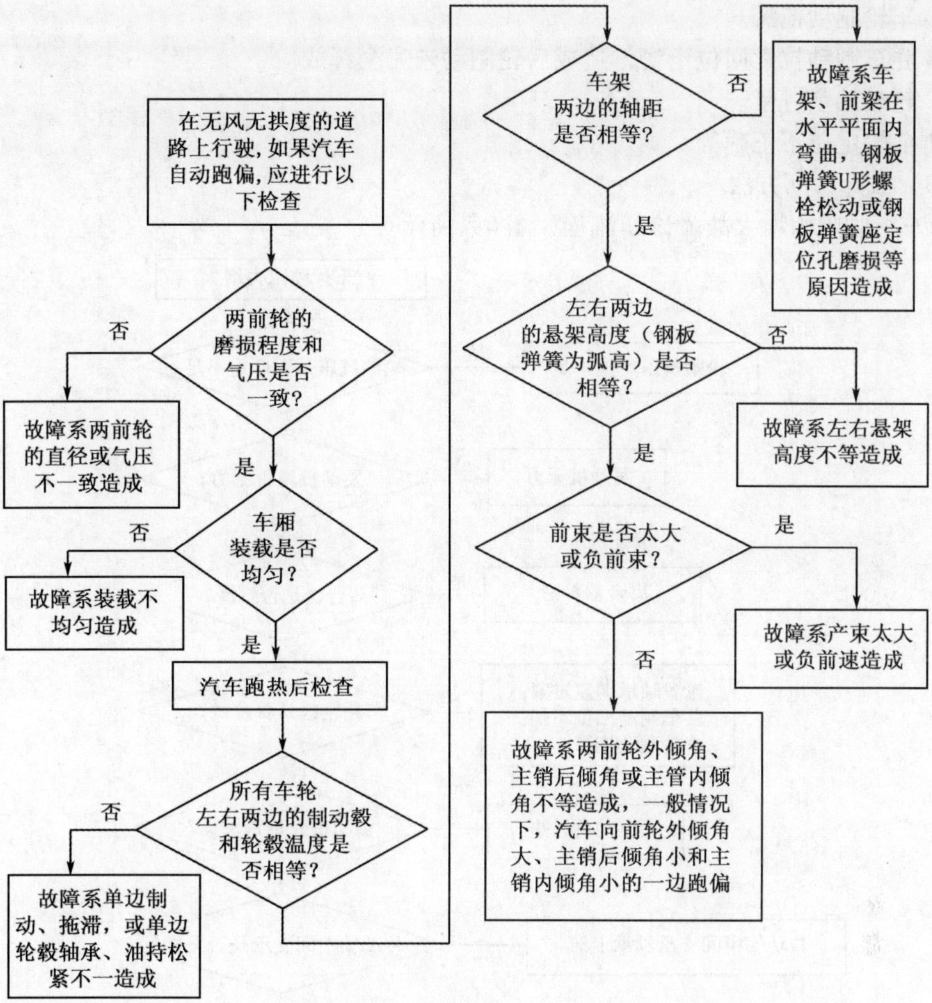

图 6-4　汽车自动跑偏故障诊断流程

爬坡无力等现象。

（2）故障主要原因

造成汽车行驶无力的根本原因是发动机无力，传动系统传动效率低，车轮受到的阻力过大。

具体原因主要如下。

① 发动机本身动力不足。

② 离合器出现打滑的情况。

③ 变速器缺油或润滑油变质。

④ 变速器齿轮啮合间隙过小。

⑤ 万向传动装置中间支承轴承缺油、锈蚀，甚至失效。

⑥ 主减速器、差速器或半轴的传动齿轮（花键）啮合间隙过小。

⑦ 驱动桥缺油或润滑油变质。

⑧ 轮胎气压严重不足。

⑨ 车轮制动拖滞。

⑩ 驻车制动拉索回位不畅，造成后轮制动未完全释放。

⑪ 轮毂轴承过紧。

⑫ 前轮定位不正确等。

(3) 故障诊断方法

汽车行驶阻力增大故障诊断流程如图 6-5 所示。

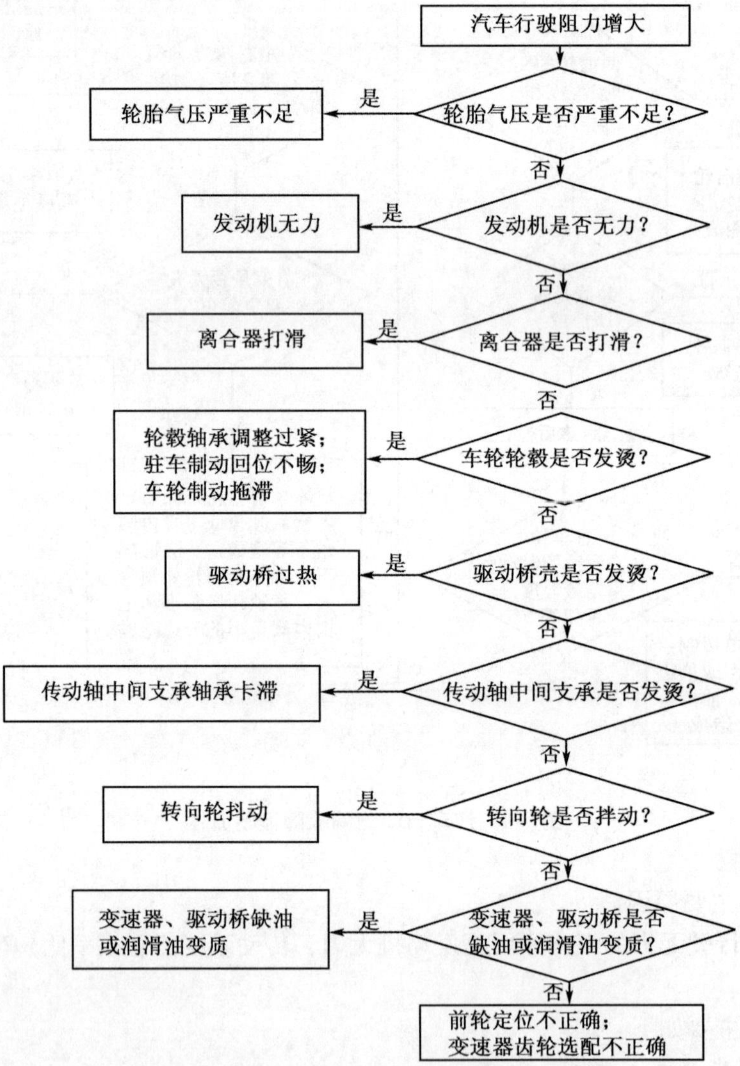

图 6-5　汽车行驶阻力增大故障诊断流程

6.2.2.3　行驶平顺性不良

(1) 故障现象

汽车行驶时出现振动，加速时出现窜动，驾乘人员感觉很不舒服。

(2) 故障原因

① 前稳定杆卡座松旷或橡胶支承损坏。

② 车轮动平衡超标。

③ 减振器或缓冲块失效。
④ 传动轴动不平衡。
⑤ 钢板弹簧支架衬套磨损松旷。
⑥ 车轮轴承松旷或转向横拉杆球头松旷。
⑦ 钢板弹簧 U 型螺栓滑牙或松动。
⑧ 发动机横梁和下摆臂的固定螺栓或衬套松旷。
⑨ 半轴内万向节磨损松旷。
⑩ 轮胎气压过高，磨损不均。
（3）故障诊断方法
汽车行驶平顺性不良故障诊断流程如图 6-6 所示。

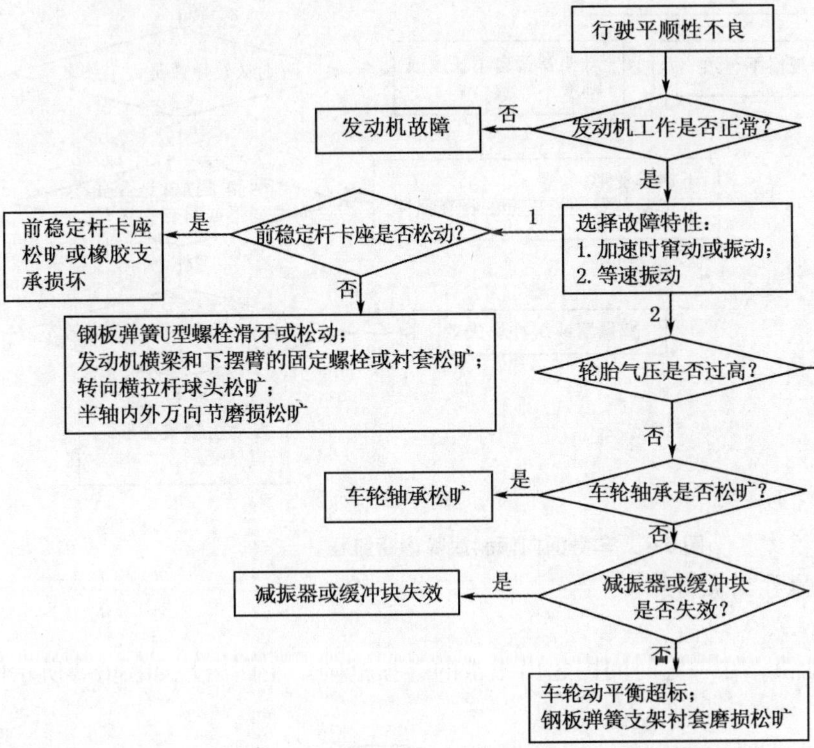

图 6-6　汽车行驶平顺不良故障诊断流程

6.2.2.4　车身横向倾斜

（1）故障现象
汽车车身左高右低或左低右高，出现倾斜。
（2）故障原因
① 左右轮胎气压不一致。
② 左右轮胎规格不一致。
③ 悬架弹簧自由长度或刚度不一致。
④ 下摆臂变形。
⑤ 发动机横梁和下摆臂的固定螺栓或衬套松旷。

⑥ 减振器或缓冲块损坏。

⑦ 发动机横梁变形。

⑧ 车身变形。

(3) 故障诊断方法

车身横向倾斜故障诊断流程如图 6-7 所示。

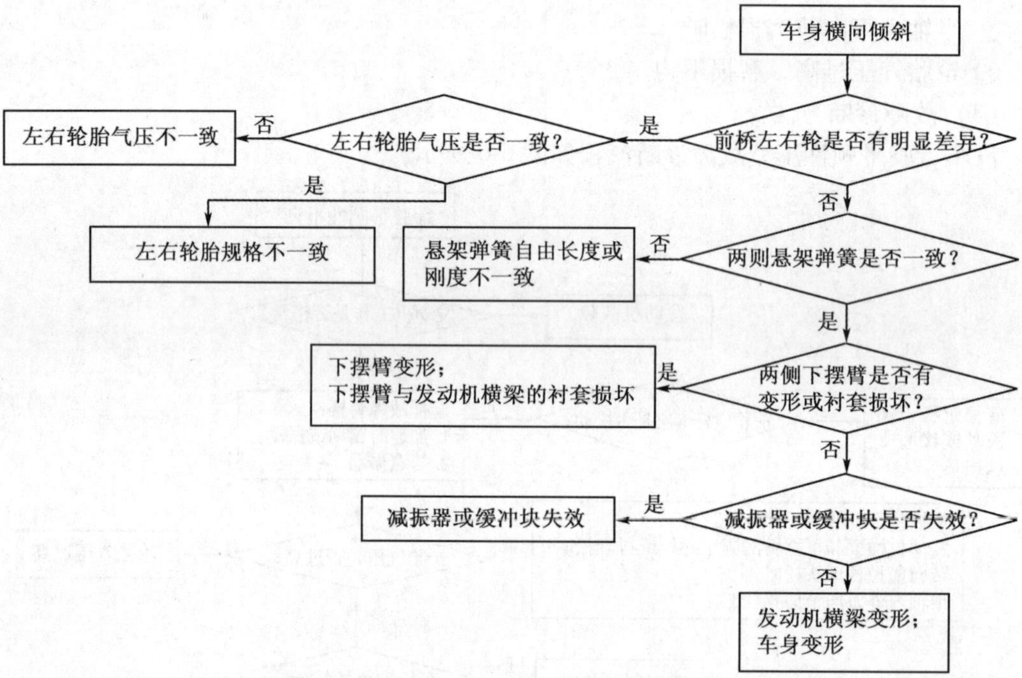

图 6-7 车身横向倾斜故障诊断流程

6.2.2.5 轮胎异常磨损

(1) 故障现象

轮胎磨损速度加快，在一定时间内超出正常的磨损范围。胎面出现如图 6-8 所示的不正常磨损形状。

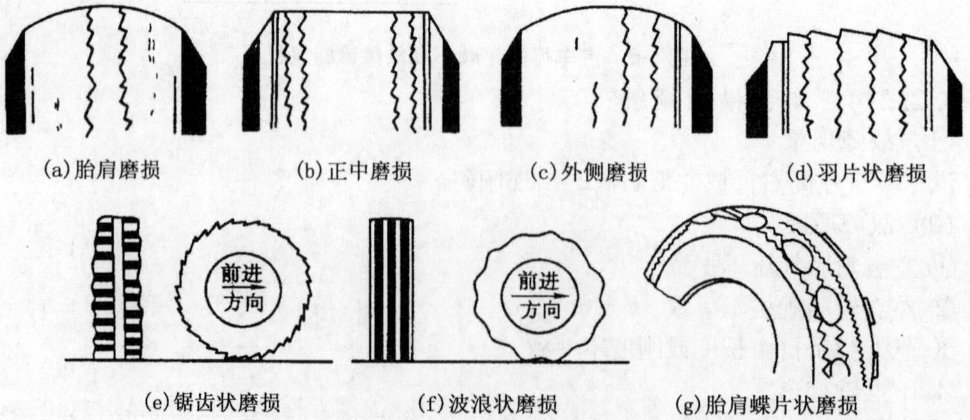

图 6-8 轮胎异常磨损不同的磨损形状示意图

（2）故障原因及处理方法

① 轮胎气压不符合要求，轮胎质量不佳或车轮螺栓松动，应按规定充气，更换轮胎或紧固车轮螺栓。

② 轮胎长期未换位或汽车经常行驶在拱度较大的路面上，应及时进行轮胎换位（一般行驶 10000km 应换位，并进行动平衡校正）。

③ 前轮定位不正确或前轮旋转质量不平衡，应校正前轮定位和车轮平衡。

④ 纵横拉杆、轮毂轴承松旷或转向节与主销松旷，应予修理或更换。

⑤ 钢板弹簧 U 型螺栓松旷或钢板弹簧衬套与销松旷，应予紧固或更换。

⑥ 经常超载、偏载、起步过急、高速转弯或制动过猛，应注意正确的驾驶方法。

⑦ 转向梯形不能保证各车轮纯滚动，出现过度转向，应予调整。

⑧ 前轴与车架纵向中心线不垂直或车架两边的轴距不等，应予调整。

⑨ 前梁或车架变形，应予整形。

⑩ 前轮放松制动回位慢或制动拖滞，应予排除等。

（3）故障诊断与排除

以桑塔纳乘用车为例，根据轮胎磨损的情况确定故障原因。

① 胎冠两肩磨损与胎壁擦伤，是轮胎气压不足或汽车长期超载引起的。

② 胎冠中部磨损，是轮胎气压过高引起的。

③ 胎冠内（外）侧偏磨损，是车轮外倾角过大（小）引起的。

④ 胎冠两侧成锯齿状磨损，是轮胎换位不及时或汽车经常紧急制动或长期超载引起的。

⑤ 胎冠由外（里）侧向里（外）侧呈锯齿状磨损，是前束过大（小）引起的。

⑥ 胎冠呈波浪状或碟片状磨损，是轮毂轴承松旷或车轮动不平衡引起的。

在进行故障诊断时，要根据故障现象分析可能的原因和部位，制订并填写诊断检测计划表（见表 6-1），逐步进行排查。

表 6-1　　**诊断检测计划表**

序号	可能原因	项目检查	检查方法	检查结果	正常值	结果判定
1						
2						
3						
4						
5						
6						
7						
班组长意见						

6.3　行驶系故障检修

根据上面的诊断检测结果，确定故障部位，制订、填写维修计划表（见表 6-2），并实施维修。

表 6-2　　维修计划表

故障部位（零部件）	故障原因	修复方法

6.3.1 车轮定位的检查和调整

现代汽车，尤其是乘用车，除转向轮进行定位外，后轮也进行定位。四轮定位是为了适应汽车高速行驶状态下的稳定性和舒适性的要求。四轮定位的检测可使用微机四轮定位仪来进行。

6.3.1.1 对被检汽车的要求

① 轮胎气压正常。

② 前后轮胎磨损情况基本一致。

③ 悬架完好，无松旷等现象。

④ 转向系调整适当。

⑤ 汽车前后高度与标准值的差不大于5mm。

⑥ 制动系统工作正常。

6.3.1.2 检测前的准备

① 将汽车开上举升平台，托起四个车轮，把汽车举升0.50m。

② 托起车身适当部位，把汽车举升至车轮能自由转动。

③ 按上述“对被检汽车的要求”中的步骤进行检查调整。

6.3.1.3 检测

① 将传感器支架安装到轮毂上，将传感器（定位校正头）安装到支架上，按说明书的规定调整好。

② 开机进入测试程序，输入被检汽车的车型和生产年份。

③ 使转向盘处于直线行驶位置，并使每个车轮旋转一周，即将轮辋变形的误差输入计算机，完成轮辋变形的补偿。

④ 降下汽车，使车轮落到平台上，把汽车前部和后部向下压动4~5次，进行压力弹跳。

⑤ 用刹车锁压下制动踏板，使汽车处于制动状态。

⑥ 把转向盘左转至计算机发出“OK”声，输入左转角度；然后把转向盘右转至计算机发出“OK”声，输入右转角度。

⑦ 回正转向盘，计算机屏幕上显示出后轮的前束和外倾角数值。

⑧ 使转向盘处于直线行驶位置，用转向盘锁锁住转向盘，使之不能转动。

⑨ 把安装在四个车轮上的定位校正头调到水平线上，计算机屏幕上显示出转向轮的主销后倾角、主销内倾角、前轮外倾角和前束。

⑩ 如果数值不正确，可按微机提示进行调整，并在调整后按上述方法重新检测。

6.3.2　车轮动平衡检测

车轮不平衡的原因主要是：轮辋、轮胎在生产和修理过程中产生精度误差；轮胎材料不均匀；轮胎装配不正确，轮胎螺栓质量不一；平衡块脱落；汽车行驶过程中的偏磨损；使用翻新胎或补胎等。

6.3.2.1　使用离车式动平衡机检测校正车轮动平衡

① 清除车轮上的泥块、石子和旧平衡块。

② 将轮胎气压充至规定值。

③ 根据轮辋中心孔的大小选择锥体或多孔式连接盘，将车轮装上动平衡机，拧紧固定螺母。

④ 测量轮辋宽度 b、轮辋直径 d 和轮辋边缘至机箱的距离 a，将这三个值输入动平衡机。

⑤ 放下车轮防护罩，打开电源开关，按动启动按钮，车轮开始旋转，车轮动平衡机开始采集数据。

⑥ 检测结束后，从指示装置读取车轮不平衡量和不平衡位置。

⑦ 抬起车轮防护罩，用手慢慢转动车轮，当指示装置发出声音或灯光等信号时停止转动。根据显示的平衡块质量，在轮辋内侧或外侧牢固安装平衡块。

⑧ 重新检测动平衡，直到指示装置显示不平衡质量小于5g，或显示“00”“OK”为止。

⑨ 关闭电源开关，放下被测车轮。

6.3.2.2　使用就车式动平衡机检测校正车轮动平衡

可将车轮安装到离车式车轮动平衡机上检测与校正，但需要把车轮拆下。就车式车轮动平衡机可直接在用车上使用，非常方便，而且既可进行动平衡检测，又可进行静平衡检测，校正的部件包括车轮、制动毂（盘）、轮毂轴承等高速旋转体。

（1）检测前的准备工作

图6-9所示为就车式车轮动平衡机组成及检测示意图。

① 检测前，将汽车前部用千斤顶支起。注意保持前轴水平，使两边车轮离地间隙相等。

② 清除被测车轮上的泥土、石子和旧平衡块等。

③ 检查轮胎气压，必要时调整至规定值。

④ 用手转动车轮，检查轮毂轴承是否松旷，必要时调整至规定值。

⑤ 在轮胎外侧任意位置上用白粉笔或白胶布做上记号。

（2）车轮静平衡的检测校正

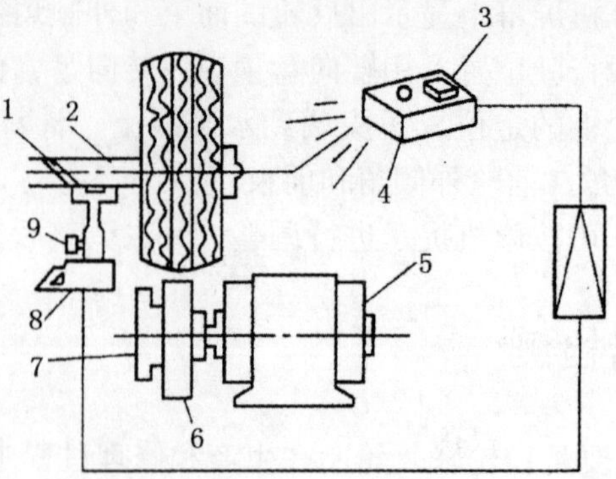

图 6-9 就车式车轮动平衡机组成及检测示意图

1—传感磁头；2—转向节；3—不平衡度表；4—频闪灯；5—电动机；
6—转轮；7—制动器；8—底座；9—可调支架

① 使用三角垫木或其他方法固定另一个前轮和两后轮，将传感磁头吸附到悬架或转向节下，调节可调支杆高度并锁紧。

② 推动车轮动平衡机至车轮侧面或前面（视车轮平衡机形式不同而异），检查频闪灯工作是否正常，检查转轮的旋转方向能否使车轮的转动方向与汽车前进行驶的方向一致。

③ 操纵车轮动平衡机转轮与轮胎接触，启动电动机，带动车轮旋转至规定转速。

④ 观察频闪灯照射下的轮胎标记位置，并从指示装置上读取不平衡量数值（用第一挡显示）。

⑤ 操纵车轮动平衡机上的制动装置，使车轮停止转动。

⑥ 用手转动车轮，使其上的标记仍处在上述观察位置上，此时轮辋的最上部即加装平衡块的位置。

⑦ 按指示装置显示的静不平衡量选择平衡块，牢固地装卡到轮辋边缘上。

⑧ 重新驱动车轮进行复试，这时指示装置用二挡显示。调整平衡块质量和位置，直至符合平衡要求。

（3）车轮动平衡的检测校正

① 将传感磁头吸附在经过擦拭的制动底板边缘平整处，使磁头与车轮旋转中心处在同一水平位置。

② 驱动车轮旋转至规定转速，按照上述的检测方法观察轮胎标记位置，读取动不平衡值。

③ 停转车轮，按动不平衡值选择平衡块和在车轮上的加装位置，加装平衡块。

④ 按照上述的检测方法进行复查，直至符合平衡要求。

6.3.3 轮胎的检查

轮胎的检查主要是检查轮胎的磨损程度和轮胎气压，轮胎磨损程度的检查包括胎面花纹深度的检查和轮胎异常磨损的检查。

6.3.3.1　胎面花纹深度的检查

GB 7258—2012《机动车运行安全技术条件》规定，载货汽车转向轮胎磨损至胎冠上的花纹深度小于 3.2 mm，其余轮胎磨损至胎冠花纹深度小于 1.6mm 时，应停止使用。

轮胎花纹深度可用深度尺进行测量。

胎面磨耗标志位于胎面花纹沟底部，当胎面磨损到此处时，表明轮胎必须停止使用。通常在磨耗标志对应的胎肩处标出“TWI”或者“△”等符号，每条轮胎应沿周向等距离地设置不少于 4 个标志符号。

6.3.3.2　轮胎异常磨损的检查

轮胎异常磨损包括胎肩异常磨损、胎冠中央磨损、胎冠内侧或外侧偏磨、胎冠锯齿状磨损。

6.3.3.3　轮胎气压的检查

轮胎气压可用气压表进行检查。桑塔纳 2000 轿车前轮的胎压为 0.18MPa，后轮的胎压为 0.22MPa，即人们平时所说的前轮 1.8 个大气压，后轮 2.2 个大气压。

6.3.4　前悬架支柱总成的检修

6.3.4.1　前悬架支柱总成的拆卸

① 拆下制动盘、挡泥板，压出轮毂。

② 拆下两边弹簧挡圈，压出车轮轴承，如图 6-10 所示。

③ 拉出轴承内圈，如图 6-11 所示。注意只能使用带箍圈的拉具，拉具上的钩子表面在使用前要用砂子打磨一下。

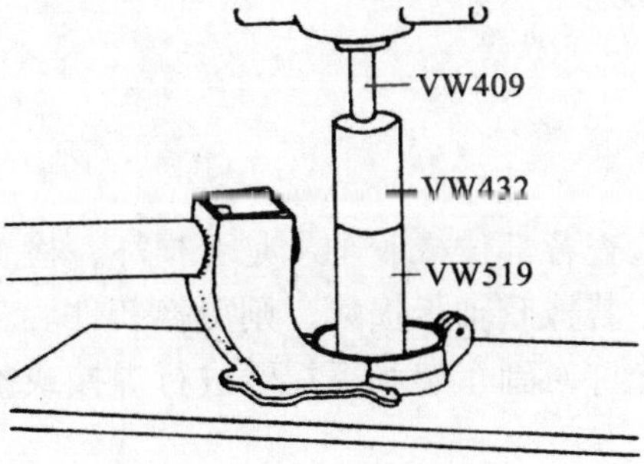

图 6-10　压出车轮轴承

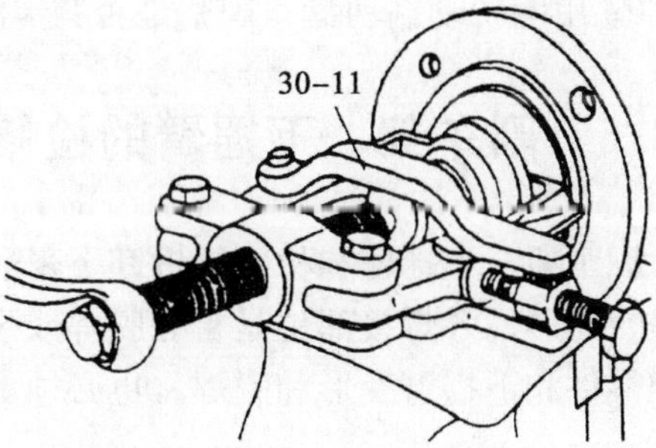

图 6-11　拉出轴承内圈

6.3.4.2　前悬架支柱总成的检查

在零件全部解体后，应进行清洗、检查，必要时测量。如有下列情况，必须更换新件。

① 制动盘工作面严重磨损，超出规定，或表面出现裂纹。

② 挡泥板严重扭曲变形。

③ 轮毂花键松旷，磨损严重。

④ 弹簧挡圈失效。

⑤ 车轮轴承损坏（注意整套轴承更换）。

⑥ 前悬架支柱件焊缝任何一条出现裂纹或严重变形。

6.3.4.3 前悬架总成的安装与调整

① 先装外弹簧挡圈，在车轮轴承座涂上润滑脂，然后压入轴承，压至终止位置，最后装上内弹簧挡圈，如图6-12所示。

② 调整内外挡圈开口的位置，使其相差180°，然后转动轴承内圈，观察是否正常。

③ 在轮毂花键和轴承颈上涂上润滑脂，压入轴承内，如图6-13所示。压入轮毂时，专用工具VW519只能顶住内轴承的内圈。

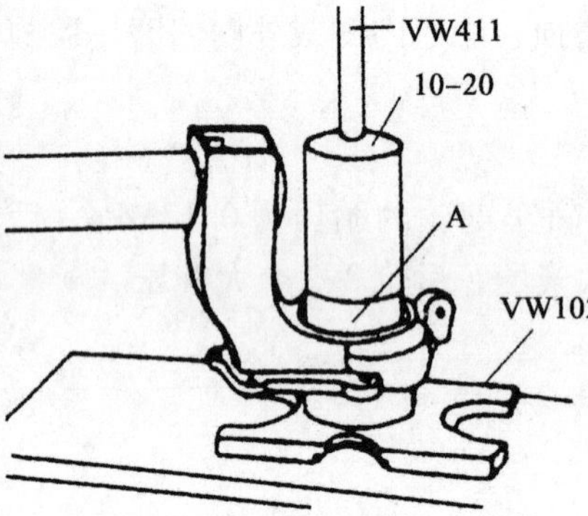

图6-12 将轴承A压至终止位置

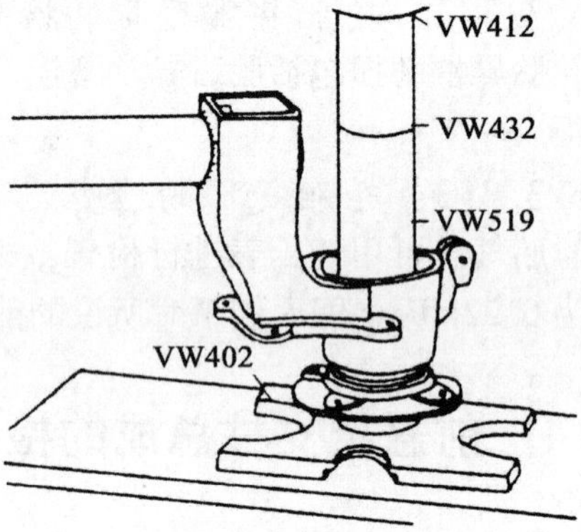

图6-13 压入轮毂

④ 用3个M6螺栓固定挡泥板（力矩10N·m），使其紧贴在车轮轴承座的凸缘上。

⑤ 用非纤维材料擦净制动盘工作表面，不能有油污。装上制动盘，且紧贴在轮毂的接合面上。

⑥ 用手转动制动盘，观察是否有卡滞或异响现象。

6.3.5 副车架、下摇臂的检修

副车架、下摇臂和稳定杆拆卸下来后，主要检查各部位橡胶轴承是否损坏，检查零件是否变形，各焊接部位是否有脱焊或裂纹产生。若橡胶轴承损坏，则更换新件。若副车架零件和下摇臂变形和脱焊，也必须更换，不允许对副车架和下摇臂进行焊接或整形处理。

需要更换橡胶轴承，可按以下方法进行。

① 更换下摇臂橡胶轴承。压出下摇臂橡胶轴承，将新的橡胶轴承用螺栓与导向杆紧固成一体，如图6-14所示。然后在轴承表面涂一些润滑脂，再将其压入下摇臂。当轴套压入深度达3/4左右时，拆下导向管，然后继续小心地将轴套压入最终固定位置。

② 更换副车架前后橡胶轴承。

③ 更换稳定杆橡胶轴承，如图6-15和图6-16所示。

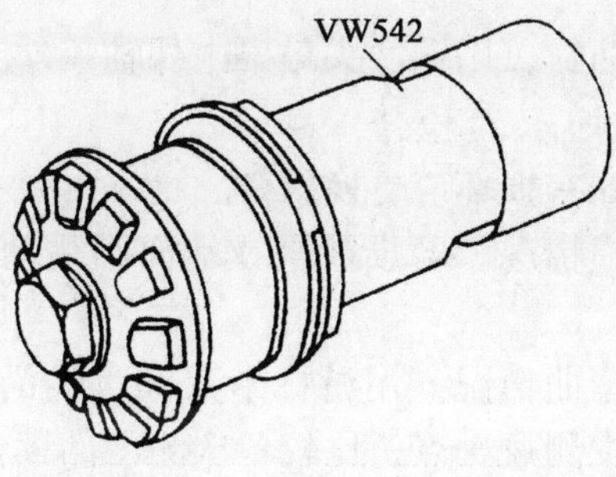

图6-14 用螺栓将橡胶轴承支承与导向杆紧固成一体

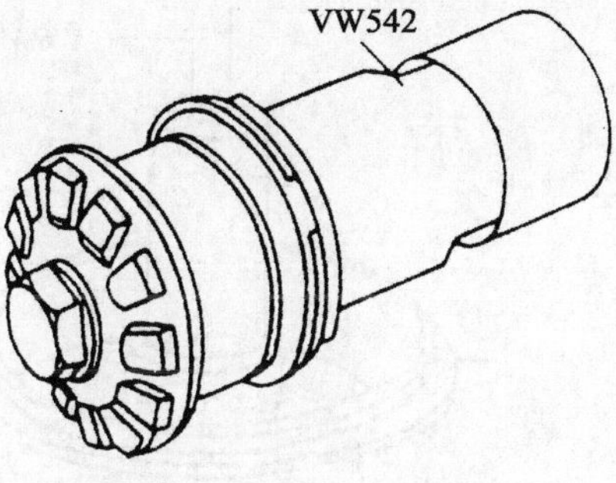

图6-15 压出稳定杆橡胶轴承

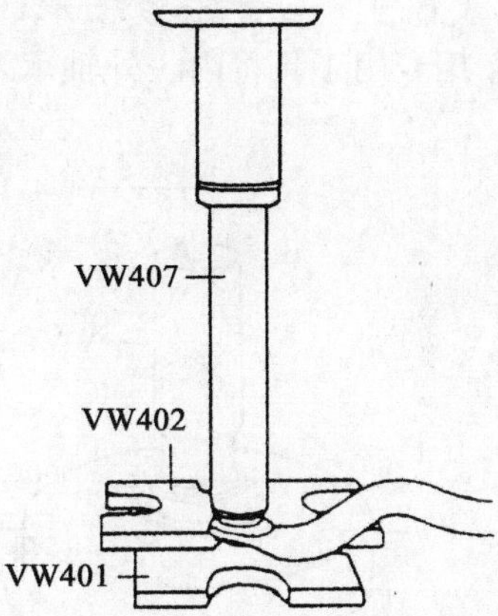

图6-16 压入稳定杆橡胶轴承衬套

6.3.6 后桥轮毂轴承的检修

6.3.6.1 后桥轮毂轴承的拆卸

① 用千斤顶支起后轮，撬下后轮毂盖。

② 取下开口销及开槽垫圈。拧下六角螺母，取出止推垫圈。

③ 拆下一个车轮螺栓，用一把螺丝刀通过车轮螺栓孔向上拨动楔形块（如图6-17所示），使制动蹄摩擦片与制动毂放松。

④ 拉出车轮和制动毂，并带出车轮外轴承。

图6-17 用螺丝刀向上拨动楔形块

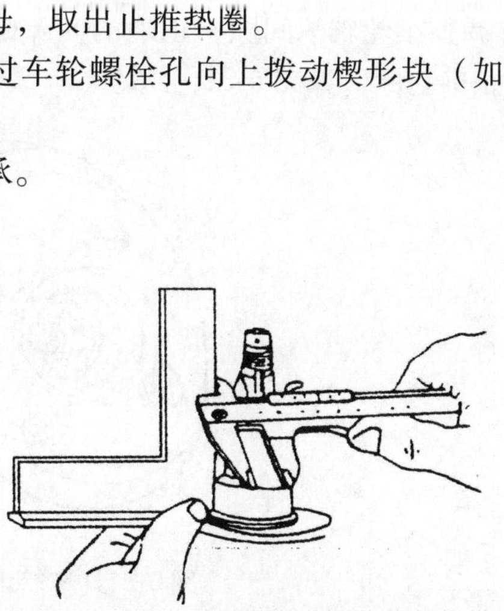

图6-18 检查后轮毂短轴

⑤ 取出车轮内轴承和油封，用铜冲头敲出内外轴承外圈。

6.3.6.2　后桥轮毂轴承的检修

① 检查轴承或座圈，如有损坏应更换新件。

② 检查制动毂表面磨损情况，磨损严重或端面圆跳动大于 0.2mm，则应更换制动毂。

③ 检查后轮毂短轴的弯曲情况。用游标卡尺和直尺沿圆周方向测量直尺和轴颈的距离，如图 6-18 所示。至少测量 3 点，比较各次测得的读数，不得超过 0.25mm，否则应更换短轴。

6.3.6.3　后桥轮毂轴承的安装与调整

① 用专用工具将内、外轴承外圈压入轮毂，如图 6-19 和图 6-20 所示。

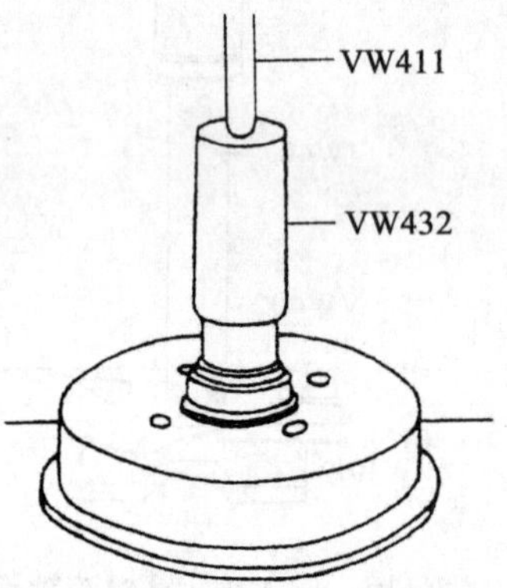

图 6-19　压入车轮外轴承的外轴承圈

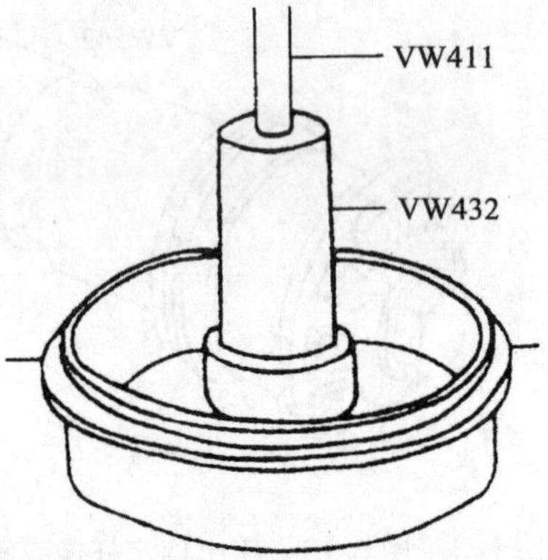

图 6-20　压入车轮内轴承的外轴承圈

② 放上油封，用橡胶锤均匀地敲入。

③ 将内轴承装入，并涂以适量的锂基润滑脂。

④ 将制动毂装入，注意不能使制动毂内表面沾上油脂。

⑤ 装上外轮轴承和止推垫圈，旋上六角螺母。

⑥ 调整车轮轴承间隙，正确的间隙是用“一字形”螺丝刀在手指的加压下刚好能够拨动止推垫圈，如图 6-21 所示。

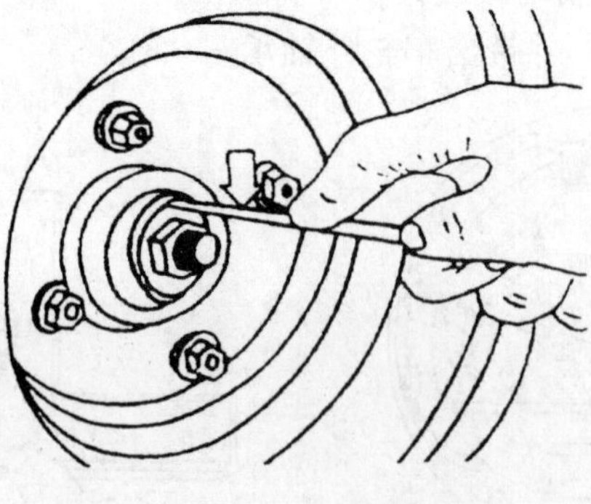

图 6-21　车轮止推轴承预紧度的调整

⑦ 装上开槽垫圈，换上新的开口销，在轮毂盖内加入适量的润滑脂，用橡皮锤轻

轻敲入。

6.3.7　减振器和弹簧的检修

6.3.7.1　减振器和弹簧的拆卸

① 将车辆在硬实的地面上停稳，用千斤顶或垫块支撑住后桥。

② 如图6-22箭头所示，向上弯起车厢内减振器上方三角区域的底隔板。

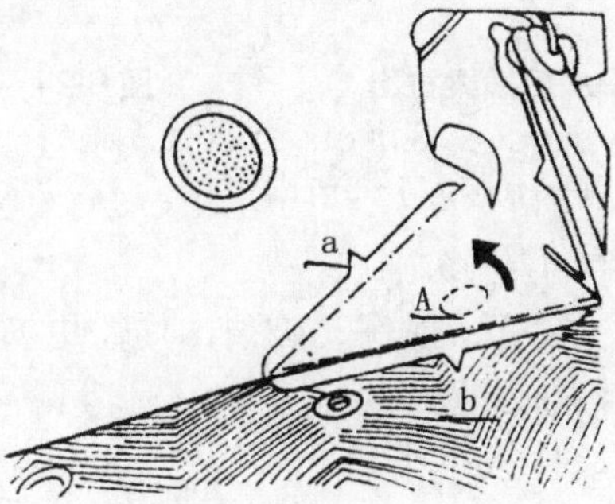

图6-22　支架与车架角度（车架水平时）

a—冲孔断边；b—缩断了的底部分；A—减振器螺母位置

③ 拆去减振器上端与车身的固定螺母、下端与后桥的固定螺母。

④ 抬高车身，慢慢从车轮与轮罩之间拆出支承座。注意不要同时拆卸两边的支承杆座，以免使金属橡胶支承受压过大。

6.3.7.2　减振器和弹簧的检修

① 若后减振器和支承处有裂纹，筒体外漏油严重，或用专门仪器检验达不到要求，应整体更换。

② 如弹簧有损伤、裂纹或弹力下降，均需要换新件。

③ 橡胶件、缓冲块如有损伤、龟裂、老化等也要更换新件。

6.3.7.3　减振器和弹簧的安装

减振器和弹簧的安装应按拆卸相反的顺序进行，但同时注意螺母的拧紧力矩：支承座的自锁螺母紧固力矩为35N·m，减振器支承杆座上的螺母紧固力矩为60～70N·m。安装完后，应将后隔板两边用粘带封住。

6.3.8　后桥悬架臂支承套的检修

6.3.8.1　后桥悬架臂的拆卸

① 车辆着地，顶好后桥。拆下一边的支承座。

② 用分离工具将金属橡胶支承逐一拉出，如图6-23和图6-24所示。

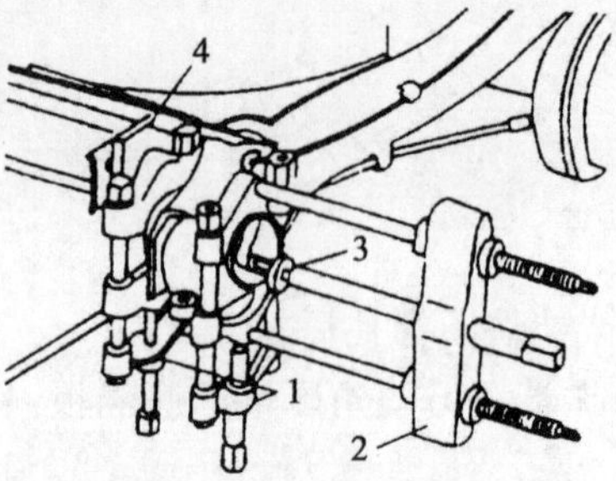

图6-23 金属橡胶支承从后横梁拉出

1—分离工具（如 KuKK17/1）；2—拉具（如 KuKKO18/1）；3—顶杆螺栓（Φ120mm×12mm）；4—桥形支承（3-211A）

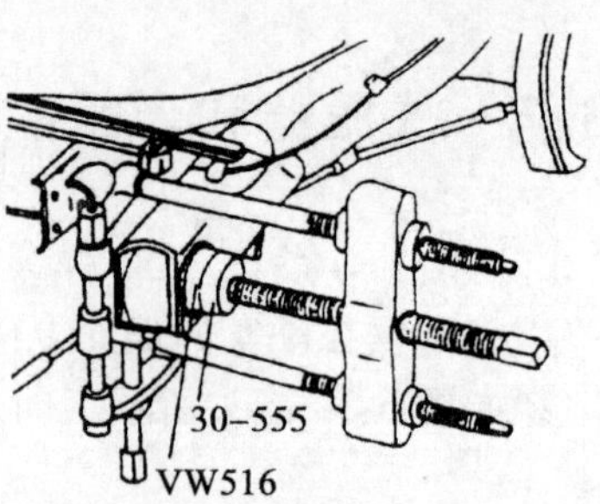

图6-24 从后横梁上拉出金属橡胶支承的另一半

6.3.8.2 后桥悬架臂的检修

如金属橡胶支承套松动、裂纹、损伤、破裂，均需更换新件，不能进行修理。

6.3.8.3 后桥悬架臂的安装

① 将新的金属橡胶支承套嵌入一半。

② 用电动工具将支承套压入到正确位置（如图6-25 所示）。其安装深度应为 a = 61.6～62.6mm，如图6-26 所示。

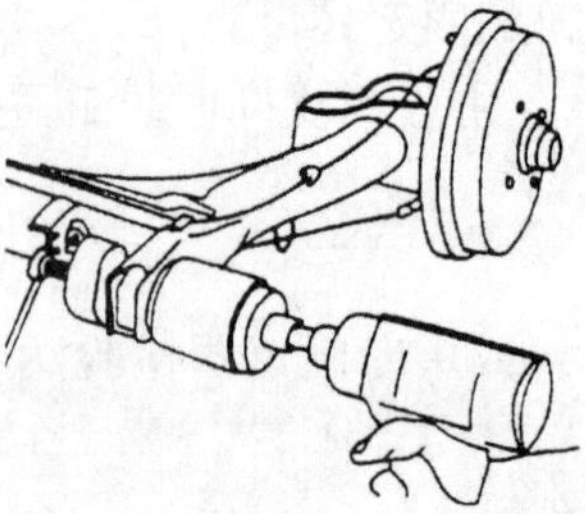

图6-25 将支承套压到正确位置

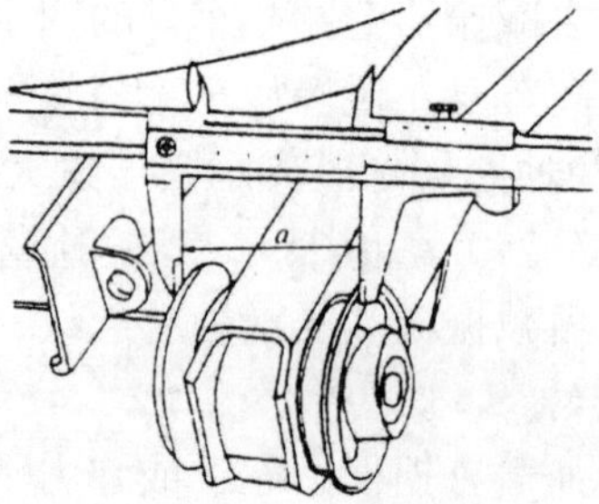

图6-26 测量支承套的安装深度

③ 装上支承座，检查时横梁要水平放好，要求支承座与后轴体之间角度为17°±2°36′，以免给支承套带来不必要的弯扭变形。

④ 插上螺栓，装上自制螺母，以60～70N·m 的力矩拧紧螺母。

6.3.9 检验

确认计划的维修项目全部实施完成之后进行试车，验证前面的推断是否正确，检查故障是否完全排除，并对维修质量进行评价。

6.3.10 考核与评估

行驶系统故障检修考核要点与评分标准见表2-7。

第 7 章　ABS 系统故障与维修

【任务描述】一辆桑塔纳 2000 轿车行驶 60000km，车主述说近期发现汽车制动不良，要求进行维修。

7.1　ABS 系统概述

ABS 系统是在普通制动系统的基础上增加的一套自动制动压力调节装置。汽车在紧急制动时，前轮由于制动力会出现抱死的现象而失去转向的能力，若后轮出现抱死现象，则会发生侧滑、甩尾、调头，甚至翻车等严重事故。汽车若加装 ABS 装置可以在紧急制动时，不出现抱死的现象，从而能有效地防止事故的发生。

ABS 系统主要通过压力调节器调节制动管路中的制动压力（气压或液压），使车轮在整个制动过程中始终不会抱死，并且滑移率始终保持在 10% ~20% 范围内。试验证明，当车轮的滑移率在 10% ~20% 时，轮胎与地面之间具有最大的纵向附着系数，并且具有较大的侧向附着系数，此时制动性能最佳。纵向附着系数与侧向附着系数与滑移率之间的关系如图 7-1 所示。如图 7-2 所示，制动时，制动管路中的压力会迅速上升，车轮转速迅速下降，车轮的周向减速度增大。当减速度增大到一定的程度时，压力调节装置会降低制动管路中的压力，由于汽车的惯性作用，车轮转速又会上升，车轮的周向加速度又会增大。当加速度增大到一定程度时，压力调节装置又会增大制动管路中的压力，实施制动，于是车轮转速又会下降。如此周而复始，直到汽车完全停下，这就是 ABS 的调节原理。

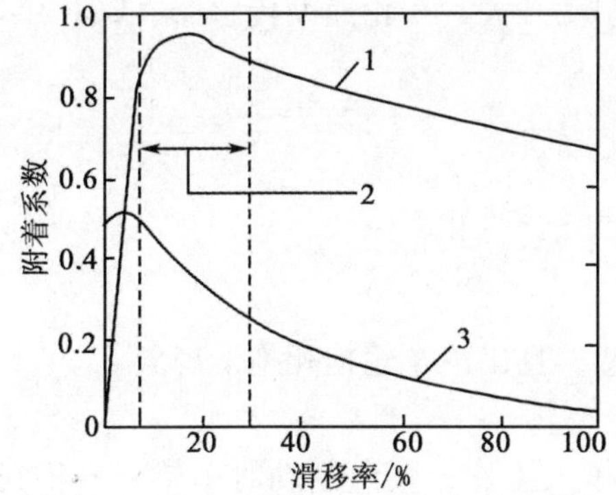

图 7-1　制动时附着系数与滑移率的关系

1—纵向附着系数；2—ABS 工作范围；3—侧向附着系数

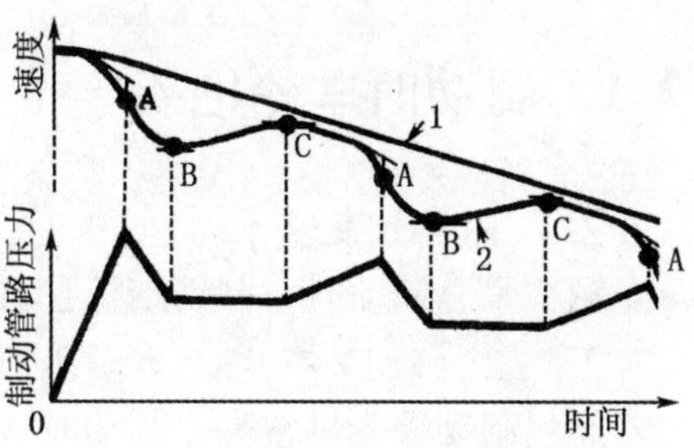

图 7-2　ABS 基本的调节原理

1—车轮实际速度（车速）；2—车轮周向速度

现代汽车液压式 ABS 系统的组成如图 7-3 所示。

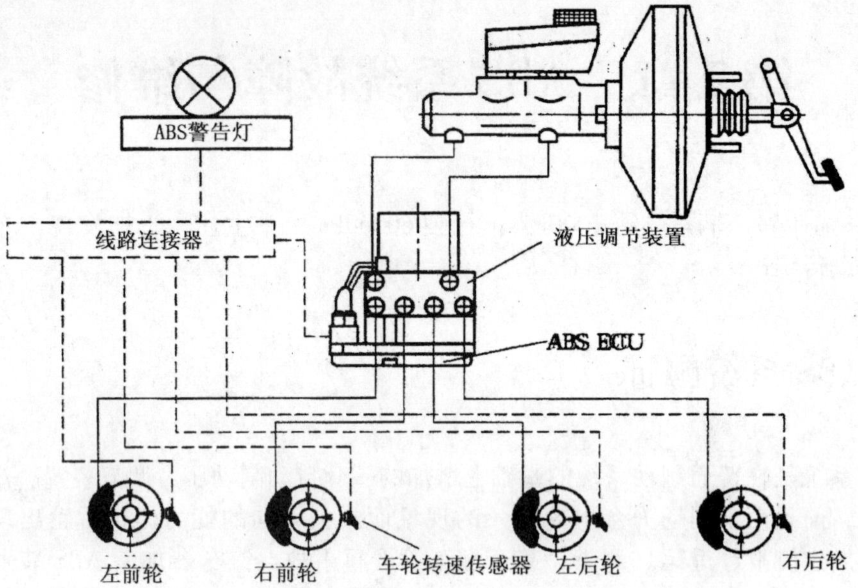

图 7-3　液压式 ABS 系统的组成与工作情况

7.2　ABS 系统故障诊断分析

ABS 系统与常规制动系统是密不可分的，一旦常规制动系统出现故障，ABS 系统就无法正常工作，因此本章所讲的 ABS 系统故障诊断与分析的前提是常规制动系统工作正常，只对因 ABS 系统所引起的故障进行分析。

液压式 ABS 系统的常见故障有：制动时车轮抱死、ABS 的作用时刻不对、放松驻车制动时制动警告灯亮等。

故障发生的部位一般为：制动灯开关、驻车制动开关、车轮速度传感器、ECU 供电与搭铁、ECU、液压调节装置中的电磁阀等。

7.2.1　制动时车轮抱死

7.2.1.1　故障现象

车辆在紧急制动时，制动踏板没有反弹振动感，且出现车轮抱死拖滑现象。

7.2.1.2　故障产生的主要原因及处理方法

若红色制动警告灯常亮，制动时 ABS 系统不投入工作，紧急制动时车轮将会抱死；传感器、ABS - ECU、执行器及其控制电路有故障时，ECU 将记录故障代码，同时黄色 ABS 警告灯亮，ABS 系统将不能正常工作，但常规制动系统能够正常工作，紧急制动时车轮被抱死。对这种故障，解决时一般以更换元件和检修电路为主。

制动时车轮抱死的故障诊断流程如图 7-4 所示。对于这种故障需要说明的是：红色制动警告灯亮表明驻车制动未释放或缺少制动液，这两种情况是危险状态，不能行车。黄色制动警告灯亮表明 ABS 系统有故障，紧急制动时 ABS 无法正常工作，但常规制动系统正常工作，这种情况可以行车。

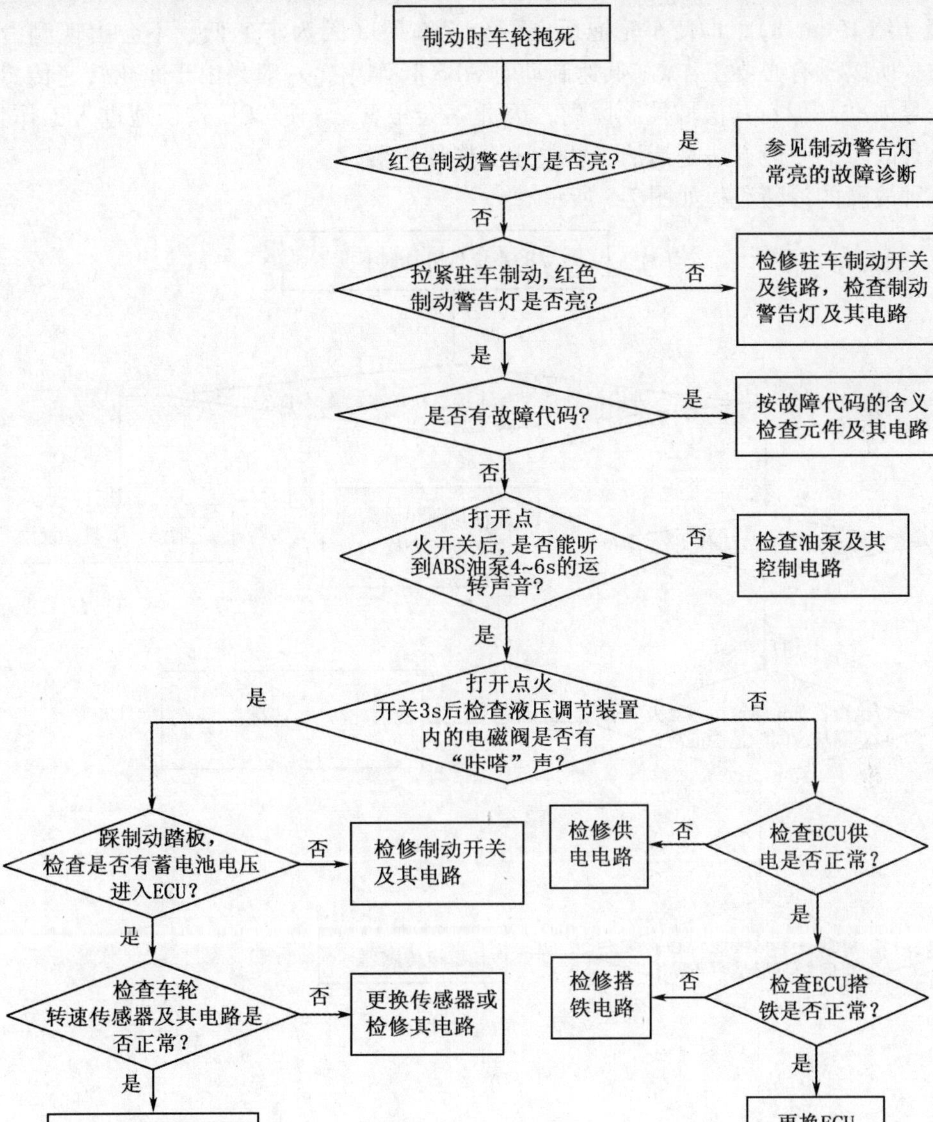

图 7-4　制动时车轮抱死故障诊断流程

7.2.2　ABS 系统作用时刻不对

7.2.2.1　故障现象

高速时紧急制动，ABS 系统没有工作，车轮出现抱死现象，但当车辆即将停止时，

ABS 开始工作，在踏板上有较强的反弹振动感，制动警告灯与 ABS 故障指示灯显示正常。

7.2.2.2 故障的主要原因与处理方法

ABS 系统的作用时刻是以一定的车速紧急制动，车轮即将抱死的时候。当车速低于某一值（约 15km/h），即使车轮抱死也不会起作用（因为车速低，不会出现侧滑与甩尾现象，所以没有必要工作）。低速制动时 ABS 起作用，一般是由于车轮转速传感器产生的信号失准（但在其值域控制区内，因此不会报警），使 ECU 错误地进入工作状态。解决这种故障的一般方法是清洁、调整或更换传感器。

这种故障的诊断流程如图 7-5 所示。

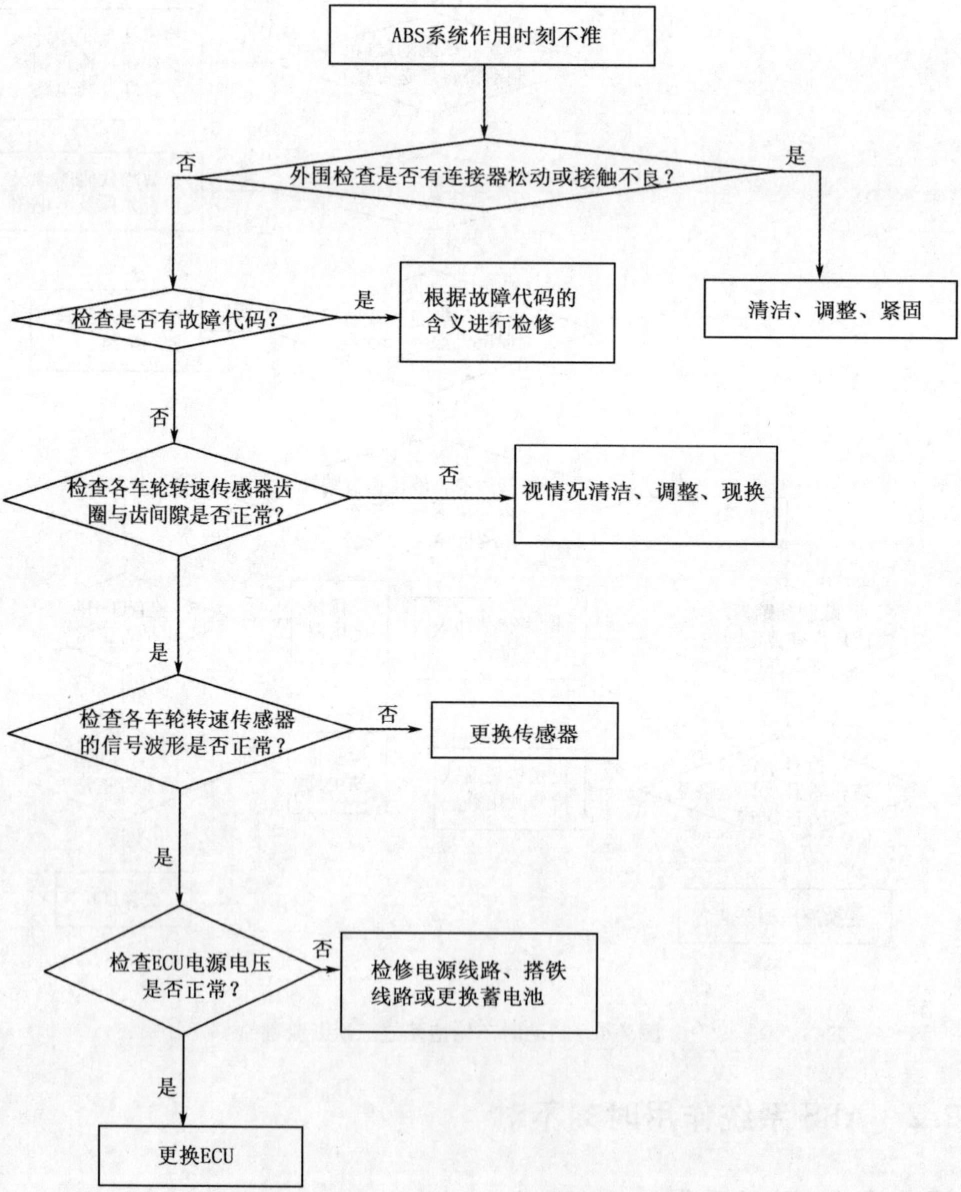

图 7-5 ABS 系统作用时刻不对故障诊断流程

7.2.3　放松驻车制动时红色制动警告灯亮

7.2.3.1　故障现象

汽车在行驶中，未踩制动踏板且已解除了驻车制动，但红色制动警告灯常亮。

7.2.3.2　故障的主要原因与处理方法

制动警告灯受储液室中制动液量开关和驻车制动开关的控制，当红色制动警告灯亮时，ABS 的继电器不工作，ABS 系统不会投入工作。

这种故障的诊断流程如图 7-6 所示。

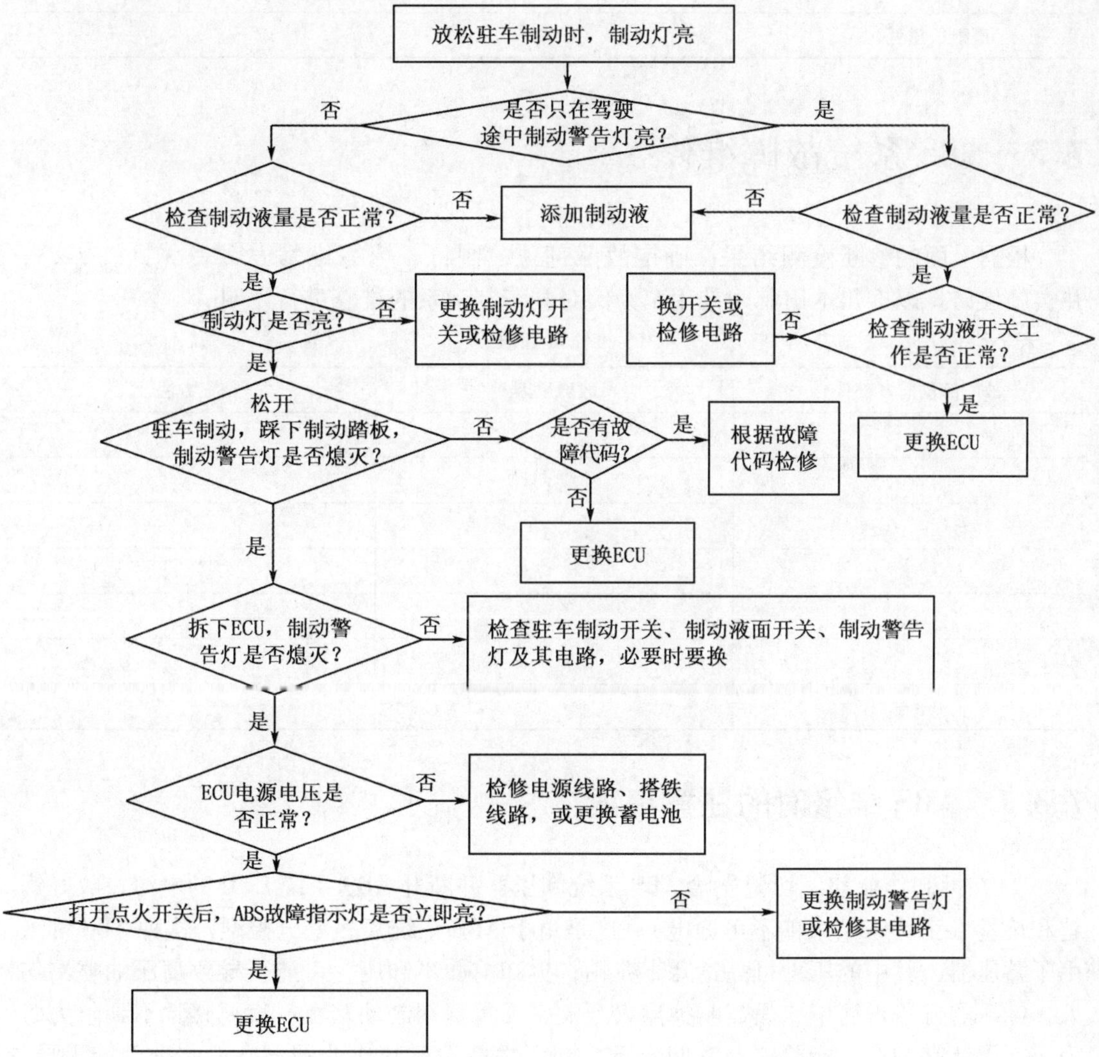

图 7-6　放松驻车制动时红色制动警告灯亮故障诊断流程

在进行故障诊断时，要根据故障现象，分析可能的原因和部位，制订并填写诊断检测计划表（见表 7-1），逐步进行排查。

表 7-1　诊断检测计划表

序号	可能原因	项目检查	检查方法	检查结果	正常值	结果判定
1						
2						
3						
4						
5						
6						
7						
班组长意见						

7.3 ABS 系统故障维修

根据上面的诊断检测结果，确定故障部位，制订、填写维修方案表（见表 7-2），并实施维修。以广州本田雅阁乘用车为例对驻车制动系的维修进行说明。

表 7-2　维修计划表

故障部位（零部件）	故障原因	修复方法

7.3.1 ABS 维修时的注意事项

① 在拆卸作业前，切记先给 ABS 系统卸压，并断开 ABS 系统 ECU 的电源，收好钥匙和熔丝（工作未结束前不可通电）。这是由于 ABS 系统大多是电控型，这种 ABS 都采用了蓄压器，其中的压力可高达几十兆帕，拆卸前如不卸压，可能会导致高压油喷出伤人。卸压的方法很简单，只需断掉点火开关，反复踩动制动踏板，直至感觉不到阻力时为止，因此有的车可能要踩上三四十下。卸压之后的拆卸作业即与一般制动系统无异，但需要留心轮速传感器的位置。

② 更换抽动衬块时，回压活塞之前要先拧开制动钳的放气螺塞，否则液压缸中的积垢可能被压入管路造成元件失效。回流的油液还可能使计算机得到错误的信息，以为制动系统错误动作而使 ABS 关闭。

③ ABS 的电器故障大多数并不是元件失效，而是连接不良或脏污所致。如故障代码提示是传感器故障，应首先检查传感器的各个接点处是否良好、有无锈蚀等，如发现锈蚀，应予清理并涂覆防护油，重新接好再进行测试，问题可能就此解决，并不一定非要换传感器。如果传感器是安装在变速器中，机油中的铁屑被磁头吸附后也可能导致传感器故障。补救措施是清理磁头并更换机油。本田雅阁轿车的转速传感器均安装在各轮的内侧。

7.3.2　本田雅阁轿车 ABS 系统的检测

7.3.2.1　制动系统排气

首先确认贮液罐内的制动位应处于 MAX 线处。由两人操作，让助手慢慢踩下制动踏板数次后，将踏板踏住不动。松开排气螺钉，使空气从系统中排出。对每个车轮都重复上述步骤进行排气，直至制动液内不出现气泡时为止。排气顺序为右后轮→左后轮→左前轮→右前轮。

排气过程中，应注意向主缸贮液罐内加入制动液，使液位达到 MAX 线。

7.3.2.2　液压系统内部泄漏的测试

从乘客侧仪表板的工具箱下脱开 ABS 系统 6 引脚检测接头，接到 ALB 检测仪上。取下调节器贮液罐的过滤器，然后将贮液罐内的制动液加注到“MAX”标线处，用扳手将高压制动液从放油螺塞中排出。

启动发动机，松开驻车制动。将方式选择开关选到“1”位，压下“Start Test”按钮，试验开始。

在 ABS 泵运转时，将手指放在调节器贮液罐分离器的顶部，如果感到有制动液流出分离器，则有一个电磁阀发生了泄漏，转入下一步测试。如果感觉不到有制动液流出分离器，则说明该电磁阀正常，重新装上调节器贮液罐过滤器，将贮液罐内的制动液回注至“MAX”位置。

使用专用工具将高压制动液从放油螺塞排出，然后使用 ALB 检测仪，选择模式开关，重复前面步骤 3 ~ 4 次。如果电磁阀停止泄漏，重新装上调节器贮液罐的过滤器。将贮液箱内的制动液回注至“MAX”水平线。如果电磁阀仍发生泄漏，则应更换调节器。

7.3.2.3　功能测试

（1）测试说明

ALB 检测仪通过模拟系统的功能和条件来确认防抱死制动系统的工作是否正常。使用检测仪之前，应检查确认防抱死系统（ABS）指示灯显示系统没有出现故障；当点火开关接通后，指示灯应发亮；发动机启动 1s 指示灯应熄灭。

在下述任何一种情况时，均应使用检测仪进行系统工作状况的检测。

① 在更换任一个 ABS 元件后。

② 在更换制动液或排放出系统内的空气后。

③ 在维修可能影响到传感器及其线路的车身或悬架后。

在开动汽车前，一定要取下 ALB 检测仪。否则会引起事故，同时也会降低制动效能。

（2）测试步骤

① 断开点火开关，从位于乘客侧登记表板处的工具箱下脱开“6”引脚的检测接头，将“6”引脚检测接头接到 ALB 检测仪上，如图 7-7 所示。检测时应将汽车停在水平地面上，楔住车轮。将变速器置于手动变速器模式的空挡位置及自动变速器方式的驻车挡。

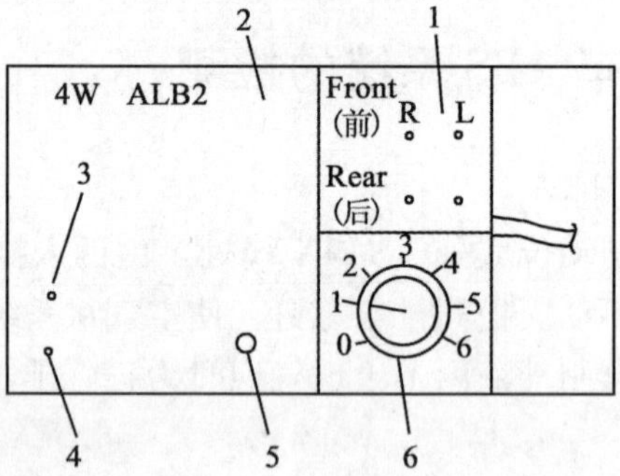

图 7-7 方式选择开关

1—监视灯；2—ALB 检测仪；3—“测试在进行”指示灯；4—电源接通指示灯；5—“开始测试”指示灯；6—模式选择开关

② 启动发动机，松开驻车制动器。

③ 按下述方法使用 ALB 检测仪仪：将模式选择开关转到“1”，见图 7-8，按下“Start Test”（开始测试）开关。

- “测试在进行”指示灯应发亮。
- 过 1 ~ 2s 后，4 个监视灯都应发亮。
- ABS 指示灯不应发亮（否则，表明与 6 引脚接头相接的检测仪线束有故障）。

当“测试在进行”指示灯发亮时（ON），不要转动模式选择开关。

④ 将模式选择开关转到“2”，见图 7-8。

⑤ 紧紧踩住制动踏板，按下“Start Test”（开始测试）开关，如图 7-9 所示。“测试在进行”（Test Progress）指示灯发亮的同时，ABS 指示灯应熄灭，制动踏上应有反弹力，否则要进行检修。

⑥ 将模式选择开关分别转到“3”，“4”，“5”，在每一位置均要执行步骤⑤。

模式 1：将每个车轮的模拟行驶信号 0→180km/h→0 送给 ABS 电脑，此时抽动踏板不应有反弹力，见图 7-9 所示。

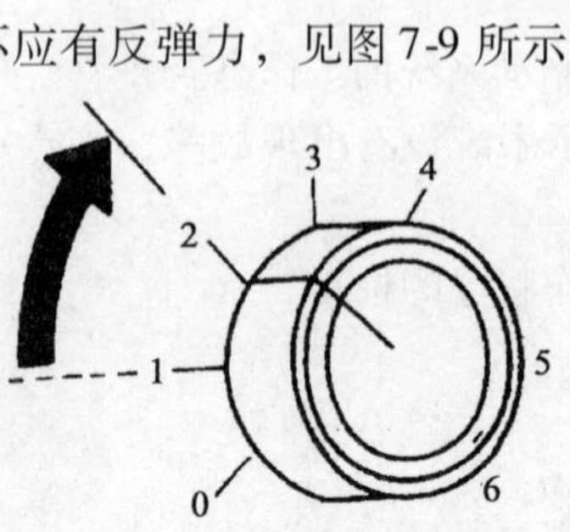

图 7-8 选择开关

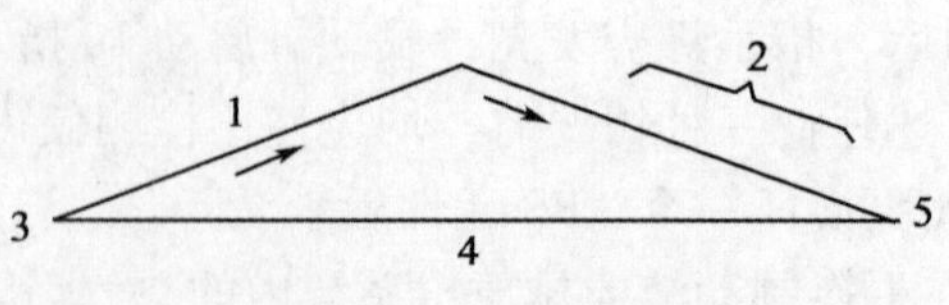

图 7-9 运行顺序

1—加速；2—减速；3—开始；4—大约 30s；5—结束

模式 2：先后将每个车轮的行驶信号和左后轮的抱死信号送给 ABS 电脑，应有反弹力。

模式 3：先后将每个车轮的行驶信号和右后轮的抱死信号送给 ABS 电脑，应有反弹力。

模式 4：先后将每个车轮的行驶信号和左前轮的抱死信号送给 ABS 电脑，应有反弹力。

模式 5：先后将每个车轮的行驶信号和右前轮的抱死信号送给 ABS 电脑，应有反弹力。

⑦ 检查要点。

其一，检查期间，如 ABS 指示灯发亮，检查有无故障码输出。如有，则根据该故障进行检修。

其二，在模式“2”至模式“5”的情况，如踏板无弹力，ABS 指示灯不亮，其原因可能是：压力开关卡住；出油阀阻塞或卡住；调节器线束连接不良。

7.3.3 本田雅阁轿车 ABS 系统故障码的读取与说明

7.3.3.1 故障码的读取

（1）故障码的读取步骤

① 从位于乘客仪表盘下的接头盖上拔出诊断接头，用专用工具连接 2 个引脚。

② 接通点火开关，不要启动发动机。

③ 记录 ABS 指示灯闪烁的频率。闪烁频率代表故障码，如图 7-10 所示。

在启动发动机时，应将跨接线与诊断接头断开，否则只要发动机运转，故障指示灯（MIL）就会一直发亮。

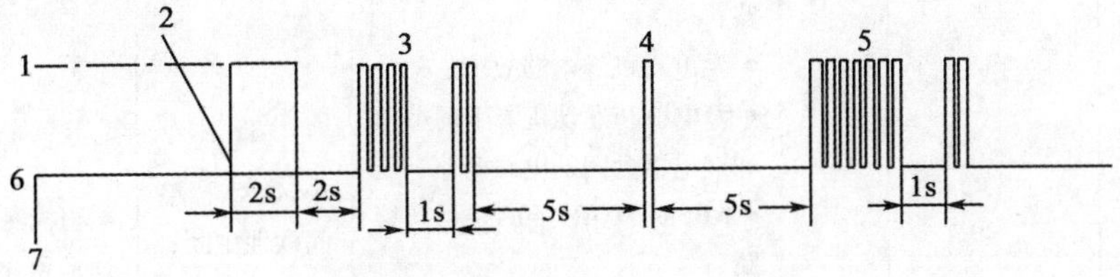

图 7-10　ABS 指标灯的闪烁频率

1—ABS 指示灯亮；2—接通点火开关；3—故障码：4—2（主码：4；次码：2）；
4—故障码：1（主码：1；次码：无）；5—故障码：7—2（主码：7；次码：2）；
6—ABS 指示灯灭；7—边接跨线

（2）故障检修说明

① ABS 电脑能对同一故障码显示 3 次。

② 如果 ABS 指示灯不亮，检查 ABS 指示灯。

③ 如果没有数清闪烁频率，关闭点火开关，然后再接通，使 ABS 指示灯重新循环闪烁。

④ 完成修理工作后，将发动机罩下的 ABS 熔丝/继电器盒内的 ABS B2（15A）熔丝拆开至少 3s，以删除 ABS 电脑存贮的故障码，然后再次接通点火开关进行检查。

⑤ 如果将 ABS 电脑接头拔下，或将 ABS 电脑从车上取下，则电脑中的存贮将被删除。

⑥ 一边读码，一边记录下主码和次码。

7.3.3.2 故障码说明

故障码说明见表7-3。

表7-3 故障码说明

故障码		故障元件和系统	故障区域	可能的原因	不出现症状时的原因	诊断说明
主码	次码					
①	-	泵电动机超速动转		● 制动液内混有空气； ● 压力开关卡在OFF位； ● 压力开关与电脑间的电路断路； ● 压力开关与车身搭铁间的P-SW电路断路或搭铁不良； ● 泵的排液量下降； ● 出油阀泄漏； ● 卸压阀泄漏； ● 制动液泄漏； ● ABS电脑故障		当电脑探测到泵电动机继电器接通的信号持续40s以上而ABS不工作时，ABS指示灯点亮
	②	泵电动机		● R/C后视镜熔丝（7.5A）与发动机罩下的ABS熔丝和继电器盒间的电路断路或对搭铁短路； ● PMR电路断路或对搭铁短路； ● 泵电动机继电器故障； ● 蓄电池和发动机罩下的熔丝和继电器盒间的电路断路； ● ABS MOTOR（40A）熔丝熔断； ● ABS电脑熔丝（10A）熔断； ● 电机驱动电路和发动机罩下的熔丝和继电器盒内的MCK电路断路或对搭铁短路； ● 发动机罩下的熔丝和继电器盒与ABS电脑间的MCK电路断路或对搭铁短路； ● 发动机罩下的ABS熔丝和继电器盒与泵电动机间的电路断路或对搭铁短路； ● 泵电动机故障； ● 泵电动机与车身搭铁间的电路断路或搭铁不良； ● ABS电离故障	● MCK电路间歇性中断； ● 泵电动机继电器驱动电路间歇性中断； ● 泵电动机驱动电路间歇性中断	● 当探测到MCK引脚处是蓄电池电压并且泵电机继电器OFF时，ABS指示灯点亮； ● 当探测到MCK端子处的电压为0，并且泵电动机继电器ON时，ABS指示灯点亮

续表 7-3

故障码		故障元件和系统	故障区域	可能的原因	不出现症状时的原因	诊断说明
主码	次码					
①	③	高压泄漏		● 出油阀泄漏； ● 释压阀泄漏； ● 压力开关电路接触不良	● 压力开关间歇性地中断； ● 压力开关电路间歇性地中断	在发动机运转时，如探测到压力开关的 ON/OFF 循环信号，ABS 指示灯将点亮，ABS 起作用后，存贮将被擦除
	④	压力开关		● ABS 电脑和压力开关间的电路对搭铁短路； ● 压力开关卡在 ON 位； ● ABS 电脑故障		在每次初始诊断时都探测到压力开关 ON 信号，则 ABS 指示点亮，当电脑探测到压力开关 OFF 信号后，存贮将被擦除
	⑧	高压系统		● 蓄压器气体泄漏； ● 卸压阀所设定的压力改变； ● 后出油电磁阀延迟关闭； ● 压力开关所设定的压力变化	● 在正常温度下，ABS 指示灯可能不亮； ● 在寒冷的气温下，ABS 指示灯将点亮	在初始诊断时，当压力开关处于 OFF 位置时，进行本项诊断，泵电动机工作使压力开关 ON，然后电磁阀瞬时接通，如压力开关信号由 ON 变为 OFF，则 ABS 指示灯点亮
②	①	驻车制动器		● 贮液罐内的液位过低； ● BACK - UP； ● LICHTS/METER LIGHTS（倒车灯和仪表灯）熔丝与制动指示灯间的电路断路； ● 制动指示灯泡熔断； ● 制动指示灯和 ABS 电脑间的电路断路或对搭铁短路； ● 驻车制动开关卡在 ON 位； ● 制动指示灯和驻车制动开关间的电路对搭铁短路； ● 制动液位开关卡在 ON 位； ● 制动指示灯和制动液位开关间的电路对搭铁短路； ● ABS 电脑故障	在驻车制动器仍然作用时行车（无故障显示）	行车时，探测到驻车制动开关 ON 信号达 30s 以上，则 ABS 指示灯点亮

续表 7-3

故障码		故障元件和系统	故障区域	可能的原因	不出现症状时的原因	诊断说明
主码	次码					
③	①	齿轮脉冲发生器	右前轮	● 脉冲齿轮破裂； ● 转速传感器安装不当	转速传感器间歇性地中断工作	当转速传感器信号周期性消失时，ABS指示灯点亮
	②		左前轮			
	④		右后轮			
	⑧		左后轮			
	⑫	轮胎直径不同		● 安装了不同直径的轮胎		安装了不同直径的轮胎时，ABS 指示灯点亮；当驻车制动开关为 ON 时，不能进行本项测试
④	①	转速传感器	右前轮	● 转速传感器内部电路断路，或对搭铁短路； ● 转速传感器和 ABS 电脑间的正极导线断路或对搭铁短路； ● 转速传感器和 ABS 电脑间的负极导线断路或对搭铁短路； ● 转速传感器和 ABS 电脑间的正极导线和负极导线短接； ● 接头松动或端子接触不良； ● 转速传感器间隙不当； ● ABS 电脑故障； ● 齿轮脉冲发生器丢失； ● 调节器不能正确减压	● 转速传感器内部电路间歇性中断； ● 两个前轮打滑； ● 变速器换到过低的挡位	当车速为 10km/h 以上且转速传感器信号消失时，ABS 指示灯点亮；当驻车制动开关为 ON 时，不能进行本项诊断
	②		左前轮			
	③		右后轮			
	④		左后轮			
⑤	–	后轮抱死	右/左轮	● 转速传感器内部电路断路或对搭铁短路； ● 后轮制动器拖滞； ● 调节器减压不当； ● ABS 电脑故障	● 转速传感器内部电路间歇性中断； ● 由于拉起驻车制动后，驻车制动开关卡在 OFF 位而导致车轮打滑； ● 汽车打滑	在行车过程中当某一个车轮或两个后轮抱死，且转速传感器信号消失时，ABS 指示灯点亮
	④		右轮			
	⑧		左轮			

续表 7-3

故障码		故障元件和系统	故障区域	可能的原因	不出现症状时的原因	诊断说明
主码	次码					
⑥	–	失效保护继电器	前/后轮	● 失效保护继电器和 ABS 电脑间的继电器驱动电路对电源短路； ● ABS 电脑内的继电器驱动晶体管故障； ● 失效保护继电器卡在 ON 位； ● 失效保护继电器和 ABS 电脑间的电磁阀驱动电路对电源短路		在失效保护继电器通电之前，如探测到电磁阀端子处的电压为蓄电池电压，ABS 指示灯将点亮
	①		前轮			
	④		后轮			
⑦	①	电磁阀	右前轮	● 失效保护继电器卡在 OFF 位； ● 发动机罩下的 ABS 熔丝/继电器盒与 ABS 电脑间的电磁阀驱动电路断路； ● 电磁阀与 ABS 电脑间的电磁阀驱动电路对搭铁短路； ● ABS 电脑内的电磁阀驱动晶体管故障； ● 电磁阀与 ABS 电脑间的电磁阀驱动电脑对电源短路； ● 电磁阀内的驱动电路对电源短路； ● 电磁阀和 ABS 电脑间的进油电路与出油电路短路	● 电磁阀驱动电路间歇性中断； ● 电磁阀搭铁电路间歇性中断； ● 失效保护继电器间歇性中断	● 在初始诊断及汽车起步时，每个电磁阀都瞬时通电，当电脑探测到电磁阀端子处的电压为蓄电池电压时，ABS 指示灯点亮； ● 在常规诊断时，探测到电磁阀 OFF 信号时，电脑探测到电磁阀端子处的电压为 0，ABS 指示灯点亮
	②		左前轮			
	④		后轮			
⑧	①	ABS 起作用		● 车速在 10km/h 以下时，转速传感器信号消失； ● ABS 电脑故障	● 转速传感器内的电路间歇性中断； ● 在不平道路上行驶	当 ABS 持续作用时，ABS 指示灯点亮
	②	CPU 数据有差异		ABS 电脑故障		当 CPU 测得的数据不同时，ABS 指示灯点亮
	④	IC（集成电路）		ABS 电脑故障		在常规诊断时，如 IC 内有异常情况，则 ABS 指示灯将点亮

7.3.4 本田雅阁轿车 ABS 系统 ABS 电脑和失效保护继电器的拆装

7.3.4.1 ABS 电脑的更换

首先拆下乘客侧的护板，脱开 ABS 电脑接头，如图 7-11 所示，拆下三颗固定螺栓即可将电脑拆下。按相反的顺序安装。

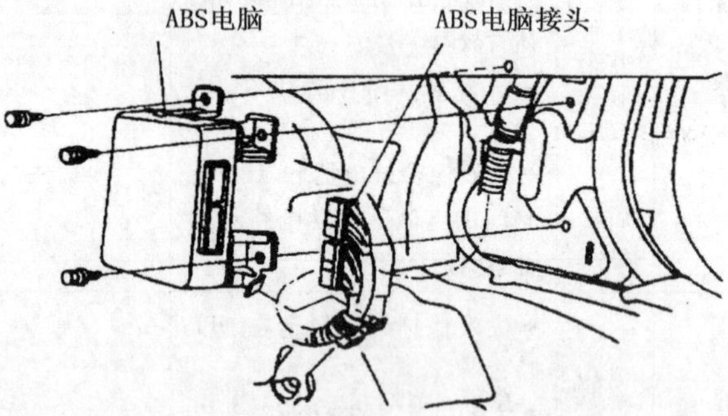

图 7-11 ABS 电脑的更换

7.3.4.2 ABS 电脑继电器的位置

ABS 电脑有两种类型的继电器——失效保护继电器和电机继电器，元件位置见图 7-12 所示。

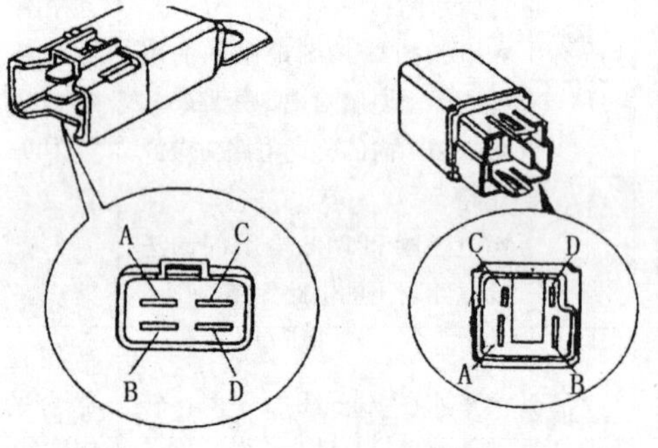

图 7-12 失效保护继电器和电动机继电器

拆下失效保护继电器和电机继电器，即可依次检查继电器端子 C 和 D 是否导通，正常时应导通；检查继电器端子 A 和 B 间是否导通，正常时不应导通，如图 7-13 所示。在继电器端子 C 和 D 间连接一个 12V 的蓄电池，此时继电器端子 A 和 B 间应导通。当拆下蓄电池时，就不导通。

7.3.5 调节器的拆卸与安装

7.3.5.1 拆卸

参照图 7-14 所示进行拆卸。断开调节器的 14 引脚接头和泵电机的 2 引脚接头，从调节器支架上拆下线束夹（安装线束夹时，应将线束调到图 7-14 上方所示的尺寸进行装配）。旋下 3 个 M8 固定螺母，即可将调节器从支架上拆卸下来。

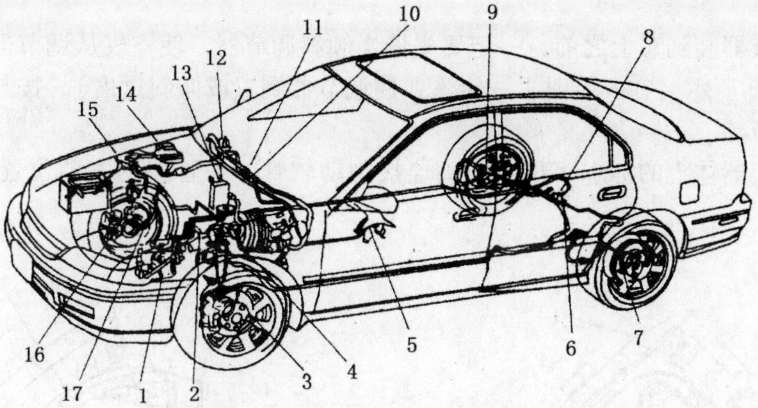

图 7-13　ABS 系统元件及接头位置

1—调节器装置；2—左前轮传感器接头；3—左前轮传感器；4—主缸；5—驻车制动开关；6—右后轮传感器接头；7—左后轮传感器；8—左后轮传感器接头；9—右后轮传感器；10—ABS 检查接头（6 引脚）；11—ABS 诊断接头（2 引脚）；12—失效保护继电器；13—ABS 电脑；14—发动机罩下的熔丝、继电器盒；15—发动机罩下的 ABS、熔丝、继电器盒；16—右前轮传感器接头；17—右前轮传感器

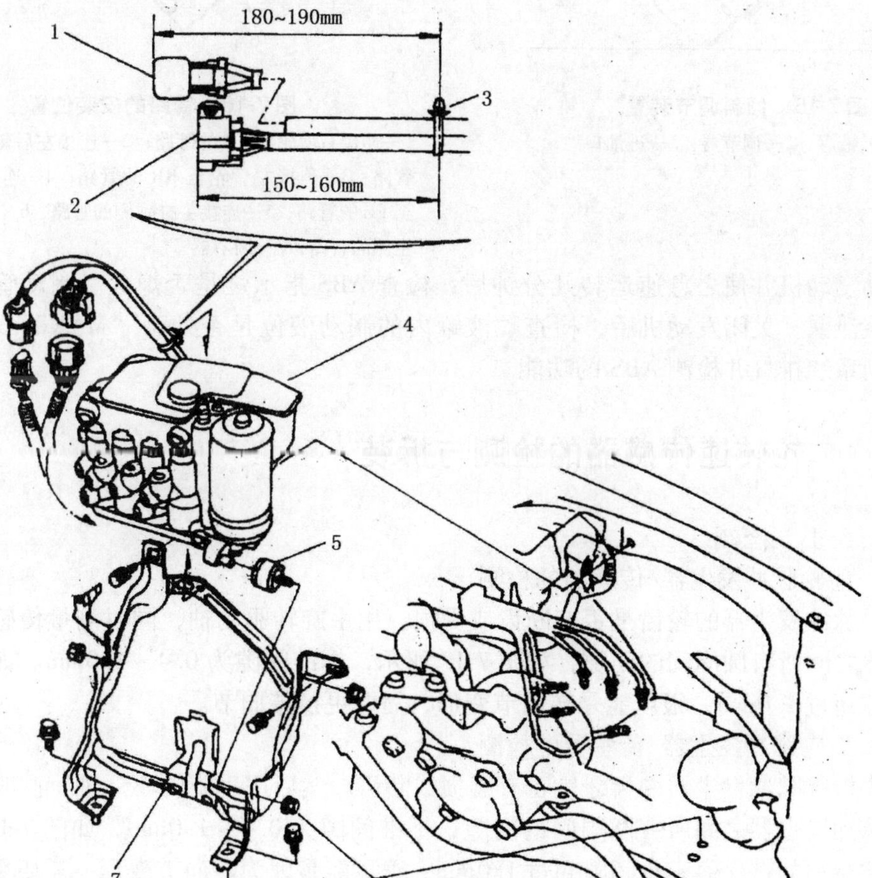

图 7-14　调节器的拆卸

1—泵电机的 2 引脚接头；2—调节器 14 引脚接头；3—线束夹；4—调节器；5—橡胶座；6—M8 螺母；7—调节器支架

7.3.5.2 安装

在将调节器装到车上之前，一定要先慢慢倾斜调节器，使空气从调节器的进油口排出，如图7-15所示（在安装时，一定不要使调节器倒置或倾斜过度）。按与拆装相反的顺序安装调节器。

检查调节器体上的标志字母，正确连接制动软管，各管路的安装位置如图7-16所示。

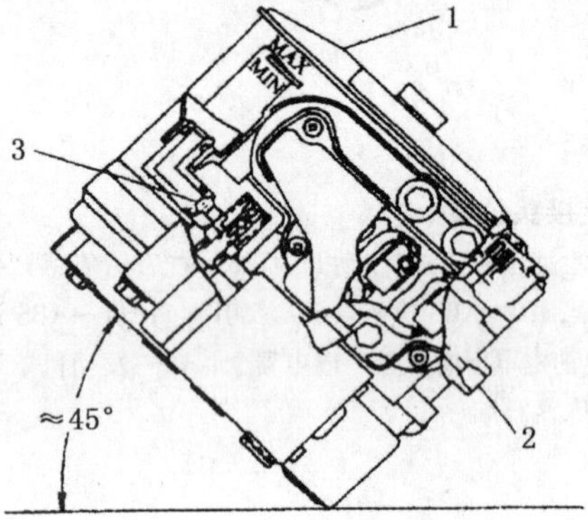

图7-15 倾斜调节装置

1—贮液罐；2—调节器；3—进油口

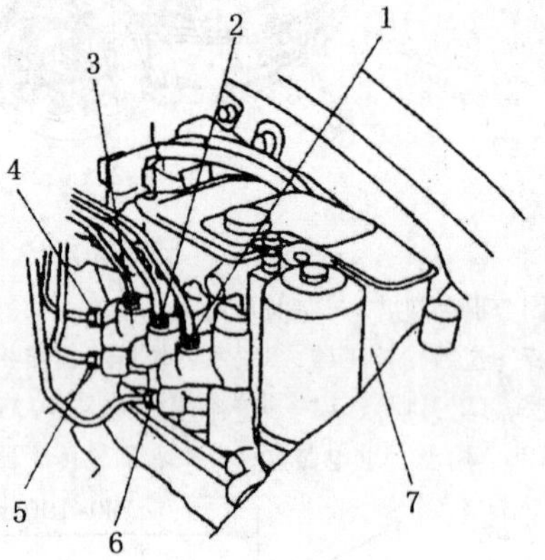

图7-16 管路的安装位置

1—连接右前轮至FR的管路；2—连接左后轮至RL的管路；3—连接左后轮至RR的管路；4—连接左前轮至FL的管路；5—连接主缸副侧的管路；6—接自主缸主侧的管路；7—调节器

启动发动机并使之怠速运转几分钟后，检查ABS指示灯是否熄火、制动管接头有无制动液泄漏。关闭发动机后，检查贮液罐内的制动液位是否处于“MAX”线处，然后给制动系统排气并检测ABS的功能。

7.3.6 车轮转速传感器的检测与拆装

7.3.6.1 检测

（1）前轮脉冲发生器/传感器的检测

查看脉冲发生器的轮齿是否有断齿或受损。用手旋转驱动轴，同时测量传感器和脉冲发生器之间所有圆周间的间隙，如图7-17所示，标准间隙为0.4～1.0mm。如果任何一点间隙超过1.0mm，很可能是转向节变形，需要更换转向节。

（2）后轮脉冲发生器/传感器的检测

首先检查脉冲发生器的齿牙是否有磨损或断齿。然后用手旋转驱动轴，同时测量传感器和脉冲发生器之间所有圆周间的间隙，标准间隙为0.4～1.0mm，如图7-18所示。检查间隙时，如有任何一点间隙超过1.0mm，很可能是因为转向节变形，需要更换转向节。

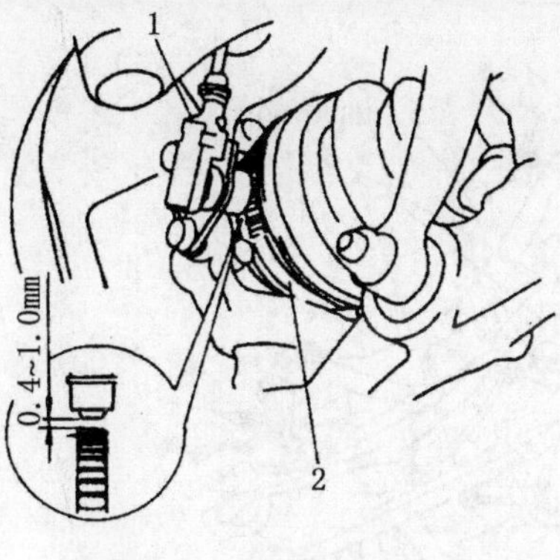

图 7-17　前脉冲发行器间隙

1—前轮传感器；2—前脉冲发生器

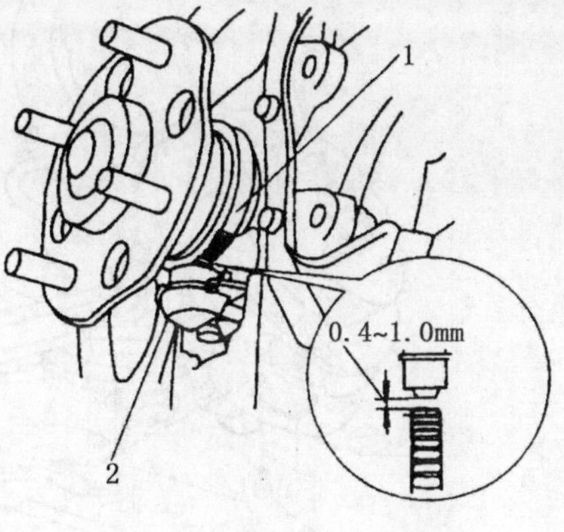

图 7-18　后脉冲发生器间隙

1—后脉冲发生器；2—后传感器

(3) 车轮转速传感器信号的检查

使用 ALB 检测仪（模式“0”）来确认车轮转速传感器的工作是否正常。

检测时，从位于乘客座椅下的横梁接头盖上拔出“6”引脚的检测接头，将其接到 ALB 检测仪上。顶起汽车，使四轮离地并用安全架支承住汽车。而后接通点火开关，将方式选择开关转到“0”位。将变速器置于空挡位置，用手转动每个车轮（以 60r/min 的速度旋转），确认当车轮旋转时，检测仪上相应的监控灯会闪烁。但在某些情况下，前轮不一定转动得快到足以清楚地看到监控灯的闪烁，如有必要，可启动发动机使前轮慢慢地加速和减速。监控灯闪烁表明车轮转速传感器的信号正常。如果监控灯不闪烁，则应检查相应的传感器及其间隙和接线/接头。

7.3.6.2　维护

车轮转速传感器经检查有故障时，只能进行更换。在维护更换时，只需拆下车轮转速传感器的接头与两颗固定螺栓，即可将传感器拆卸下来。安装时，按与拆卸相反的步骤安装。前传感器与后传感器的拆卸如图 7-19 和图 7-20 所示。

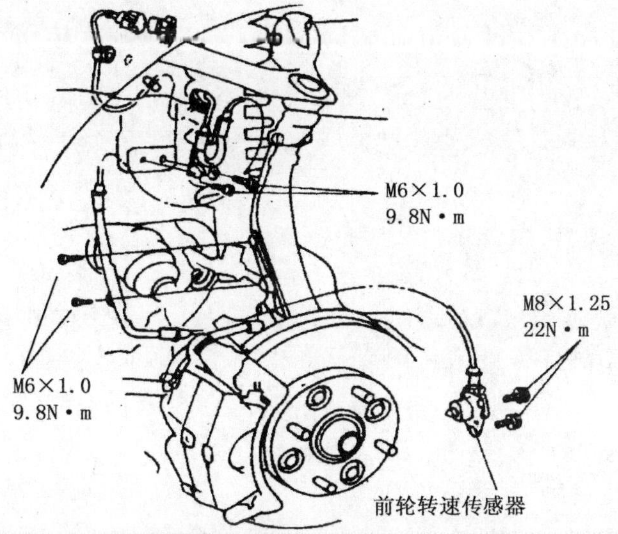

图 7-19　前传感器的拆卸

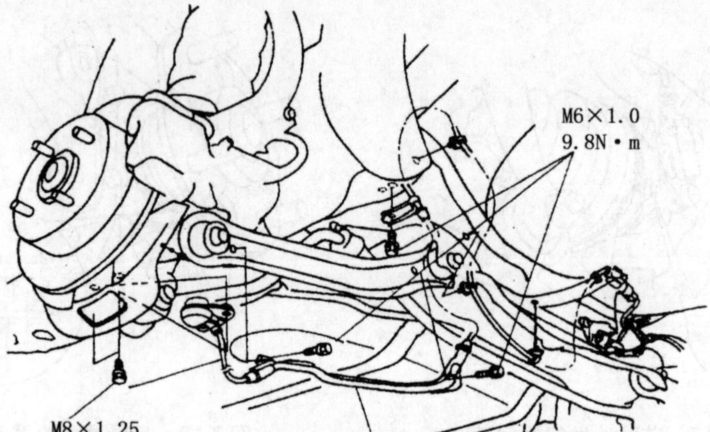

图 7-20 后传感器的拆卸

7.3.7 检验

确认计划的维修项目全部实施完成之后进行试车，验证前面的推断是否正确，检查故障是否完全排除，并对维修质量进行评价。

7.3.8 考核与评估

行驶系统故障检修考核要点与评分标准见表 2-7。

第 8 章　汽车车身故障与维修

通过本章的学习，了解汽车车身的一般构造、了解常用汽车车身测量系统、了解汽车油漆常识和最新的汽车车身检测与修复工艺、掌握汽车车身变形的常用检测方法、掌握汽车车身整形的常用设备及整形方法、掌握汽车车身主要零件和汽车车身表面涂层的修复方法。

8.1　汽车车身概述

汽车车身主要由车身壳体、车身钣金件、车门、车窗总成、车身内外装饰件、车身附件、座位及其他装置组成。

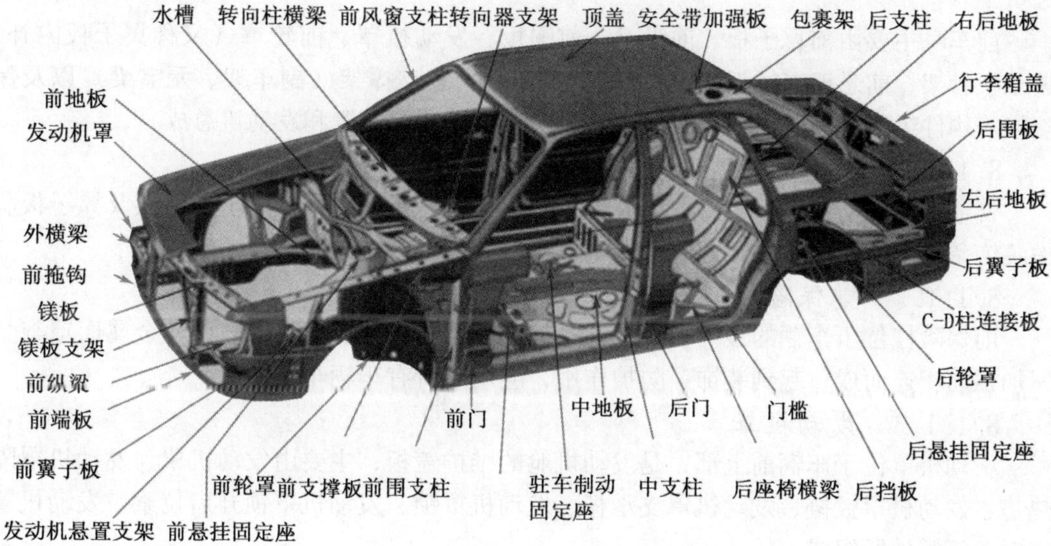

图 8-1　轿车车身壳体的组成

汽车车身壳体分为非承载式、半承载式和承载式三种。现代轿车普遍采用无骨架承载式车身，如图 8-1 所示。承载式车身取消了车架，全部载荷由车身承受，底盘各部件直接与车身相连，这种型式的车身，由于承载部位的不同又分为底架承载式和整体承载式两种：前者底架部分强度较大，承受大部分载荷；而后者则是整个车身形成一个参与承载的整体。承载式车身的制造是将薄钢板压制成形状各异的板件，然后再点焊成一个整体。

通常整个车身壳体按强度等级分为三段，如图 8-2 所示，图中 A，B，C 分别代表车身前部、中部及后部。车身设计时，使乘客室尽可能具有最大的刚度，而前、后室则应具有较大的韧性。

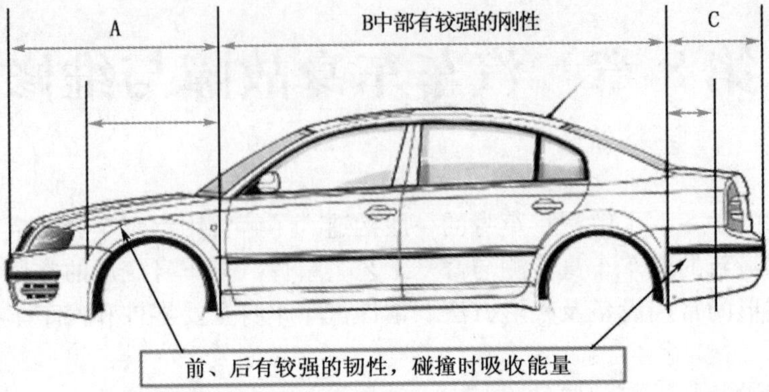

图 8-2　车身壳体刚度分级及受损变形情况

为了便于在汽车车身修理工作中进行交流，通常将一个汽车车身分成三个部分：前部、中部、后部。

8.1.1　前车身

前车身主要由前翼子板、前纵梁、前围板、发动机罩、前轮罩（又称翼子板内补、翼子板骨架、前悬架支撑板、大包等）、发动机安装支撑架（副车架、元宝梁）以及保险杠等构件组成。大多数轿车的前部装有前悬挂及转向装置和发动机总成。

8.1.1.1　前翼子板

普通轿车的前翼子板主要由前翼子板外板、前翼子板内板、翼子板衬板及翼子板防擦装饰条等组成，部分轿车还装有翼子板轮口装饰条。

8.1.1.2　前保险杠

前保险杠位于车辆的最前端，是车身外部装饰体，主要部件一般由非金属面罩与金属加强筋相连而成，起到装饰、防护作用，应用于所有车辆车身。

8.1.1.3　发动机罩

发动机罩位于车辆前上部，是发动机舱的维护盖板，主要由发动机罩、发动机罩隔热垫、发动机罩铰链、发动机罩支承杆、发动机罩锁、发动机罩锁开启拉索、发动机罩密封条等零件所组成。

8.1.1.4　前围板

前围板位于乘客室前部，使发动机室与乘客室分开。前围板的两端与壳体前立柱和前纵梁组焊成一体，使整体刚性更好。由于前车身的后部构造还起横向加固壳体的作用，一般采用双重式结构。靠近发动机室一侧主要起辅助加强作用，靠近乘客一侧用高强度钢板冲压成型，两侧有沥青、毛毡、胶棉等绝缘材料，以求乘客室振动小、噪声低、热影响小。

8.1.1.5　前纵梁

前纵梁是前车身的主要强度件，直接焊接在车身下部，其上再焊接轮罩（有的前轮罩与前纵梁为一体式）等构件。

8.1.2 中间车身

中间车身设有车门、侧体门框、门槛，沿周采用高强度钢制成的抗弯曲能力较高的箱型断面，中间车身侧体框架的中柱、边框、车顶边梁、侧体下边梁等结构件也采用封闭型断面结构。车顶、车底和立柱等构件均以焊接方式组合在一起。

中间车身的立柱起着支承风窗和车顶的作用，一般下部做得粗大，上部的截面尺寸需要考虑驾驶视野而缩小。立柱包括前柱（A柱）、中柱（B柱）与后柱（C柱）三种。

8.1.2.1 立柱、门槛板、地板

立柱、门槛板是构成车身侧框架的钣金结构件，是车身非常重要的支撑件，如轿车、吉普车等车型的侧框架一般由前、中、后门框及门槛、门楣等构成一个框架结构，用来固定车门、支承顶篷、固附车身蒙皮等。

8.1.2.2 车顶

车顶是指车身车厢顶部的盖板，其上可能装备有天窗、换气窗或天线等。车顶主要由车顶板、车顶内衬、横梁（可能有前横梁、后横梁、加强肋）等组成，有的车型还备有车顶行李架。

8.1.2.3 车门

车门及附件主要包括车门板（车门外板和车门内板）、车门内饰板、车门密封条、车门铰链（一般包括车门上铰链、下铰链）、车门锁总成等零件组成。

8.1.3 后车身

后车身是用于放置物品的部分，可以说是中间车身侧体的延长部分。三厢式车的乘客室与行李箱是分开的；而两厢车的行李箱则与乘客室合二为一。

8.1.3.1 行李箱和行李箱盖

轿车的行李箱盖主要由行李箱盖板、行李箱盖衬板、行李箱铰链、行李箱支承、行李箱密封条、锁总成等零件组成，部分轿车的行李箱盖还带有扰流板、车型品牌标识等。

8.1.3.2 后侧板

后侧板是指后门框以后的遮盖后车轮及后侧车身的车身板。后侧板主要包括后侧板外板、后侧板内板、后立柱、侧板内饰板及轮罩板等。

8.1.3.3 后保险杠

后保险杠位于车辆车身的尾部，起到装饰、防护车辆后部零件的作用。后保险杠主要包括保险杠外皮、保险杠杠体、保险杠加强件、保险杠固定支架以及保险杠装饰条。

8.2 汽车车身变形故障诊断分析

导致汽车车身变形的因素很多，主要有以下几个方面：设计、制造过程中本身的薄弱环节；部分车身材料上存在的缺陷；维修工艺不当形成的隐患或损伤；经长期使用所引起的变形或材质劣化；碰撞事故而导致的机械损伤。

对于局部变形或损伤可以比较直观地作出判断，但对整体变形的诊断就显得不那么容易了。对于车身的整体变形，没有正确的测量结果作依据，修复作业便无从下手。

8.2.1 车身变形检测的基本步骤

① 找出车身主要受碰撞的零件及位置，根据受碰撞部位损伤的特征和程度确定碰撞力的方向及其大小。

② 初步检查与主要受损零件相连的部件有无损伤以及损伤程度。

③ 测量车身各参照点的位置尺寸，并与标准尺寸进行比较，确定车身的变形程度和特点。

④ 找出车身的所有变形零件和部位。

8.2.2 车身测量的意义

汽车车身测量是车身维修中不可缺少的重要环节之一。它是维持或恢复车身的正常工作能力，延长使用寿命并使其经常处于完好技术状态的主要依据。

由汽车车身的基本构造与机能可知，车身整体定位参数如果发生变化，对行驶性、稳定性、平顺性、安全性、使用性等都有至关重要的影响。整体定位参数，是指那些对汽车发动机、底盘、车身主要构件的装配位置有直接影响的基础数据。

车身维修的测量一般分为作业前、作业中和竣工后三个步骤。作业前的检测，旨在确认车身损伤状态和把握变形程度的大小；维修作业过程中的检测，有助于对修复过程的质量进行有效地控制；竣工后的检测，为验收和质量评估提供可靠的数据。

8.2.3 车身测量的基准

8.2.3.1 车身测量的基本要素

正确的车身检测与测量是车身维修的基础，而掌握车身测量的点、线、面三个要素，又是高质量完成车身测量任务的关键。

（1）控制点原则

车身测量的控制点用于检测车身损伤与变形的程度。车身设计与制造中设有多个控制点，检测时可根据技术要求测量车身上各个控制点之间的尺寸，如果误差超过规定的极限尺寸，应设法修复使之达到技术标准规定范围。

车身上的控制点并非无迹可循。承载式车身的控制点如图 8-3 所示，第一个控制点通常在前保险杠或前车身水箱支承部位①；第二个控制点在发动机室的中部相当于前横梁或前悬架支承点②；第三个控制点为中间车身相当于后门框部位③；第四个控制点在后车身横梁或后悬架支承点④。

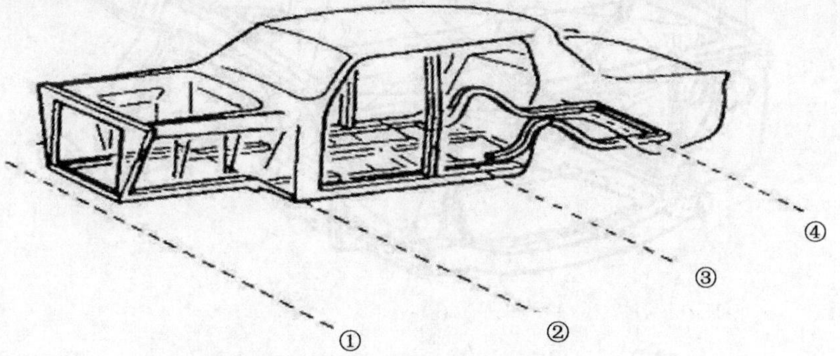

图 8-3 车身控制点的基本位置

（2）基准面原则

车身设计时往往是先选定一根基准线，将该基准线沿水平方向平移到一水平平面，与车身上各个对称平行点所形成的线或面平行。车身图纸上所标注的沿高度方向上的尺寸，为车身各部分与基准平面间的距离。既然车身设计与制造是以该平面为高度基准的，车身测量与维修同样需要这些高度要求来控制其误差的大小。

（3）中心线及中心面原则

中心线及其沿垂直方向平移获得的中心面，实际上是一个假想的具有空间概念的直线和平面，该平面将车身沿长度方向截为对称的两半。车身的各个点通常是沿这一平面对称分布的，因此所有宽度方向的尺寸参数及测量都是以该中心线或中心面为基准的。

8.2.3.2 参数法测量

参数法以车身图纸或技术文件中的规定来体现基准目标。

如图 8-4 所示，这种数据链关系一方面说明，车身定位参数的变化在一定程度上增加了矫正与测量的复杂性；另一方面说明，较为严重的机械损伤，可以利用目标参数来实现对车身、车架的矫正与修复。

8.2.3.3 对比法测量

对比法以相同汽车车身的位置参数作为基准目标，如图 8-5 所示。当然，所选择的车身应完全符合技术文件规定要求的状况，必要时还可以通过增选台数来提高目标基准的精确性。运用对比法确定测量基准时，应注意以下两个问题。

（1）数据的选取

① 利用车身壳体或车架上已有的基准孔，找出所需的定位参数值。

② 以基础零件和主要总成在车身上的正确装配位置为依据。

③ 比照图中其他同类型车身的标示方法确定基准参数的量取方案。

（2）误差的控制

与参数法相比，对比法测量的可靠性较差，这就要求应尽可能将测量误差限制在最小，以防止因累计误差的增加而影响维修质量。措施为：

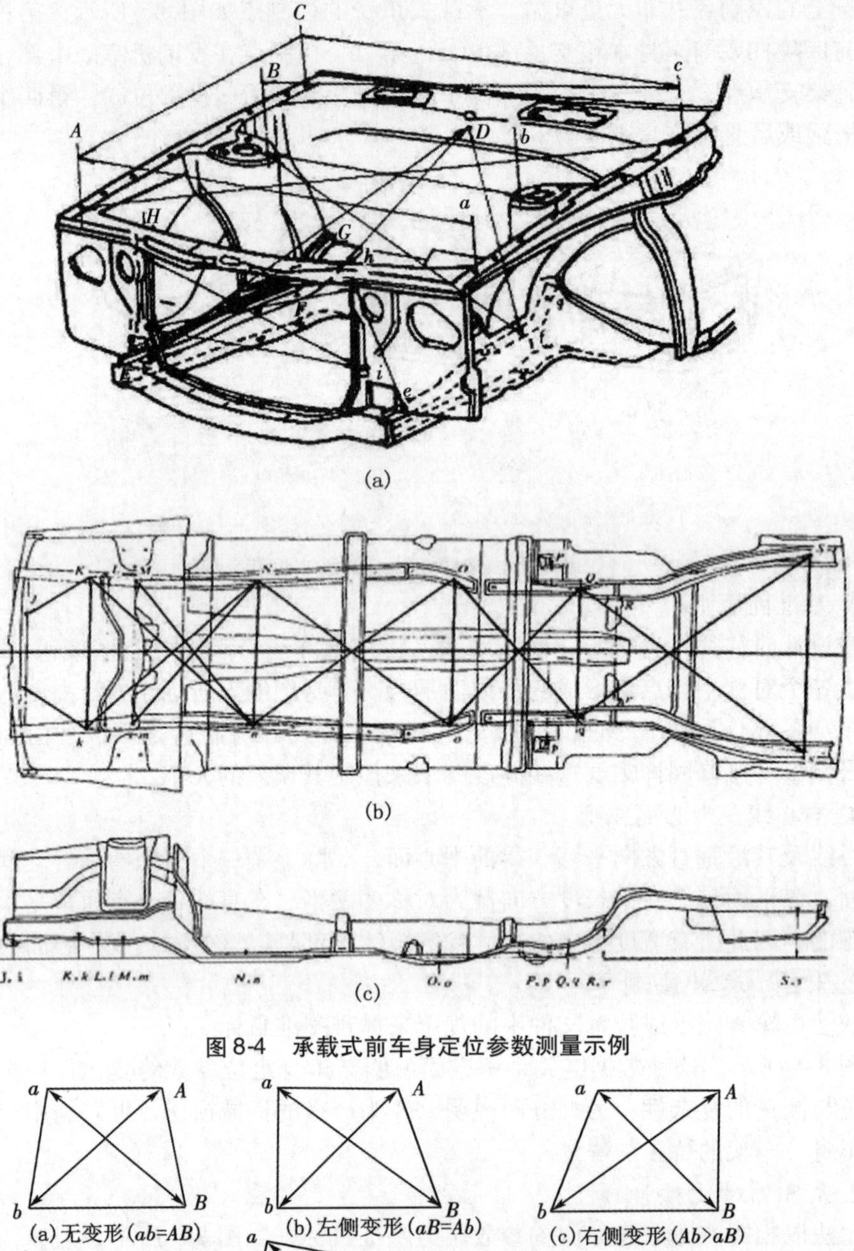

图 8-4　承载式前车身定位参数测量示例

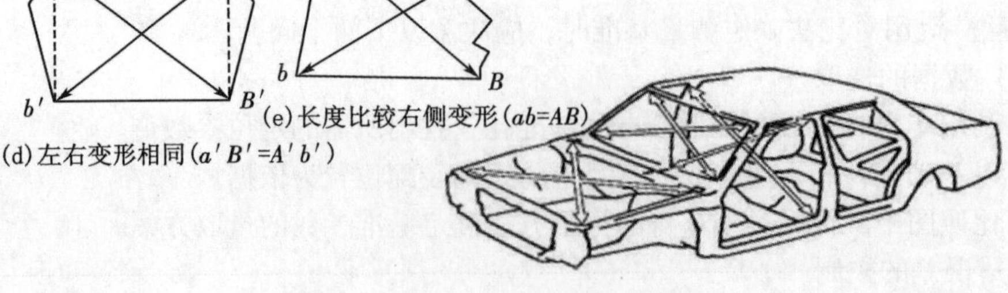

图 8-5　参数法和对角线比较法测量

① 选择便于使用的测量器具（如测距尺）。

② 不能以损伤的基准孔作为测量依据。

③ 同一参数值应尽量避免接续，最好是一次性量得。

8.2.4　车身测量方法的应用

车身整体变形的测量，是依靠计量器具采集相关的技术数据，以判定车身构件及其与基准之间的相对位置。以实际测得的状态参数为依据，进行数值分析、比较，旨在找出相对位置的变化规律，进而对变形状况作出进一步的诊断。

8.2.4.1　测距法

测距法可以直接获得定向位置点与点的距离，是最简单的一种测量方法，它主要通过测距来体现车身构件之间的位置状态。

测距法使用的量具是钢卷尺、专用测距尺等。钢卷尺测量简便、易行，但测量精度低、误差大，仅适用于那些对精度要求不高的场合，尤其是当测量点之间不在同一平面或其间有障碍时，就很难用钢卷尺测量两点间的直线距离，如图 8-6（a）所示。使用图 8-6（b）所示的专用测距尺，可以根据不同位置将端头探入测量点，应用起来十分灵活、方便。

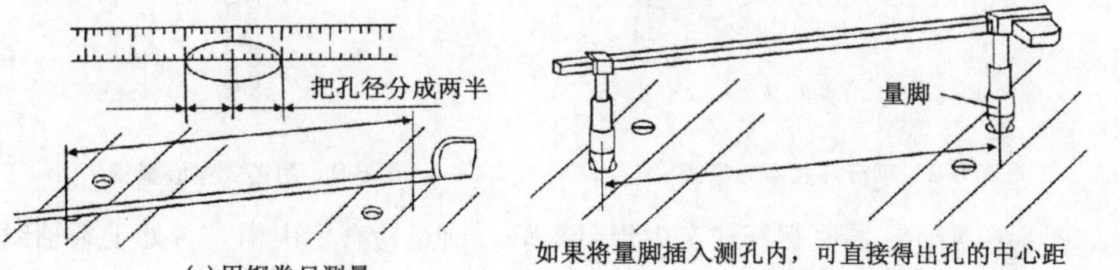

(a)用钢卷尺测量　　(b)用杆规测量

图 8-6　钢卷尺和专用测距尺测量

车架发生变形时也可以运用测距法进行测量，如图 8-7（a）所示。将车架置于平台上并按一定的高度支稳，用高度尺逐一测量各基准点与平台的垂直距离，可以分别得出车架垂直方向上的相关参数。有些图样或技术文件，可以按图 8-7（b）所示的方法标定参数。在没有专用测量架的条件下，也可使用测距法来测量，但要先利用三角函数法或勾股定理进行相应的计算。

8.2.4.2　定中规法

车身的许多变形尤其是综合性变形，测量长度往往体现得不十分明显，所反映出的问题也不够直观。如当车身或车架与汽车纵轴线的对称度发生变化时，就很难用测距法对变形作出准确的诊断。如果使用中心量规（定中规），就可以比较好地解决这类测量问题。常见的中心量规有平行杆式（见图 8-8）和吊链式（见图 8-9）。

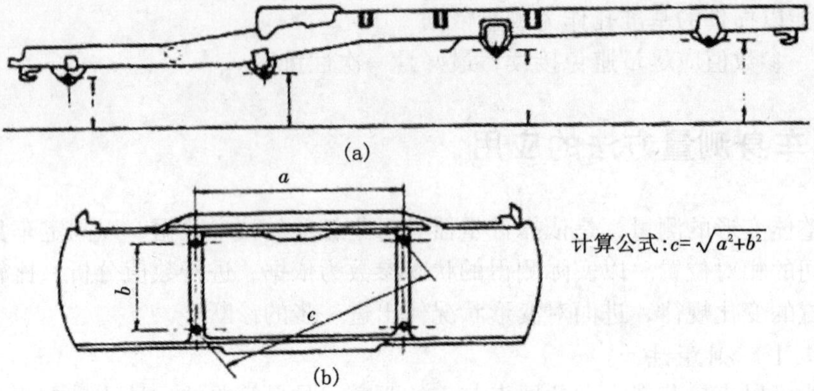

图 8-7　测距法测量实例

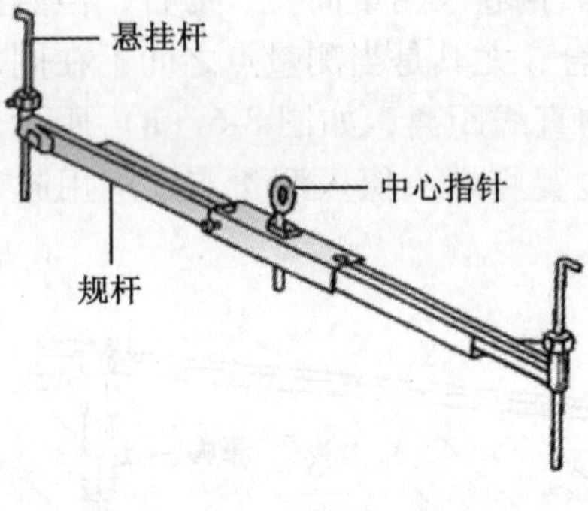

图 8-8　平行杆式中心量规

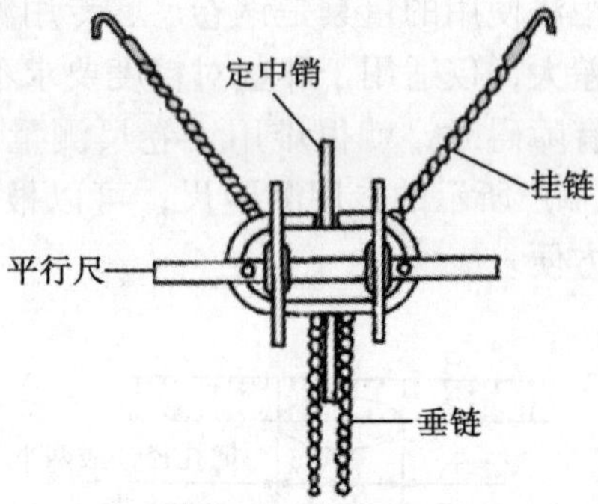

图 8-9　吊链式中心量规

如图 8-10 所示，将平行杆式定中规悬挂好，通过检查定中销是否处于条轴线上以及定中规尺面是否相互平行，就可以判断车架是否弯曲、翘曲或扭曲变形。图 8-11 所示是利用吊链式中心量规检查车身壳体骨架变形。

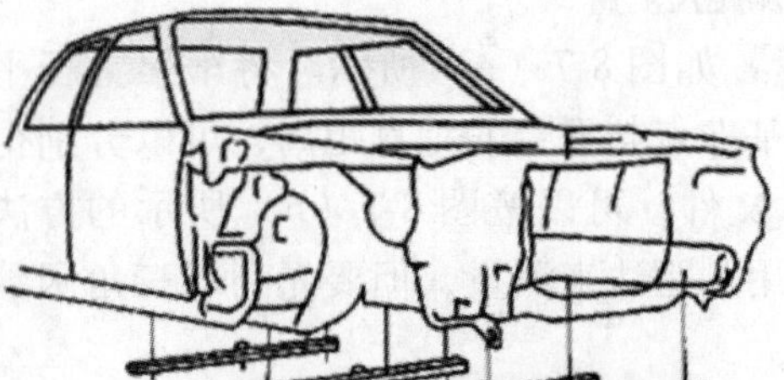

图 8-10　平行杆式中心量规的悬挂

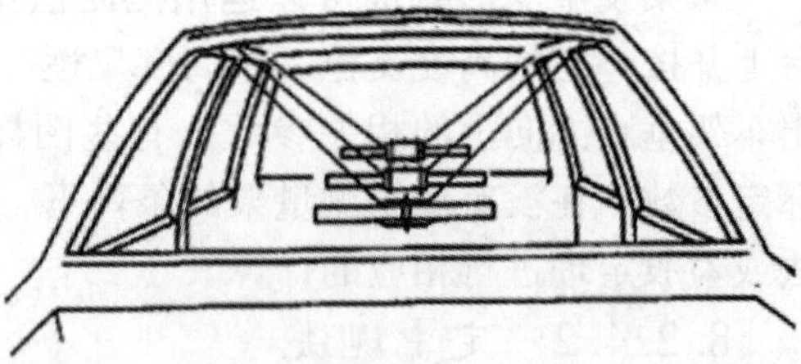

图 8-11　吊链式中心量规的悬挂

8. 2. 4. 3　坐标法

坐标法适用于对车身壳体表面的测量。轿车的多曲面外形，使检测工作的难度加大。如果使用专用测量系统，就可以比较容易地实现这方面的测量。

(1) 桥式测量架

桥式测量架由导轨、移动式测量柱、测量杆和测量针等组成，如图 8-12 所示。测量过程中，可以根据需要调整与车身的相对位置，使测量针在接触到车身表面的同时，还能够直接从导轨、立柱、测杆及测量针上读出所对应的测量值。

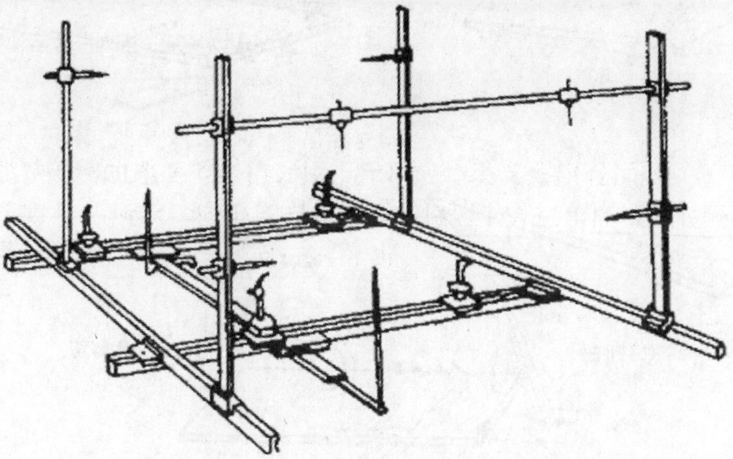

图 8-12　桥式测量架

（2）激光测量台

激光测量台如图 8-13 所示。测量时光源发出的激光束，可将光点投射在各塑料标尺上，读数既直观又方便。尺寸测量架可分别检测车身其他方面存在的变形。这种变形测量台可与修理矫正装置配套，实现车身修理的过程测量。

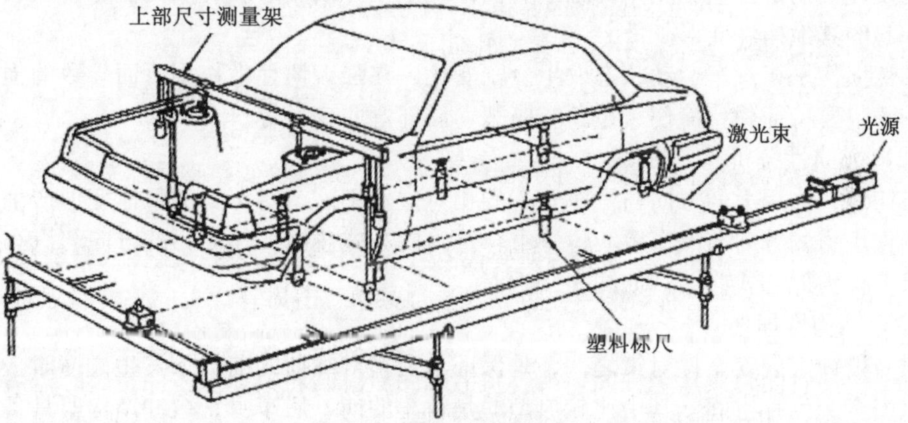

图 8-13　激光测量台

8.2.5　车身损坏

汽车车身的碰撞是物体间的相互机械作用，这种作用的结果使运动状态发生改变，甚至使车身发生变形和破坏，亦即通常所说的机械损伤。常见的几种损伤形式如图 8-14 所示。

8.2.5.1　损伤方式

（1）损伤方式

直接损伤是指车身与其他物体直接碰撞而导致的损坏。

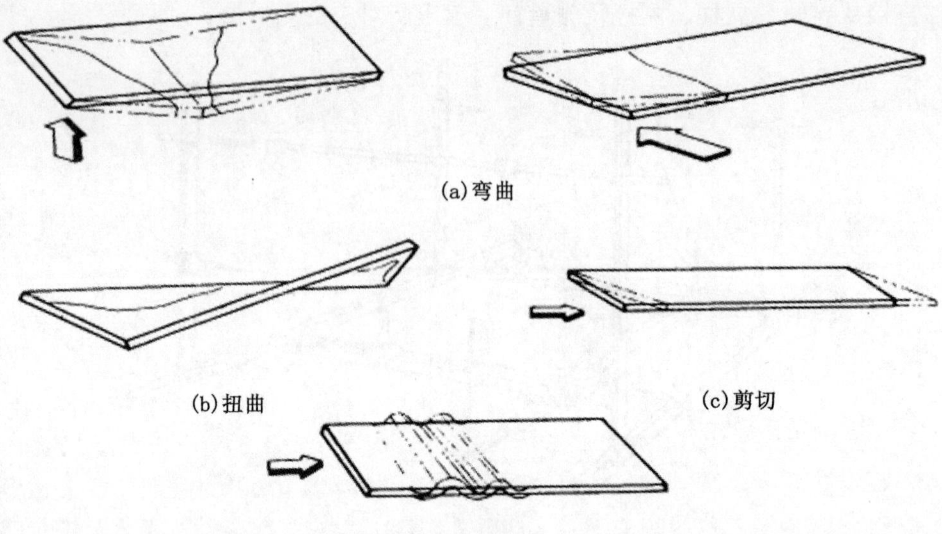

(a)弯曲

(b)扭曲

(c)剪切

(d)折叠

图 8-14　损伤的几种形式

波及损伤是指冲击力作用于车身上并分解后，分力在通过车身构件过程中所形成的损伤。

诱发性损伤是指一个或一部分车身构件发生损坏或变形后，同时引起与其相邻或装配在一起的其他构件变形。

惯性损伤是指汽车运动状态发生急剧变化，在强大惯性力作用下而导致的损伤。惯性损伤的主要特征是：撞伤、拉断或撕裂、局部弯曲变形等。

（2）方向性分析

碰撞时，作用力的方向与汽车重心的相对位置不同，对车身的整体变形产生不同的影响。作用力的方向与汽车重心位置重合称为向心式碰撞；作用力的方向与汽车重心位置不重合称为偏心式碰撞，如图 8-15 所示。

（3）结构性损伤

车身设计上的安全性对策之一，是保证承受正常载荷的前提下发生碰撞时，能为乘客提供安全的生存空间。其中比较典型的是轿车的前、后车身，缓冲结构所具备的衰减冲击能量的功能，可使车身在严重的碰撞事故中，以自身的变形来吸收大部分撞击能量，达到保护乘客安全的目的。

（4）应力集中

据上述原理，车身构件上的许多部位有选择地布置了应力集中点。在前段纵梁和翼子板支承上预制的结构突变和缺口，有效利用了应力集中点和前面所讲到的避让效应，有效地吸收冲击能量而减少其他部位的损失。这些应力变形结构称为“卷褶区”，这种类型的构件称为卷褶型支承件。

8.2.5.2　车身损坏

（1）前部损坏

前部损坏是由于车头撞上另一辆车或其他物体引起的损坏，碰撞力大小取决于车重、车速、撞击物以及撞击面积。如果碰撞不大，将造成保险杠后移，使前侧梁、保险

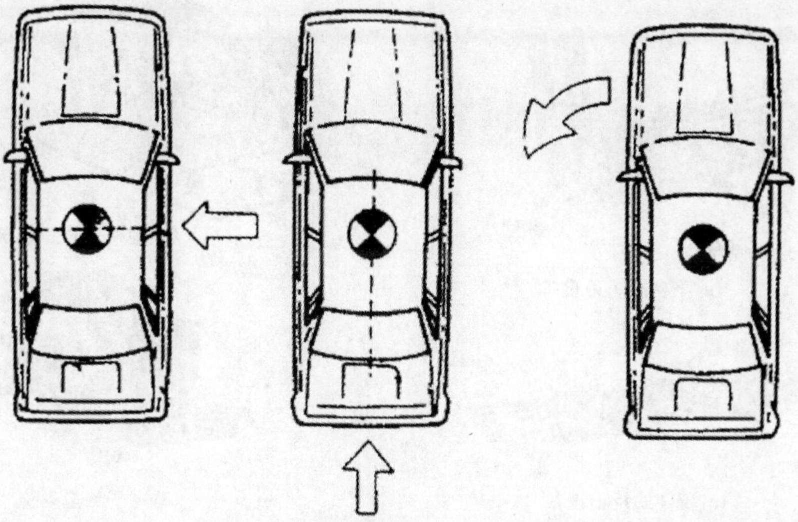

图 8-15 碰撞作用力方向的分类

杠座、前翼子板、散热器支座和发动机罩锁支柱等发生弯曲变形。

如果碰撞进一步增加，前翼子板将被撞到前门上，发动机罩铰链将上弯，触到发动机罩，前侧梁折褶，与悬架所在横梁接触。如果碰撞再增大，前翼子板围裙和前车身支柱（特别是前门铰链上部区域）将发生弯曲变形，前门可能被撞掉。此外，前侧梁折褶加大，使悬架横梁弯曲，发动机与驾驶室之间的隔板和地板也会变弯以吸收碰撞。

（2）侧向损坏

侧向损坏造成车门、前部侧板、车身中支柱甚至地板发生变形。当前翼子板或后侧围板受到较大的垂直碰撞，碰撞力会传到撞击点另一侧的车身上。

如果前翼子板中部受撞，前轮将后缩。碰撞力将通过前悬架所在的横梁传给两侧纵梁。

如果碰撞力很大，悬架部件会损坏，前轮定位将改变。侧向碰撞还会造成转向装置及其支座的损坏。

（3）顶部损坏

顶部损坏是由于落物砸伤汽车或汽车翻滚引起的损坏，顶部损坏不仅局限于车顶板，还可能造成车顶侧梁、后侧围板和车窗的损坏。

车辆翻滚时，车身支柱和车顶板会弯曲，相应的支柱也会被损坏。根据翻滚方式的不同，还可能造成车身前部或后部损坏，其辨认特征是车门及车窗附近发生变形，易于发现。

8.2.6 车身整形

8.2.6.1 车身大梁矫正设备

如图 8-16 所示，车身大梁矫正系统主要分为 L 型简易车架车身矫正器、地框式矫正设备（俗称地八卦系统）、框架式矫正设备（专用型设备）和平台式矫正设备（通用型设备）。

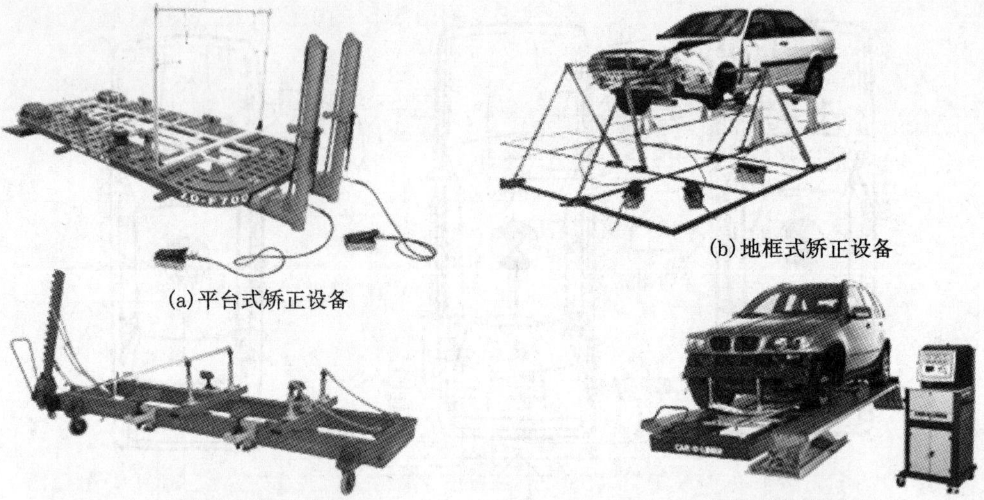

(a)平台式矫正设备 (b)地框式矫正设备

(c)框架式矫正设备 (d)电子测量系统

图 8-16 车身大梁矫正设备

8.2.6.2 轿车矫正方法

(1) 水平方向上的牵引

以轿车前车身正面碰撞损伤为例，矫正前应先测量变形状况，并将一些关键参数记录下来，如对角线 A，B 和左右的垂直弯曲等。属于图 8-17（a）所示的情形时，可斜向牵引变形最大的左梁端部，左端的变形和右梁的弯曲自然会同时得以矫正，所设定的牵引方向适当向外倾斜一定的角度；如果纵梁变形向外倾，应将牵引方向适当向外倾斜一定角度；如果变形是向内倾的，只需向前牵引即可，待弯曲的构件展开后再确定是否需要调整牵引方向，如图 8-17（b）所示。牵引过程中应不断测量那些关键参数。循序渐进地施加牵引力，不要急于求成，以免造成二次损伤。如：弯曲较为严重的纵梁，纵向牵引不能使其完全复位时，还要于侧面附加水平方向上的牵引力如图 8-17（c）所示，通过更大的附加矫正力的作用，来实现单方面强行牵引难以达到矫正弯曲的目标。

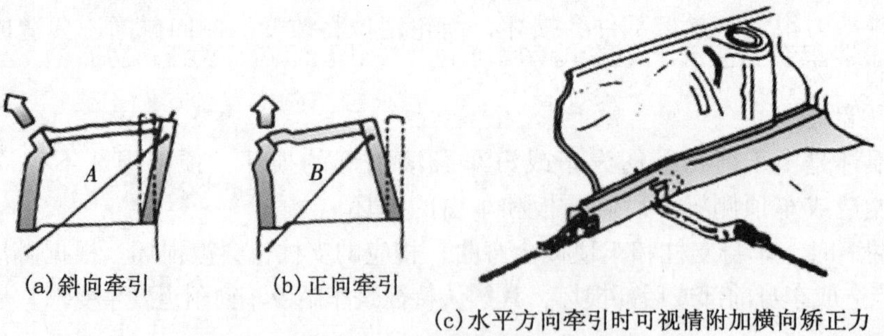

(a)斜向牵引 (b)正向牵引

(c)水平方向牵引时可视情附加横向矫正力

图 8-17 水平方向上的牵引

追尾碰撞造成的后车身变形并不比前车身易矫正。后车身受冲击时力的分散与传递更大，严重的还会波及车身的中间支柱。牵引时应用夹具等将拉链与车身纵梁后端固定。牵引点尽量布置得分散些以免发生局部变形。只有后翼板轻度变形时，可用夹具于内侧固定拉链，这样可使装卡更方便些，如图 8-18 所示。

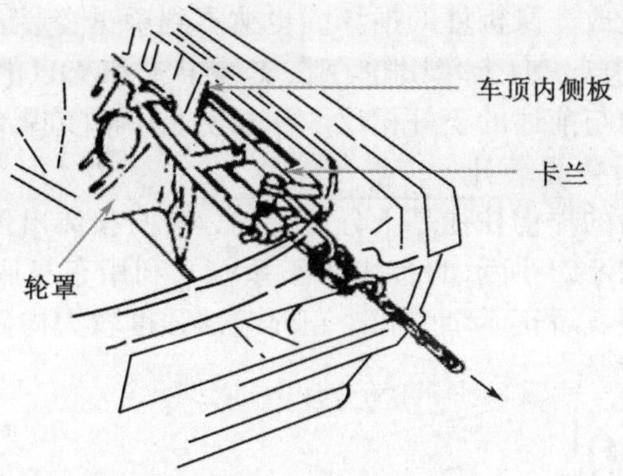

图 8-18　车身后翼子板内侧的固定方法

车身受到侧向冲击的危害性很大，严重时可使车身整体弯曲。矫正方法如图 8-19 所示，像扳直一根铁条那样从三个方向进行牵引。

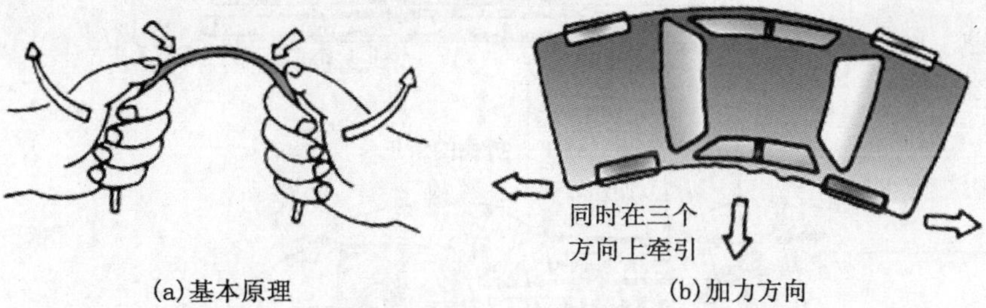

图 8-19　矫正车身侧向整体变形的基本原理

（2）垂直方向上的牵引

当车身于垂直方向上发生变形时（其中包括扭曲），就需要进行垂直方向上的上、下牵引，如图 8-20 所示。

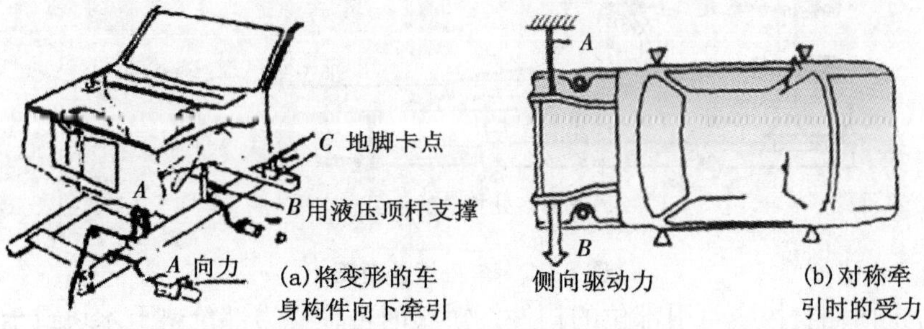

图 8-20　垂直方向上的牵引与支承

翼子板上扬一类的变形，可以采取图 8-20（a）所示的牵引方法装配拉链，将向上变形的车身构件向下牵引。在进行向下牵引操作时，车身构件将于三点承受两个不同方向上的作用力，门槛处的车身固定点 *C* 和牵引端 *A* 一样，都承受着垂直向下的拉力；而位于构件中间的支撑点 *B* 承受着垂直向上的支撑力。根据力的平衡原则，中间支点 *B* 所承受力的大小为拉力 *A* 与 *C* 之和，这与图 8-20（b）所示的对称牵引时的受力（$F_A = F_B$）存在明显不同。矫正过程中应十分注意 *B* 点的承受能力，除要选择变形开始的过渡点作为支撑点外，还要兼顾构件强度的大小，必要时应加垫木块等以减少单位面积上的压力。否则就有可能造成车身构件的损坏，也达不到矫正变形的目的。

与向下牵引的意义相同，向上牵引也存在支撑方式和支点的选择问题。所不同的是，中间部位的受力方向与前述的正好相反。注意防止中间支撑部位的二次损伤。

（3）车身任意方向折叠的牵引

车身发生冲撞事故后的损伤往往是十分复杂的，车身整体出现严重折叠变形并伴随下垂损伤时，最好使用图 8-21 所示的台式矫正系统，利用车身底梁做整体固定后，借助拉链和挂钩分步骤牵引、矫正。牵引和矫正时应从强度较大构件开始，首先修复对车身控制点影响较大的部位。

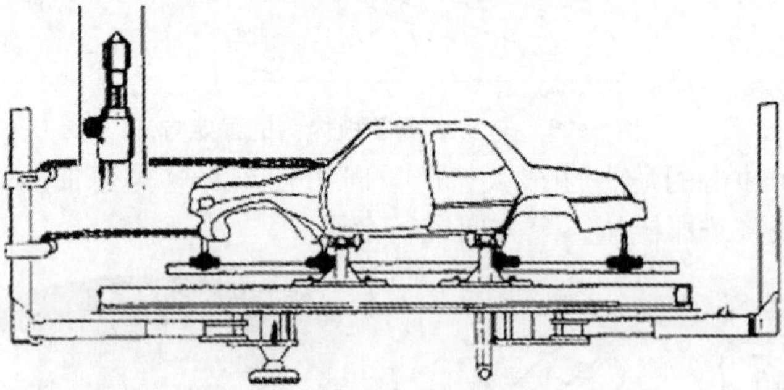

(a)车身折叠的矫正

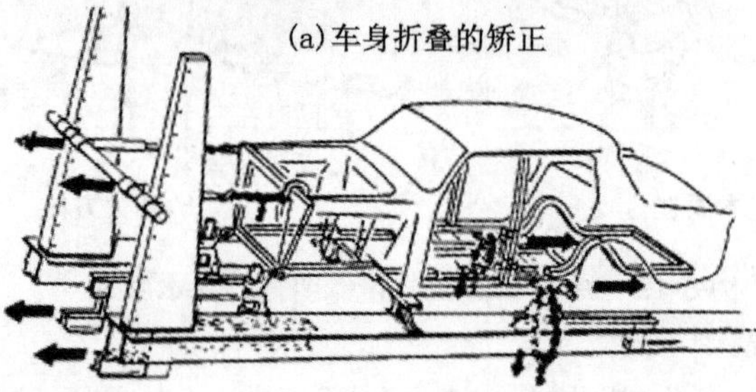

(b)车身多处折叠变形

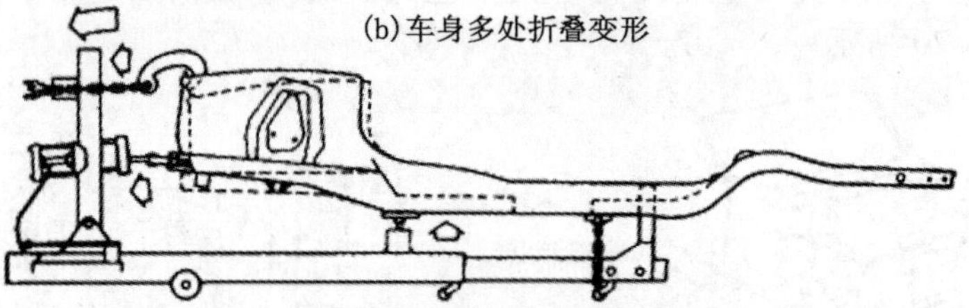

(c)车身多处折叠的牵引与支撑

图 8-21　车身折叠矫正

为了防止损伤支撑或牵引部位的构件，矫正时可在受力部位垫上木块或金属衬垫。

矫正时可先用拉链将变形部位拉紧，再用液压千斤顶将下垂的纵梁适当顶起至正确高度。

当中间车身受到冲撞损伤时，可采用图 8-22 所示的牵引方案予以矫正。矫正时应注意选择合适的挂钩，因为中央门柱为封闭式断面，并且强度有限，矫正过度或因矫正造成变形损伤都会十分棘手。

在进行故障诊断时，要根据故障现象分析可能的原因和部位，制订并填写诊断检测计划表（见表 8-1），逐步进行排查。

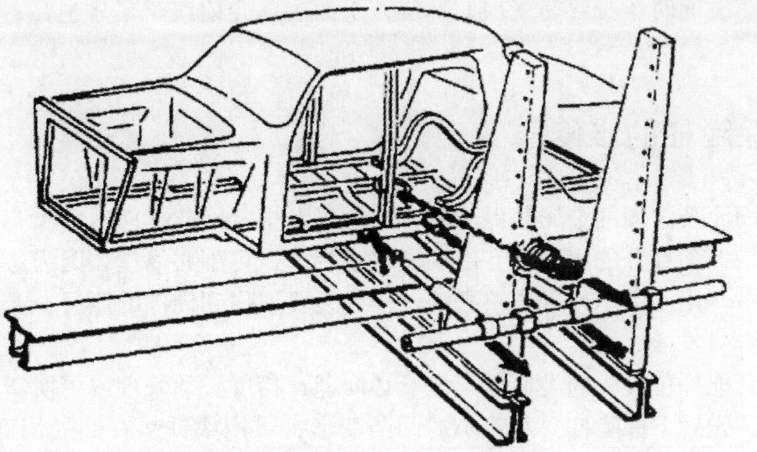

图 8-22　侧向冲击损伤的矫正

表 8-1　诊断检测计划表

序号	可能原因	项目检查	检查方法	检查结果	正常值	结果判定
1						
2						
3						
4						
5						
6						
7						
班组长意见						

8.3　汽车车身故障维修

根据上面的诊断检测结果，确定故障部位，制订、填写维修计划表（见表 8-2），并实施维修。以广州本田雅阁乘用车为例对驻车制动系的维修进行说明。

表 8-2　维修计划表

故障部位（零部件）	故障原因	修复方法

按照汽车碰撞时车身容易受损的部位，下面主要介绍汽车车身主要零件的修复或更换方法。

8.3.1 保险杠的维修

对于表面涂装漆面的金属制保险杠，当汽车发生轻微碰撞而造成保险杠上出现小的凹陷时，如果凹陷部分的漆面没有出现裂纹或脱落，可不必修理，因为这样的油漆仍然能够起到保护作用。由于修理、整平的过程必然要损伤到周围的漆层，弄不好反而适得其反。

对车身其他部位发生的类似情况也不必修理，相反必须修理或更换。

修理时，先拆下保险杠。对较小的凹凸变形，可用垫铁垫在凹处最低部位的背面，用手锤敲击，并相应改变垫铁位置。当凸起处基本敲平时，凹陷部位由于垫铁的反作用力也会大部分回复。再观察金属表面的总体平整情况，有针对性地做一些细微的修整。

对于较大的凹陷，可用垫板垫在凹陷部的背面，用撑顶工具直接顶起；为减小顶出力，必要时可把凹陷部位加热至暗红色，顶出时应考虑回弹，可使其“矫枉过正”；如表面有较大的延展性凸起，可采用收火的方法，使延展处金属适当收缩；如损伤部位难以放进垫铁，也可采用拉出法修复。

最后去除毛刺，涂装漆面，并将其装回车身。

8.3.2 翼子板的维修

汽车前、后翼子板被撞常常是由于汽车追尾或是撞到其他固定物而造成损伤，其损伤往往因受力很大，出现塌陷（凹坑）、不规则的褶皱，或塌陷与褶皱同时产生，并出现死褶等。维修时必须设法将褶皱展开整平。若条件允许，可用撑拉法解开褶皱，然后再敲平；若条件不允许，需分解拆除后，在车下展开褶皱进行平整修复。

8.3.2.1 翼子板正面碰撞的修理

其修复步骤如下。

① 拆下大灯圈及灯座等，将垫铁垫于大灯孔内，使垫铁两端卡住灯孔的弯边。

② 把钢丝索的一端系在扁铁上，另一端系在墙柱上或某个合适的建筑体上。

③ 倒车自行拖拉，使皱褶逐渐打开，但个别的小死褶未缓解，如图 8-23 所示。

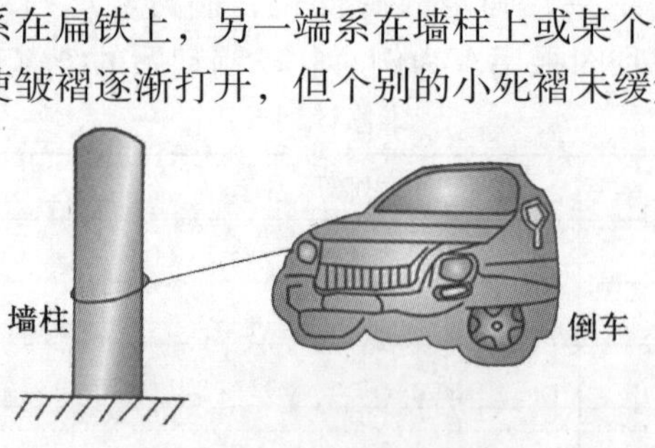

图 8-23 用简易方法开褶

④ 卸下翼子板，在平台上进行修整。说明：用氧－乙炔火焰对死褶进行加热，并用撬具撬开。加热一段撬开一段，使其缓解。

⑤ 将翼子板凹面向上置于平台上，由翼子板里侧敲平活褶。边敲边转动翼子板，如图 8-24 所示。

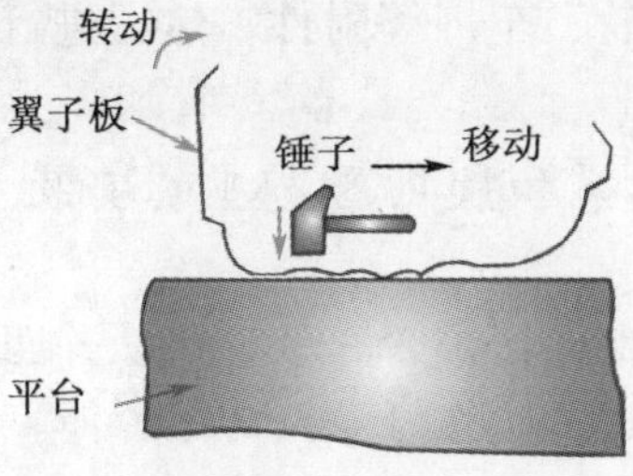

图 8-24　凹面向上用垫铁垫着敲击

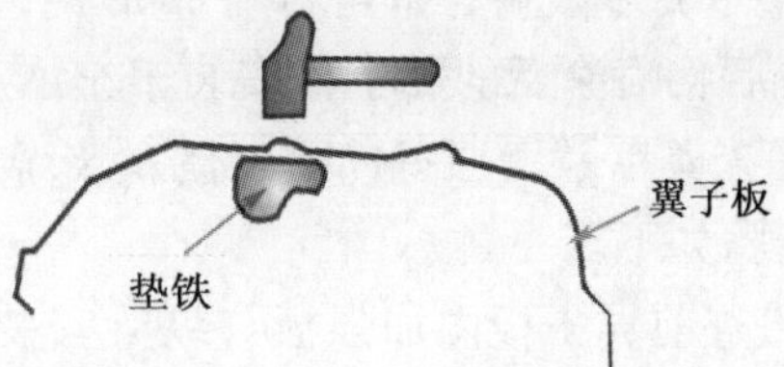

图 8-25　凸面向上用垫铁垫着敲击

⑥ 将里侧基本敲平的翼子板翻转过来，即凸面向上，用垫铁垫在里侧，由外向里继续敲击，最终使皱褶完全展开，如图 8-25 所示。

⑦ 两面均敲平后，将翼子板装在车上，用锤子和垫铁进行一次全面修整。

8.3.2.2　翼子板侧面碰撞的修复

其修复步骤如下。

① 首先用一根木棒从车轮与翼子板的空隙处伸进，用力往外撬，即可将凹坑大体上顶出来，趋于原状。

② 用垫铁在里面顶住向外凸出的较小部分，再用锤子在外表面处敲击凸出的部分。

③ 用锤子边敲击、边移动，垫铁也同时移动。

④ 翼子板的边缘处应用专用的垫铁在里边垫托，垫铁的边缘要对准弯折线，一手持锤从正面弯折线外缘敲击，如图 8-26 所示。

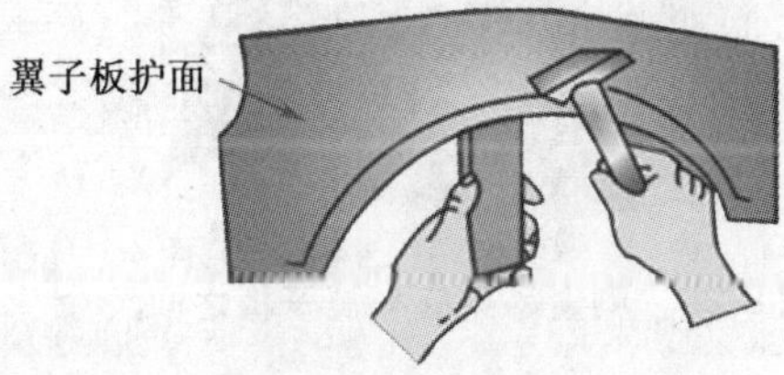

图 8-26　后翼子板侧面撞击修复方法

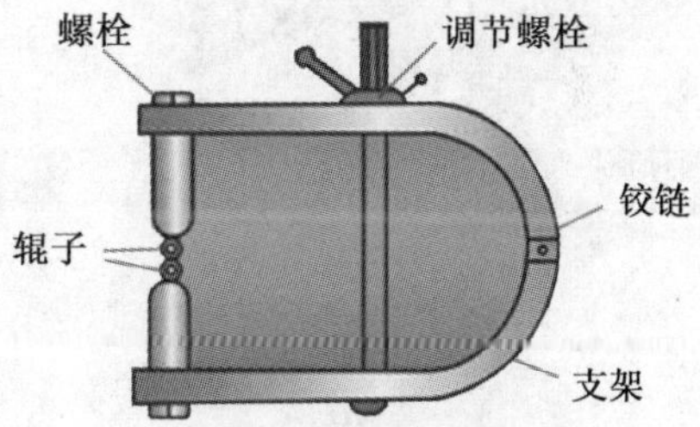

图 8-27　汽车钣金整形夹

⑤ 逐渐移动垫铁，循序渐进，使工件边缘逐渐恢复原形，直到全部平整。

8.3.2.3　用钣金整形夹修复翼子板

钣金整形夹是一种较为先进的汽车钣金修理工具，其结构简单，使用方便，如图 8-27 所示。

其修复步骤如下。

① 利用千斤顶将车顶起，然后拆下车轮与车灯，除去翼子板里边的灰尘与污泥。

② 在翼子板凹陷处背面垫好沙包，用木锤将表面大致敲平。敲击时要缓和，以免将钢板敲胀而发生变形，且应从凹陷部位的周边向中心敲击。

③ 选择适当的辊轮装于整形夹上，再将整形夹装于汽车翼子板的被撞部位，并调整调节螺栓，使辊子之间施以轻微的压力。用整形夹做均匀的反复滚压，以压平凹陷部

位。观察被撞部位是否滚压平整，再用手触摸，如仍有不平之处，再继续滚压，直至压平。

④ 整平翼子板后，即可卸下整形夹，装上车轮、车灯等附件，然后进行表面喷漆工序，最后将喷涂后的翼子板安装于车体上。

8.3.2.4 前翼子板内加强板总成、前横梁和散热器支座的安装

其步骤如下。

① 检查前翼子板内加强板与纵梁安装面的装配标记是否一致，确认并匹配好后用夹钳将它们夹紧，没有装配标记的零件则放在旧零件的位置上。

② 利用杆规检测基准点间的距离来确定零件的位置，并对零件进行定位。在某一位置用定位焊临时固定前横梁，然后垫上木块，用锤子击打木块，使板件向需要调整的方向移动，调整其长度方向上的位置。

③ 用自定心规检测车辆两侧的新旧内加强板的相对高度，使之一致，然后用千斤顶支承住新的内加强板，以确保其高度位置不发生变化，如图 8-28 所示。

④ 测量宽度和下对角线长度，仍用千斤顶支承住新板件，以免高度位置发生变化。

⑤ 仔细确定前横梁的位置，使其左右两端均匀一致。

⑥ 纵梁的位置尺寸与尺寸图表中所注尺寸一致后将它固定。悬架横梁也可用夹具来安装。

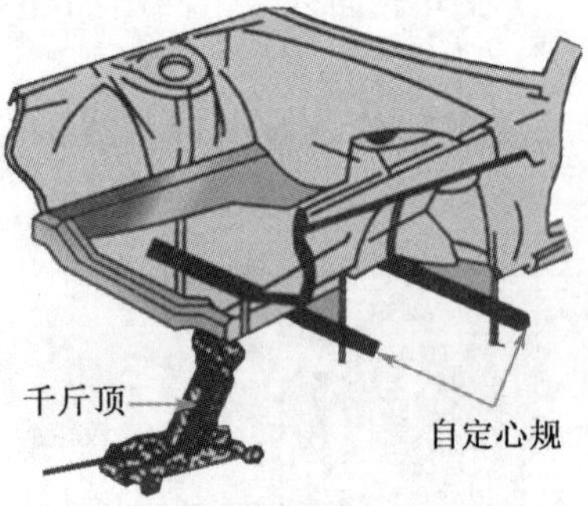

图 8-28 检测、调整高度位置

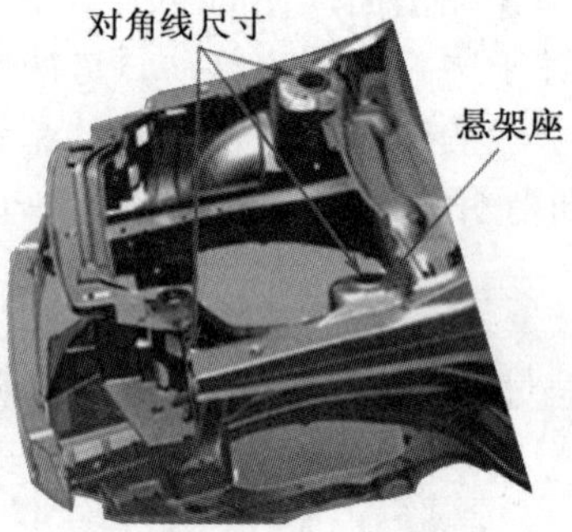

图 8-29 测量悬架座与翼子板之间尺寸

⑦ 确保内加强板的上部尺寸不发生变化，可通过检查所画标线是否产生了移位来确认。

⑧ 检测翼子板后安装孔与悬架座孔或翼子板前安装孔之间的对角线长度。

⑨ 测量在宽度方向上悬架座和前翼子板螺栓孔之间的尺寸，然后把它们固定在一起。如果其宽度方向上的尺寸与车身尺寸手册中所标注的尺寸不一致，则需进行微量调整，同时要注意对角线的变化，如图 8-29 所示。

⑩ 测量纵梁在宽度方向上的尺寸，将杆规调至适当尺寸，并根据需要调整内加强板，如图 8-30 所示。

⑪ 用夹钳较松地固定住上支座，然后用手轻轻拍打使其到位。

⑫ 测量散热器支座的对角线长度，确保这两个尺寸一致，如图 8-31 所示。

⑬ 临时性安装前翼子板，然后检查它与车门间的位置关系。如果缝隙不合适，则可能是内加强板或纵梁高度位置不准确。

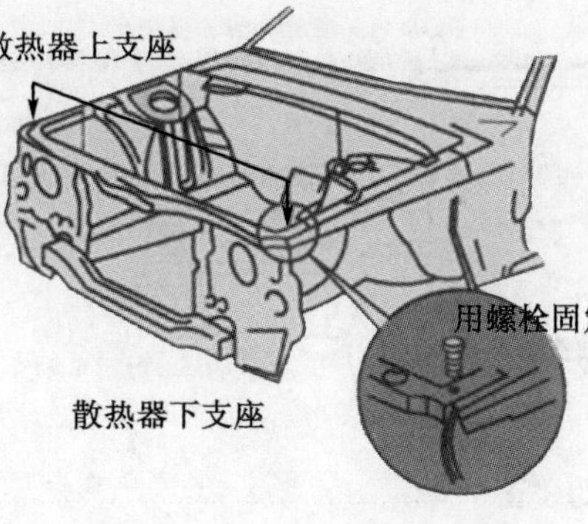

图 8-30　测量纵梁宽度方向上尺寸

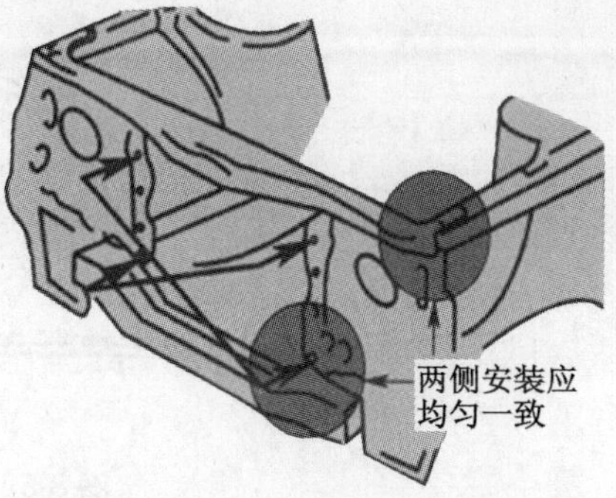

图 8-31　检查散热器支架的对角线

⑭ 焊接之前再按上述方法检测一遍，验证所有的尺寸。

8.3.3　车门的维修

由于车门是汽车车身总成中的可拆卸部件，是由内、外板合成的盒式构件，故应根据其受损伤的轻重程度与情况的不同，采取不同修复方式。

① 不卸掉内板，在车身上直接修复。

② 不卸掉内板，但须卸下车门后在工作台上修复。

③ 既卸下车门总成，又须卸掉内板（内、外板分离）的修复。

如果碰撞情况较轻，撞击的部位较易修整，可不必将车门总成拆卸下来，而在车身上直接修复。可以采用“钻孔拉伸法”，也可以采用“焊接垫圈拉伸法”。具体方法是：在凹陷处钻一小孔，用拉杆前端的弯钩钩住小孔，慢慢把凹陷处拉起，车门复原后用焊锡焊上小孔，磨平表面，再做喷涂。或在凹陷处直接焊一拉环作为拉出支撑点，最后折断拉环，磨平表面，再做喷涂。

车门经过修理或更换后，应做淋雨试验，检查车门是否漏水。如果碰撞涉及车门框和立柱，要同时对车门框和立柱进行修复，再做淋雨试验检查车门是否漏水。

8.3.4　车门框和立柱的维修

如图 8-32 所示，当前车门在前柱 *A* 处咬住，而后车门则顶住 *D* 处，同时锁拴在前后门之间形成较大的间隙时，说明车顶被向后推移了。*A* 处的刚度比较小，当用千斤顶两端置于 *A*，*B* 处的方法校正时，*A* 处被向前上方推移，使车门框复原。

如果前车门在 *C* 处被咬住，车门和前柱之间的间隙在 *A* 处特别大，则要将千斤顶放置在 *B*，*C* 处之间，将车顶稍稍抬起，并向下拉伸前柱。

如果后门仍在 *D* 处咬住，则要在 *D*，*E* 处加放一千斤顶，两个千斤顶一起动作，将车顶斜面抬起。

如果车顶两侧斜面向前移动，*A* 处形成间隙，而后车门下垂，在 *C* 处咬住，则要在 *C*，*F* 和 *E*，*G* 之间同时放置千斤顶，将车顶向后移正。

如果立柱向内凹陷，则要用千斤顶和延长杆撑在汽车内部，将立柱向外顶出。

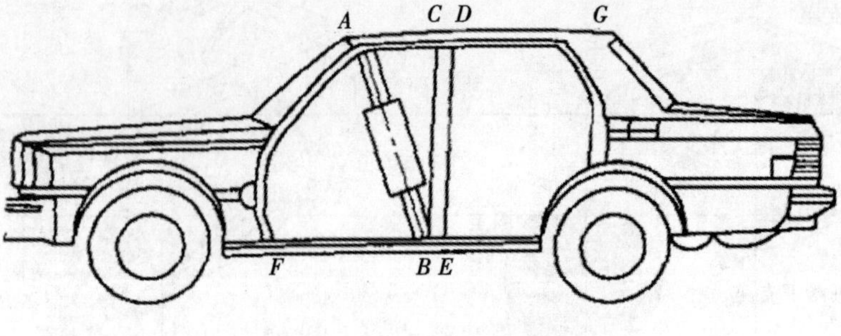

图 8-32　车门框的校正

最后将受损表面磨平，再做喷涂。

8.3.5　车顶的维修

汽车车顶出现损伤大致有三种情况：第一种是交通肇事，即发生撞击后，无论是主动撞击还是被动撞击，无论是车体前部、中部，还是后部发生碰撞，均会不同程度地殃及车顶，导致车顶出现扭曲、拱起或凹陷等不同程度的变形；第二种情况是翻车事故，导致车顶大面积的塌陷与严重变形；第三种情况是从高处落下重物，造成车顶塌陷。

8.3.5.1　车顶受到降落物撞击后的修复

其步骤如下。

① 拆卸汽车车顶绝缘板。

首先，用旋具等工具卸下压条及其他相关零部件。

其次，逐步割断胶黏剂，并将绝缘材料取下来。

再次，将残留的胶黏剂清除干净。

② 用液压或机械千斤顶将大凹坑顶出。

③ 经过顶出或拉拽后的车顶，可能会由简单的大面积单一凹陷变成小面积的凹凸不平。这时应用与撞击相反的顺序来进行修复工作。

④ 矫平整个车顶。

8.3.5.2　肇事与翻车造成车顶严重损坏的修复

其步骤如下。

① 用氧－乙炔焊炬使油漆软化，用钢丝刷或刮刀将油漆除掉。

② 用手提砂轮机拆除焊点。

③ 从汽车上拆下车顶板。

④ 将更换的车顶置于车上并对正位置后，用夹钳固定，然后临时将其点焊在该位置。

⑤ 检查车身所有框架部位的尺寸和形状。

⑥ 准确无误后，将车顶牢固地焊接在该位置上。

8.3.6　发动机罩的维修

发动机罩碰伤的原因有两类：一类是受到重物从上方意外落下的撞击；另一类是汽

车肇事，发生正面碰撞，波及发动机罩。

8.3.6.1　重物从上方落下使发动机罩产生损伤的修复方法

可用顶撬法进行修复，其步骤如下。

① 当外板出现凹陷时，在内板的相关处挖出一个或几个孔洞。

② 用撬棍或木棒将其从里面顶出，趋于平整。

③ 再用锤子在表面外板上轻轻敲击，直至整平。

④ 修平外板后，将内板挖出的孔洞补全。

⑤ 敲平锉修。

8.3.6.2　正面撞击使发动机罩损伤的修复方法

其步骤如下。

① 拆卸。

拆卸原则：首先用旋具松开两个铰链上的紧固螺钉，便可卸下发动机罩总成。再将其放在工作台上，逐一拆掉附件。

② 将内、外板分离。

③ 平整凹陷部位。

分离方法：首先用专用撬具将外板的包边撬开，使其与内板边缘逐渐分离出一定的角度。

平整方法：将外板表面朝下，里面朝上，放在平台上，用木锤先将塌陷的大坑顶出。

④ 矫平整个工件。

矫平方法：采用错位敲击法对发动机罩进行最后修复。左手持垫铁，抵在最低部位，右手持锤敲击附近的凸出部位，如图 8-28 所示。

⑤ 对工件表面进行光洁处理。

说明：整个外板的平整、矫形工作完毕后，由于铁锤与垫铁、撬棍等工具作业留下了凹凸不平的小痕迹，要用车身锉刀进行最后的修复。

⑥ 对内板的修复。

说明：由于发动机罩的内板位于车身内部，只是起到加强外板刚度的作用，所以对其表面的质量要求较低，故修复起来也容易很多。其修复方法与外板相似。

⑦ 内、外板合成。

合成方法：将修复完毕的内板与外板按原来的连接方式合成一体，即将外板的包边重新包住内板的边缘，四角处可用 CO_2 气体保护焊分段焊几点，以增加牢固度。

8.3.6.3　发动机罩的调整

（1）发动机罩与翼子板及前围之间的调整

调整方法：首先，调整发动机罩的前后位置。稍微松开固定发动机罩与铰链的螺栓，再扣上发动机罩。发动机罩的前缘必须与翼子板前缘对齐，同时其后缘与前围之间保留足够的缝隙，以避免开启时相互干扰。

（2）发动机罩高度的调整

① 首先稍微松开铰链与翼子板及前围边缘处的螺栓，然后轻轻盖上发动机罩，根据情况将它的后缘抬起或压下。

② 新换装的发动机罩，容易出现因边缘弯曲而造成的高度差，如图 8-33（a）所示。对此，仅仅通过对铰链等的简单调整不能将发动机罩的变形消除，而需要调整发动机罩的边缘曲线。参照图 8-33（b）所示的方法，用手扳动拱曲部位使其复位。也可参照图 8-33（c）所示的方法，在前端垫上布团，然后用手掌轻轻压下拱曲部位，使其与翼子板边缘高度一致。

(a)边缘弯曲造成的高度差　(b)用手将弯曲调平(注意：不要用力过大，以免出现二次损伤)　(c)垫上布团往下压

图 8-33　车门框的校正

8.3.7　汽车车身表面涂层的修复

较适用于轿车的面漆有丙烯酸烘漆和氨基烘漆。这两种涂料优于硝基外用磁漆、过氯乙烯磁漆、醇酸磁漆，但是干燥条件下又不太适合维修时涂装使用。

8.3.7.1　旧涂层的处理

（1）脱漆

用碱液脱漆法、溶剂脱漆法、打砂除漆除锈法、火焰除漆法等，将旧漆层除掉；用砂轮钢丝刷将氧化皮、焊渣除掉；将焊口磨光、修平，用 1.5 号砂布将锈斑彻底打磨干净；用溶剂汽油擦净油污并用压缩空气除净粉尘。

（2）刮腻子

刮第一道腻子，刮涂到较大的坑凹处。应造形的地方可一次填平补齐，干燥后用 1.5 ~ 2 号砂布机械打磨，将多涂腻子去掉、找平，吹干净覆盖件上的粉尘。

刮第二道腻子，刮涂腻子时应将车身表面上需喷涂的部位全部刮平、找齐。自然干燥 1h 后用 1.5 砂布机械打磨。

刮第三道腻子，应将砂布道痕迹、微小缺陷、造型线条、棱角边线全部刮细、补齐，自然干燥 1h 后用 240 ~ 280 号水砂纸垫板打磨。圆角和弧形处应用手掌垫砂纸打磨光滑、齐整，然后用水将腻子浆冲净晾干。

喷涂 Q06 - 5 灰硝基二道底漆，二道底漆应喷涂均匀并自然干燥 2h。

刮第四道不饱合聚脂腻子。按上述方法将腻子调制均匀，将全车细小腻子砂眼、棱角缺陷处刮平、找齐，干燥后用 280 ~ 320 号水砂纸将全车应涂漆的部分打磨光滑，用水擦洗干净晾干。用风管吹净全车尘渣，用胶带纸及报纸将不该涂漆部分遮严，待喷漆。

8.3.7.2　喷漆

用 Q04 - 31 或 Q04 - 34 硝基磁漆和 X - 1 硝基漆稀释剂按 1∶1 ~ 1∶1.5 比例调配均

匀，用 120～180 目绸丝网过滤，喷涂 2～3 道，如环境相对湿度大于 70% 时，可按稀释剂比例的 15%～25% 加入 F－1 硝漆防潮剂，常温干燥 4h。

用 Q07－5 硝基腻子或用硝基漆加化石粉，自调腻子将涂膜表面的细微砂眼打平，要求刮涂很薄并常温干燥 0.5～1h。

用 320～400 号水砂纸打磨全车，注意粘糊报纸处不要用水浸坏。将涂膜表面橘皮纹等打磨光滑，擦净表面脏物，常温干燥 1h。

将 Q04－31 或 Q04－34 硝基磁漆按上述方法调制后（硝基漆间隔 10～20min），最后两道可在磁漆中加入 20%～30% 的 Q01－1 硝基清漆，最后常温干燥 24h。

将粘贴胶带、报纸部分揭掉，用稀料擦净不涂漆部分，装灯光和其他装饰零部件。如果对表面品质要求较高，可进行全车抛光打蜡。

8.3.7.3　刮涂不饱合聚脂腻子注意事项

① 不饱合聚脂腻子，通称原子灰腻子，因固化干燥较快，调配时一次不得调配过多，随用随配。

② 调配固化剂比例时可参照产品说明书，根据环境温度的高低，在使用范围内酌情调配。

③ 调配腻子时主剂与固化剂一定要调配均匀，不能用不干净的铲刀或带有固化剂的工具搅拌桶内主剂。

④ 未用完的腻子不可回收再用。

8.3.8　检验

确认计划的维修项目全部实施完成之后进行试车，验证前面的推断是否正确，检查故障是否完全排除，并对维修质量进行评价。

8.3.9　考核与评估

行驶系统故障检修考核要点与评分标准见表 2-7。

参考文献

［1］吴浩．汽车发动机电控系统构造与维修［M］．合肥：合肥工业大学出版社，2013.
［2］吴浩．汽车电气设备构造与维修［M］．哈尔滨：哈尔滨工业大学出版社，2011.
［3］陈友鹏．汽车发动机故障诊断与维修技术［M］．青岛：中国海洋大学出版社，2011.
［4］李春明．汽车故障诊断方法与维修技术［M］．北京：北京理工大学出版社，2011.
［5］高维，强爱民．现代汽车故障诊断与检测技术项目化教程［M］．青岛：中国海洋大学出版社，2011.
［6］张卫红．汽车底盘维修实训［M］．北京：机械工业出版社，2009.
［7］胡光辉．汽车故障诊断技术［M］．北京：电子工业出版社，2008.
［8］李婕．汽车检测技术［M］．北京：机械工业出版社，2009.
［9］王欲进．汽车故障诊断技术［M］．重庆：重庆大学出版社，2011.
［10］陈玉刚．汽车故障诊断技术［M］．北京：北京理工大学出版社，2013.
［11］段伟．汽车电器构造与维修［M］．北京：中国水利水电出版社，2010.
［12］胡光辉．汽车性能检测与故障诊断［M］．北京：机械工业出版社，2008.
［13］张军．汽车舒适与安全系统检修［M］．北京：人民邮电出版社，2009.
［14］董继明，罗灯明．汽车检测与诊断技术［M］．北京：机械工业出版社，2006.
［15］李春明．汽车电器设备与维修［M］．北京：高等教育出版社，2007.
［16］仇雅莉．汽车发动机构造与检修［M］．北京：机械工业出版社，2011.
［17］仇雅莉．汽车检测诊断技术与设备［M］．北京：机械工业出版社，2005.
［18］梁家生，谭鹏程．汽车底盘构造与维修［M］．北京：人民交通出版社，2012.
［19］谷祖威．汽车综合故障诊断［M］．北京：人民邮电出版社，2013.